Nils Hafner, Werner A. Halver, Axel Lippold, Elina Petersone, André von
Marketing

Lehr- und Klausurenbücher der angewandten Ökonomik

———

Herausgegeben von
Prof. Dr. Michael Vorfeld und Prof. Dr. Werner A. Halver

Band 9

Nils Hafner, Werner A. Halver, Axel Lippold,
Elina Petersone, André von Zobeltitz

Marketing

Klausuren, Übungen und Lösungen

DE GRUYTER
OLDENBOURG

ISBN 978-3-11-051679-1
e-ISBN (PDF) 978-3-11-051686-9
e-ISBN (EPUB) 978-3-11-051707-1
ISSN 2364-2920

Library of Congress Control Number: 2021939732

Bibliografische Information der Deutschen Nationalbibliothek
Die Deutsche Nationalbibliothek verzeichnet diese Publikation in der Deutschen
Nationalbibliografie; detaillierte bibliografische Daten sind im Internet über
http://dnb.dnb.de abrufbar.

© 2021 Walter de Gruyter GmbH, Berlin/Boston
Satz: le-tex publishing services GmbH, Leipzig
Druck und Bindung: CPI books GmbH, Leck

www.degruyter.com

Vorwort

Die Vermittlung von anwendungsorientierten Kompetenzen im Bereich Marketing ist von großer Bedeutung in vielen Disziplinen an den Hochschulen. Dieses Buch richtet sich insbesondere an die Studierenden und Dozenten in Studiengängen mit wirtschaftswissenschaftlichem Bezug sowie an weitere Interessierte dieser Materie.

Beim Thema Marketing existiert seit jeher ein Bedarf an praxisnahen und anwendungsorientierten Übungsaufgaben zur Prüfungsvorbereitung und zur Vertiefung des Verständnisses dieser Fächer, nicht erst seit Umsetzung der Bologna-Beschlüsse, die zu einer Modularisierung des Studiums geführt haben.

Bedingt durch die Verbreitung der sogenannten Sozialen Medien unterliegt die praktische und wissenschaftliche Thematisierung des Marketings derzeit großen Veränderungen, die in der Lehre berücksichtigt werden müssen. Zugleich darf Bewährtes nicht in Vergessenheit geraten. Dieses Übungsbuch versucht diesem Umstand Rechnung zu tragen.

Durch das vorliegende Übungs- und Klausurenbuch unterbreiten die Autoren ein entsprechendes Angebot. Das Buch besteht aus Aufgaben, die in der Vergangenheit im Rahmen von Prüfungen zum Einsatz kamen sowie den zugehörigen Lösungen. Aus didaktischer Sicht kommt den Hinweisen zu den Lösungen eine besondere Bedeutung zu. Diese sollen wertvolle Hinweise bei der Lösung der jeweiligen Aufgabe geben, insbesondere welche Lösungswege als zielführend erscheinen.

Wir wünschen Ihnen viel Erfolg beim Studium des Marketings in den Wirtschaftswissenschaften unter Unterstützung dieses Buchs!

Bedanken möchten wir uns bei Amadeus Gwizd, Lukas Gärtner und Tim Hildebrandt, die mit ihrem unermüdlichen Einsatz dazu beigetragen haben, das Manuskript in eine druckreife Form zu bringen. Ebenso gilt unser Dank den Studierenden unserer Hochschulen, denen wir einen Teil der Aufgaben bereits präsentieren konnten und die uns ein hilfreiches Feedback gegeben haben.

Mülheim (Ruhr) und Braunschweig im Frühjahr 2021

https://doi.org/10.1515/9783110516869-201

Inhalt

Vorwort —— V

1 Grundlagen der Marktforschung —— 1
Aufgabe 1: Das strategische Dreieck —— 1
Aufgabe 2: Unique Selling Proposition (USP) —— 2
Aufgabe 3: Abgrenzung des Markts —— 3
Aufgabe 4: SMART-Ziele —— 4
Aufgabe 5: Konsumorientierte Verbrauchs- und Gebrauchsgüter —— 5
Aufgabe 6: Träger und Grundtypen der Kaufentscheidung —— 6
Aufgabe 7: Above-the-line- und Below-the-line-Kommunikationsinstrumente —— 8
Aufgabe 8: Marktforschung für Assistance-Dienstleistungen —— 11
Aufgabe 9: Morphologischer Kasten —— 14

2 Strategisches Marketing —— 17
Aufgabe 10: Marktsegmentierung —— 17
Aufgabe 11: Fünf-Kräfte-Modell —— 18
Aufgabe 12: SWOT-Analyse —— 19
Aufgabe 13: Unternehmerische Planung —— 20
Aufgabe 14: Portfolioanalyse —— 22
Aufgabe 15: Produktlebenszyklus —— 23
Aufgabe 16: Produktlebenszyklusanalyse im Touristikmarkt —— 25
Aufgabe 17: Boston-Consulting-Group-Matrix —— 28
Aufgabe 18: McKinsey-Matrix —— 29
Aufgabe 19: Produkt-/Marktmatrix nach Ansoff —— 30
Aufgabe 20: ABC-Analyse —— 32

3 Operatives Marketing —— 35
Aufgabe 21: Marketingmix —— 35
Aufgabe 22: Die drei Produktdimensionen —— 36
Aufgabe 23: Der Entwicklungsprozess von Produkten —— 37
Aufgabe 24: Marken und Markenreichweite —— 39
Aufgabe 25: Markenstrategien für ein Produktprogramm —— 40
Aufgabe 26: Serviceleistungen als Teil der Produktpolitik —— 41
Aufgabe 27: Preissetzungsstrategien —— 42
Aufgabe 28: Preisstrategien für ein Produktprogramm —— 44
Aufgabe 29: Preisanpassungsstrategien —— 45
Aufgabe 30: Kundenwahrnehmung bezüglich Produktpreis und -wert —— 47

Aufgabe 31:   Einfluss des Konsumentenverhaltens auf die Beurteilung
des Preises —— 48

Aufgabe 32:   Sender-Empfänger-Modell —— 49

Aufgabe 33:   Das AIDA-Prinzip —— 50

Aufgabe 34:   Prozess der Werbeplanung —— 51

Aufgabe 35:   Push- und Pull-Strategien —— 52

Aufgabe 36:   Sponsoring im Rahmen der Kommunikationspolitik —— 53

Aufgabe 37:   Absatzkanalsystem —— 55

Aufgabe 38:   Direkter Vertrieb vs. indirekter Vertrieb —— 56

Aufgabe 39:   Onlinehandel —— 57

Aufgabe 40:   Key Account Management —— 58

Aufgabe 41:   Supply Chain Management —— 59

4   Marktforschung —— 61

Aufgabe 42:   Phasen des Marktforschungsprozesses —— 61

Aufgabe 43:   Quantitative und qualitative Instrumente
der Konsumentenforschung —— 62

Aufgabe 44:   Fokusgruppe —— 65

Aufgabe 45:   Eye-Tracking —— 67

5   Stadt- und Regionalmarketing —— 71

Aufgabe 46:   Regionalmarketing in Abgrenzung zum klassischen Marketing —— 71

Aufgabe 47:   Ziele von Regionalmarketing —— 72

Aufgabe 48:   Marke/Logo/Slogan —— 73

Aufgabe 49:   Eventmarketing im Rahmen der Kommunikationspolitik —— 74

Aufgabe 50:   Stadt- und Regionalmarketing (Aufgaben und Chancen) —— 75

Aufgabe 51:   Abgrenzung Stadt-, Standort- und Regionalmarketing —— 80

Aufgabe 52:   Kommunikationspolitik im Marketing: Public Relations —— 81

Aufgabe 53:   Die Region als Produkt —— 82

Aufgabe 54:   Die Grenzen der Preispolitik des Regionalmarketings —— 83

Aufgabe 55:   Hochschule in der Region/Hochschulbedeutung
für Unternehmen —— 84

6   Internationales Marketing —— 87

Aufgabe 56:   Definition und Charakteristika des internationalen Marketings —— 87

Aufgabe 57:   Internationalisierungsentscheidung —— 88

Aufgabe 58:   Analyse des Makroumfelds anhand der PEST-Analyse —— 90

Aufgabe 59:   Situationsanalyse anhand des Scoring-Modells —— 95

Aufgabe 60:   Internationale Markteintrittsformen —— 100

Aufgabe 61:   Internationale Marktsegmentierung —— 105

Aufgabe 62:   Internationale Produktpositionierung anhand des Perceptual
Mapping —— 109

Aufgabe 63:   Wasserfallstrategie vs. Sprinklerstrategie ⸺ **111**
Aufgabe 64:   Besonderheiten internationaler Marktforschung ⸺ **114**
Aufgabe 65:   Gestaltung eines Leitfadens für eine internationale persönliche
              Befragung ⸺ **116**

7   Konsumentenverhalten ⸺ 121
Aufgabe 66:   Themenfelder des Konsumentenverhaltens ⸺ **121**
Aufgabe 67:   Inhaltstheorien der Motivation ⸺ **122**
Aufgabe 68:   Messung von Emotionen ⸺ **123**
Aufgabe 69:   Klassische Konditionierung im Marketing ⸺ **124**
Aufgabe 70:   Drei Komponenten der Einstellung ⸺ **125**
Aufgabe 71:   Entscheidungsfindung: Prospect-Theorem ⸺ **126**
Aufgabe 72:   Sozialisierung und Rollentheorie ⸺ **127**
Aufgabe 73:   S-O-R-Schema ⸺ **128**
Aufgabe 74:   Medienzuwendung ⸺ **129**
Aufgabe 75:   Megatrends im Konsumentenverhalten ⸺ **130**

8   Customer Relationship Management ⸺ 133
Aufgabe 76:   Definition des Customer Relationship Management ⸺ **133**
Aufgabe 77:   Erfolgsmessung im Customer Relationship Management ⸺ **135**
Aufgabe 78:   Customer Experience Management ⸺ **136**
Aufgabe 79:   Touchpoints: Definition und Systematisierungsmöglichkeiten ⸺ **137**
Aufgabe 80:   Prozessgestaltung im Customer Relationship Management ⸺ **139**
Aufgabe 81:   Kampagnenmanagement im Customer Relationship
              Management ⸺ **140**
Aufgabe 82:   Kundenwertmanagement ⸺ **142**
Aufgabe 83:   Gegenseitigkeitsprinzipien bei der Datensammlung ⸺ **144**
Aufgabe 84:   Business-Apps als Touchpoints ⸺ **146**
Aufgabe 85:   Kundenentscheidungskette und Customer Journey ⸺ **148**

9   Kundenservicemanagement ⸺ 151
Aufgabe 86:   Das Pareto-Prinzip des Kundenservice ⸺ **151**
Aufgabe 87:   Entscheidung zwischen Automatisierung und persönlichem
              Dialog ⸺ **152**
Aufgabe 88:   Kundencommunitys ⸺ **153**
Aufgabe 89:   Predictive Maintenance ⸺ **156**

10   Marketingcontrolling ⸺ 159
Aufgabe 90:   Zum Verständnis des Marketingcontrollings ⸺ **159**
Aufgabe 91:   Aufgaben des Marketingcontrollings ⸺ **160**
Aufgabe 92:   Ziele der Marketingimplementierung ⸺ **161**
Aufgabe 93:   Marketingziele ⸺ **163**

Aufgabe 94:   Marketingkennzahlen —— **164**
Aufgabe 95:   Deckungsbeitrag und Break-even-Menge —— **166**
Aufgabe 96:   Break-even-Menge und Preisuntergrenze —— **167**
Aufgabe 97:   Nachfrageprognose: Gleitende Durchschnitte —— **168**
Aufgabe 98:   Nachfrageprognose: Exponentielle Glättung —— **170**
Aufgabe 99:   Nachfrageprognose: Lineare Trendfunktion —— **171**
Aufgabe 100: Nachfrageprognose: Saisonale Einflüsse —— **173**
Aufgabe 101: Customer Lifetime Value —— **175**
Aufgabe 102: Produktelimination —— **176**
Aufgabe 103: Portfolioanalyse —— **178**
Aufgabe 104: Produkterweiterung und Preispolitik im Monopol —— **180**
Aufgabe 105: Kannibalisierung —— **181**
Aufgabe 106: Lineare Preisabsatzfunktion —— **183**
Aufgabe 107: Preiselastizität —— **184**
Aufgabe 108: Competitive Bidding —— **186**
Aufgabe 109: Außendienstcontrolling —— **189**
Aufgabe 110: Distributionsalternativen —— **190**
Aufgabe 111: Intramediaselektion —— **193**
Aufgabe 112: Online Marketing —— **194**
Aufgabe 113: Festlegung des Marketingbudgets —— **197**

Weiterführende Literatur —— 199

Stichwortverzeichnis —— 203

Tabellenverzeichnis —— 205

Abbildungsverzeichnis —— 207

Über die Autoren —— 209

1 Grundlagen der Marktforschung

Aufgabe 1: Das strategische Dreieck

Wissen, Verstehen
2 Minuten

---

1. Fragestellung

Was verstehen Sie unter dem strategischen Dreieck im Marketing? Geben Sie dazu ein Beispiel.

2. Lösung

Das strategische Dreieck im Marketing gilt als grundlegender Orientierungsrahmen für eine Wettbewerbsstrategie eines Unternehmens. Das Unternehmen bietet seinen Kunden höheren Nutzen als die relevante Konkurrenz an, um einen Wettbewerbsvorteil zu ziehen. Das strategische Dreieck legt den Fokus eines Unternehmens auf das eigene Unternehmen, auf die Konkurrenz und auf die Kunden. Beispielsweise legt das Unternehmen von BMW 3er-Klasse den Fokus auf die Forschung und Entwicklung des 3er-Modells. Außerdem legt es den Fokus auf die Konkurrenz, z. B. bei Audi auf A4 und Mercedes auf C-Klasse, sowie auf die Kunden, z. B. kauffähige Individuen, die Sportlichkeit und Fahrdynamik vorziehen.

3. *Hinweise zur Lösung*

Bei der Bestimmung der Unternehmensstrategie und durch die in einer Strategie festgelegten Maßnahmen sollen Wettbewerbsvorteile geschaffen werden. Ein Wettbewerbsvorteil wird immer aus Sicht des Kunden gesehen bzw. ist aus Sicht des Kunden ein wahrgenommenes Leistungsmerkmal, das von den übrigen Wettbewerbern nicht angeboten wird und für das der Kunde bereit ist, etwas zu bezahlen (vgl. Porter, 1989, S. 31). Die Wettbewerber sollten verdrängt werden, da sie die Wettbewerbsvorteile des Unternehmens zerstören können, z. B. durch ein besseres Angebot oder einen niedrigeren Preis. Solche Aktivitäten zwingen das Unternehmen, die Wettbewerbsvorteile ständig zu überprüfen und zu aktualisieren, unter der Voraussetzung, dass der Kunde bereit ist, einen entsprechenden Preis zu bezahlen.

4. Literaturempfehlung

Scharf, Andreas/Schubert, Bernd/Hehn, Patrick (2015). *Marketing*, Stuttgart.
Hermann, Simon/Tacke, Georg (1996). *Lernen von Kunden und Konkurrenz*, Wiesbaden, S. 169.
Porter, Michael E. (1989). Der Wettbewerb auf globalen Märkten: Ein Rahmenkonzept; In *Globaler Wettbewerb*, Wiesbaden, S. 31.

https://doi.org/10.1515/9783110516869-001

Aufgabe 2: Unique Selling Proposition (USP)

Wissen, Verstehen
3 Minuten

---

1. Fragestellung

Was ist ein Wettbewerbsvorteil und wodurch können das Unternehmen bzw. das Produkt oder der Service einen Wettbewerbsvorteil schaffen? Geben Sie ein Beispiel.

2. Lösung

Unter dem Wettbewerbsvorteil kann man einen Vorsprung eines Unternehmens auf dem Markt gegenüber seinen Konkurrenten im ökonomischen Wettbewerb verstehen. Der Wettbewerbsvorteil ist erfolgsentscheidend für ein Unternehmen bzw. für ein Produkt oder einen Service. Den Wettbewerbsvorteil kann man durch die sogenannte Unique Selling Proposition (USP) aufbauen. Die USP ist eine im Wettbewerb einzigartige Leistung oder ein besonderes Nutzungsmerkmal, das mit Marketingmixmaßnahmen insbesondere mit der Kommunikationspolitik entsprechend positioniert wird. Die Einzigartigkeit des Produkts oder des Service können z. B. im Preis oder in einer technologischen Problemlösung begründet sein, mit dem Ziel, das die Kunden diese auch so wahrnehmen. Der USP eines Unternehmens sollte nicht leicht von der Konkurrenz imitiert werden können. Zum Beispiel, der USP von m&m's ist: „Melts in your mouth, not in your hand".

3. Hinweise zur Lösung

Ein Wettbewerbsvorteil ist ein entscheidender Faktor für jedes Unternehmen, um die meisten Umsätze generieren zu können, den größten Marktanteil zu bekommen und den Bekanntheitsgrad des Produkts oder Service zu erhöhen. Ein Wettbewerbsvorteil eines Unternehmens kann man mit einem Vorsprung auf dem Markt gegenüber seinen Konkurrenten erzielen. Um dies zu schaffen, kann ein Unternehmen die sogenannte Unique Selling Proposition (USP) anwenden. Die USP beschreibt eine einzigartige Eigenschaft eines Produkts oder Service, wodurch ein Unternehmen gegenüber Konkurrenz überlegene Wettbewerbsvorteile genießt, die für die Kunden besonders erscheinen. Die Einführung eines USP-Konzepts lässt sich insbesondere durch eine Werbung kommunizieren. Mit einer Werbung kann z. B. ein Unternehmen die USP eines Produkts oder Service in eine einfache, eindeutige und manchmal beruhende oder motivierende Botschaft kommunizieren. Wie z. B. ein Werbeslogan von FedEx, einem weltweit operierenden US-amerikanischen Kurier- und Logistikunternehmen: „When it absolutely, positively has to be there overnight".

Mit dem Werbeslogan schaffte FedEx zwei Botschaften für die USP von FedEx zu vermitteln. Die erste ist die Sicherheit, dass das Paket genau ankommen wird, wie versprochen. Die zweite ist der Vorteil Zeit zu sparen, da das Paket über die Nacht ankommt. FedEx hat den Werbeslogan geändert und somit die USP verloren. Der neue Werbeslogan ist: „The World on Time".

4. Literaturempfehlung

Kollmann, Tobias (2009). *Gabler Kompakt-Lexikon Unternehmensgründung: 2000 Begriffe nach- schlagen, verstehen, anwenden*, Wiesbaden, S. 397.
Hollensen, Svend (2011). *Global Marketing – A Decision-Oriented Approach*, Harlow, S. 592 ff.

Aufgabe 3: Abgrenzung des Markts

Wissen
6 Minuten

1. Fragestellung

Erläutern Sie: Mit welchen drei Kriterien kann man den Markt abgrenzen?

2. Lösung

Den Markt kann man in der Regel mit drei Kriterien abgrenzen.

Als erstes Kriterium gilt die räumliche Abgrenzung bzw. eine lokale, regionale, nationale, EU-weite oder eine weltweite Abgrenzung. Zum Beispiel: Bei einer Preisbil- dungsstrategie eines Produzenten in einer bestimmten Region werden nur die Preise aus der bestimmten Region berücksichtigt. Das heißt, dass alle anderen Produzenten oder Konsumenten außerhalb der Region durch ihre Entscheidung keinen Einfluss auf die Preisbildung dieses Markts haben.

Als zweites Kriterium gilt die zeitliche Abgrenzung. Hierbei geht man von Pro- duzenten- und Konsumentenentscheidungen aus, die in eine bestimmten Zeitspan- ne fallen können. Zum Beispiel: Beim Fußball-Champions-League-Finale 2017/2018 in der ukrainischen Hauptstadt Kiew haben die Fußballfans kurz vor dem Finale nach Flügen und Unterkünfte gesucht. Die Hotelbetreiber haben entsprechend eine Ent- scheidung getroffen, die Zimmerpreise zum Finale enorm zu erhöhen, um den höchs- ten Gewinn zu erziehen. Nach dem Champions-League-Finale war die Nachfrage nach den Unterkünften in Kiew deutlich gesunken, genauso wie die Zimmerpreise.

Die dritte Abgrenzung ist die sachliche Abgrenzung. Die sachliche Abgrenzung ist im Gegensatz zur räumlichen und zeitlichen Abgrenzung schwierig, da keine eindeu- tigen Abgrenzungskriterien vorliegen. Deswegen kann die sachliche Abgrenzung je nach verfolgtem Zweck unterschiedlich sein. Zum Beispiel: Die Produzenten sollten sich auf dem Markt orientieren, welche Leistungen auf dem Markt nachgefragt und angeboten werden, um entscheiden zu können, was angeboten wird.

3. Hinweise zur Lösung

Laut Kuß & Kleinaltenkamp (2011, S. 20):

> Märkte beschreiben das Aufeinandertreffen von Angebot und Nachfrage und die sich dabei erge-
> benden Austauschprozesse, die typischerweise unter Bedingungen des Wettbewerbs von Anbie-
> tern und/oder Nachfragern stattfinden.

Um einen besseren Überblick und bessere Planung von den vorgenommenen Märkten zu schaffen, kann man den Markt in der Regel mit drei Kriterien abgrenzen.

Die erste Abgrenzung ist die räumliche Abgrenzung. Hier wird entschieden, in welchen Räumen bzw. Regionen oder Ländern die Leistungen angeboten und vertrieben werden. Normalerweise versteht man unter einer räumlichen Abgrenzung eine lokale, regionale, nationale, EU-weite oder eine weltweite Abgrenzung.

Die zweite Abgrenzung ist die zeitliche Abgrenzung. Die Zeitspanne bei bestimmten Produkten oder Dienstleistungen sollte immer in Betracht gezogen werden, wie z. B. bei der Ski- oder Modesaison.

Die letzte Abgrenzung ist die sachliche Abgrenzung, die nach dem Bedarfsmarkt variieren kann und sich nicht anhand bestimmter Kriterien beschreiben lässt. Der Anbieter sollte die Konditionen eines Markts analysieren und entsprechende Entscheidungen treffen.

4. Literaturempfehlung

Kuß, Alfred/Kleinaltenkamp, Michael (2011). *Marketing-Einführung. Grundlagen, Überblick, Beispiele*, Wiesbaden, S. 20 ff.

Backhaus, Klaus/Schneider, Helmut (2009). *Strategisches Marketing*, Stuttgart, S. 51 ff.

Aufgabe 4: SMART-Ziele

Wissen, Verstehen, Anwenden
3 Minuten

---

1. Fragestellung

Was bedeutet SMART-Ziele? Geben Sie ein Beispiel für ein mit SMART definiertes Ziel.

2. Lösung

Ein Akronym für SMART-Ziele bezeichnet, dass die definierten Ziele so sein sollten:
- Specific (eine präzise Beschreibung der angestrebten Ziele)
- Measurable (die Ziele sollten messbar sein)
- Achievable (die Ziele sollten von allen Beteiligten akzeptiert und machbar sein)
- Realistic (die Ziele sollten erreichbar sein)
- Timed (die Ziele sollten zeitbezogen sein)

Beispiel: Den Umsatz für die Produktgruppe A von 5 % auf 7 % mit Marketingmixmaßnahmen in den nächsten sechs Monaten erhöhen.

3. Hinweise zur Lösung
Die Formulierung von Zielen kann den Erfolg eines Projekts bestimmen. SMART-definierte Ziele sind spezifisch, messbar, erreichbar, realistisch und zeitbegrenzt. SMART-Ziele erlauben den Managern, die Ziele sehr fokussiert zu formulieren, um die erreichten Ziele im Nachhinein besser messen zu können. SMART-definierte Ziele bieten eine definierte Orientierung, eine klare Führung, bessere Kontrolle und allgemein eine Motivation für das ganze Projektteam.

4. Literaturempfehlung
Heinrich, Michael (2013). *Grundlagenwissen Marketing*, Berlin, S. 53.
Kreutzer, Ralf (2006). *Praxisorientiertes Dialog-Marketing: Konzepte – Instrumente – Fallbeispiele*, Wiesbaden, S. 57.
Hollensen, Svend (2011). *Global Marketing – A Decision-Oriented Approach*, Harlow, S. 9 ff.

Aufgabe 5: Konsumorientierte Verbrauchs- und Gebrauchsgüter

Wissen, Verstehen
4 Minuten

---

1. Fragestellung
Unterscheiden Sie zwischen konsumorientierten Verbrauchsgütern und konsumorientierten Gebrauchsgütern. Begründen Sie Ihre Antwort mit einem entsprechenden Beispiel.

2. Lösung
Beide, die Verbrauchsgüter sowie die Gebrauchsgüter, sind eine Unterkategorie von Konsumgütern. Der Unterschied liegt in der Dauer der Nutzung. In der Regel werden die konsumorientierten Verbrauchsgüter, wie z. B. bei Nahrungsmitteln wie Äpfel, Fleisch oder Brot, nur einmalig genutzt und lassen sich nicht wiederverwenden. Deswegen zählen auch die Dienstleistungen, wie z. B. ein neuer Haarschnitt beim Friseur, zu den Verbrauchsgütern.

Im Gegensatz zu den Verbrauchsgütern werden die konsumorientierten Gebrauchsgüter mehrfach und dauerhaft genutzt. Beispiele für konsumorientierte Gebrauchsgüter sind Fahrzeuge, Elektroartikel, wie Smartphones, Tablets oder Küchengeräte. Auch langlebige Nutzungsgegenstände, wie z. B. Schuhe, Kleidung oder Möbel, können zu den konsumorientierten Gebrauchsgütern gezählt werden.

3. Hinweise zur Lösung

Verbrauchsgüter unterscheiden sich im Gegensatz zu den Gebrauchsgütern in der Nutzungsdauer. Bei den Verbrauchsgütern handelt es sich um konsumorientierte Produkte, die die Konsumenten nur einmal verwenden oder genießen können, wie z. B. Shampoo, Flug oder Benzin. Bei den Gebrauchsgütern handelt es sich um konsumorientierte Produkte, die die Konsumenten mehrfach bzw. dauerhaft verwenden können, wie z. B. Auto, Haus oder Haushaltsgerät.

4. Literaturempfehlung

Kuß, Alfred/Kleinaltenkamp, Michael (2011). *Marketing-Einführung. Grundlagen, Überblick, Beispiele*, Wiesbaden, S. 34 ff.

Aufgabe 6: Träger und Grundtypen der Kaufentscheidung

Wissen, Verstehen
8 Minuten

---

1. Fragestellung

Beschreiben Sie die Träger und die Grundtypen der Kaufentscheidungen und verdeutlichen Sie diese anhand selbstgewählter Beispiele.

2. Lösung

Die Kaufentscheidungen werden grundsätzlich in vier Grundtypen gegliedert:

Individuelle Kaufentscheidung von einem Konsumenten

Bei den Individualentscheidungen lässt sich unterscheiden, ob ein Konsument bzw. eine Privatperson oder ein Einkäufer der Organisation der Träger der Kaufentscheidung ist. In der Regel werden die konsumorientierten Verbrauchsgüter, z. B. Brot, Benzin oder Deo, von einzelnen Konsumenten ohne Abstimmung mit anderen Personen in deren Familien- oder Freundeskreis getroffen. Die Individualkaufentscheidung von Konsumenten ist der Kern der klassischen Konsumentenforschung.

Individuelle Kaufentscheidung in Organisationen

Die Individualkaufentscheidungen in Organisationen fokussieren sich auf das Verhalten eines Einkäufers bzw. des Trägers in einer Organisation, z. B. bei routinemäßigen Beschaffungen von Schreibwaren. Meistens sind es bereits vorgeschriebene Produkte, die der Einkäufer regelmäßig beschaffen sollte ohne Abstimmung mit anderen Personen in der Organisation.

Kollektive Kaufentscheidung in privaten Haushalten

Zu den kollektiven Kaufentscheidungen bei Konsumenten handelt es sich um Entscheidungen in privaten Haushalten. Wie z. B. bei der Kaufentscheidung einer TV-Wand werden in der Regel alle Familienmitglieder als Träger der Kaufentscheidung mitbestimmen. Zum Beispiel: Der Vater wird die Funktionalität verschiedener TV-Wände vergleichen, wobei die Mutter die Qualität und den Preis im Betracht ziehen wird. Die Kinder können andere Eigenschaften der TV-Wand betonen. Die kollektiven Kaufentscheidungen bei Konsumenten werden am häufigsten bei den Gebrauchsgütern stattfinden.

Kollektive Kaufentscheidung in Organisationen

Die kollektive Kaufentscheidung in der Organisation ist eine Gruppenentscheidung, in der verschiedene Personen als Träger der Kaufentscheidung beteiligt sind. Diese findet normalerweise bei der Kaufentscheidung von hochwertigeren Produkten oder Dienstleistungen statt. Zum Beispiel: Bei einer Kaufentscheidung von einer neuen Fahrzeugflotte werden verschiedene Angebote vom Flottenmanager eingeholt. Die Überprüfung und der Vergleich von verschiedenen Preisen und Eigenschaften werden von den Einkaufs- und Finanzabteilungen durchgeführt. Die letztendliche Kaufentscheidung wird von dem bzw. den leitenden Manager bzw. Managern getroffen.

3. Hinweise zur Lösung

Träger der Kaufentscheidungen sind Konsumenten bzw. private Personen oder Personen in einer Organisation, wie z. B. bei Unternehmen, Behörden usw.

> Die Grundtypen von Kaufentscheidungen werden nach der Zahl der beteiligten Personen bei der Entscheidung differenziert, nämlich nach dem Kriterium, ob eine Person der Träger der Entscheidung ist oder ob es mehrere Personen sind. (Foscht & Swoboda, 2011, S. 11)

Die Grundtypen von Kaufentscheidungen sind in untenstehender Tab. 1 abgebildet.

Tab. 1: Grundtypen von Kaufentscheidungen (nach Foscht & Swoboda, 2011, S. 11)

	Individuell	**Kollektiv**
Konsument	Individuelle Kaufentscheidungen von Konsumenten bzw. Privatpersonen (z. B. Kauf einer Schokolade)	Kollektive Kaufentscheidung in privaten Haushalten (z. B. Kauf eines Autos)
Organisation	Individuelle Kaufentscheidungen in Organisationen – Einkäuferentscheidungen (z. B. Beschaffung von Schreibwaren)	Kollektive Kaufentscheidungen in Organisationen – Gremienentscheidungen (z. B. Beschaffung neuer Software für die ganze Organisation)

Bei Konsumenten bzw. Privatpersonen unterscheidet man unter Individual- und Kollektiventscheidungen. Bei Konsumenten, die eine individuelle Kaufentscheidung treffen, handelt es sich um einfache und relativ spontane Kaufentscheidungen, wie z. B. beim Kauf von Verbrauchsgütern, wie Brot oder einer Flasche Wasser. Kollektiventscheidungen werden in der Regel innerhalb des Familien- oder Freundeskreises getroffen, da die Produkte oder Dienstleistungen komplexer oder teurer sind. In der Regel handelt es sich hier um Gebrauchsgüter. Zum Beispiel: Bei einem Autokauf einer jungen Familie mit zwei Kindern werden die Eltern untereinander und eventuell mit den Freunden, die auch kleine Kinder haben, die einzelne Eigenschaften besprechen, wie z. B. die Größe und die Türautomatik eines Autos, um die beste Kaufentscheidung zu treffen. Im Rahmen einer Organisation können auch einfache Beschaffungen von einer Person getätigt werden. Bei komplexen oder ganz neuen und teuren Produkten oder Dienstleistungen werden die Kaufentscheidungen von mehreren Personen getroffen, z. B. in Gremien. Zum Beispiel: Ein Unternehmen hat vor, die ganze Fahrzeugflotte von einem anderen Anbieter umzurüsten. Deshalb werden nicht nur die Angestellten aus der Beschaffungsabteilung die Entscheidung treffen, sondern auch die Flottenmanager, die Mitarbeiter aus der Finanz- und eventuell Marketingabteilung sowie die Vorgesetzten.

4. Literaturempfehlung

Foscht, Thomas/Swoboda, Bernhard (2011). *Kaufverhalten: Grundlagen – Perspektiven – Anwendungen*, Wiesbaden, S. 11 f.

Aufgabe 7: Above-the-line- und Below-the-line-Kommunikationsinstrumente

Wissen, Verstehen, Anwenden
10 Minuten

1. Fragestellung

Fallstudie: Red Bull Cafés[*]

Red Bull ist ein Energy-Drink des österreichischen Unternehmens Red Bull GmbH. Red Bull hat keine eigenen Produktionsstätten, sondern lässt das Getränk bei der Firma Rauch Fruchtsäfte in Nüziders produzieren und abfüllen. Nun möchte Red Bull ein neues Konzept etablieren, nämlich in diesem Jahr 200 gleich eingerichtete Cafés in Deutschland zu eröffnen. Die Gestaltung der Cafés soll an das Risikosportthema knüpfen. Für die Eröffnung der Red Bull Cafés in Deutschland möchte Red Bull eine Werbekampagne starten.

---

[*] Der Fall ist fiktiv und für Lehrzwecke angepasst.

a) Empfehlen und erläutern Sie ein Above-the-line- und ein Below-the-line-Kommunikationsinstrument für die Red Bull Cafés in Deutschland.
b) Beschreiben Sie jeweils zwei Vor- und Nachteile dieser Instrumente.
Sie können für Ihre Ausführungen in der folgenden Aufgabe Annahmen treffen!

2. Lösung

a) Eine gleichzeitige Eröffnung von 200 Filialen wird für das Red-Bull-Unternehmen sehr kostenintensiv sein. Diesbezüglich sollte Red Bull im Vorfeld eine breite Masse über die Eröffnung und das neue Risikosportkonzept informieren. Die klassische Werbung im Fernseher sollte als ein Above-the-line-Kommunikationsinstrument für die Red Bull Cafés in Deutschland gewählt werden. Werbungen im Fernsehen werden Red Bull helfen, eine breite Masse zu erreichen. Die Werbungen sollten insbesondere bei Sportreportagen, z. B. bei SKY während oder vor Fußballübertragungen, ausgestrahlt werden. Die Zielgruppe sollte somit erreicht werden, vorausgesetzt, dass das männliche Auditorium zwischen 21 und 50 Jahren die Hauptzielgruppe des Unternehmens ist. Die Werbung im Fernsehen sollte am besten einige Monate im Vorfeld mit einem großen Sportevent, z. B. beim Champions-League-Finale im Fußball, starten und nach der Eröffnung weitere zwei bis vier Monate laufen.

Red Bull sollte auch das Below-the-line-Kommunikationsinstrument, insbesondere die Mund-zu-Mund-Propaganda (engl. „word of mouth") nutzen. Dies wäre mit einem viralen Marketing machbar. Beispielsweise könnte Red Bull über Soziale Netzwerke (engl. „social media"), beispielsweise über Facebook oder YouTube, kurze Videos posten, mit einem platzierten QR-Code am Ende. Über den QR-Code können die Konsumenten direkt auf der offiziellen Webseite von Red Bull Cafés landen. Auf der Webseite wiederum haben die Konsumenten die Möglichkeit, eine persönliche Einladung zur Eröffnungsparty in der nächstliegenden Stadt zu gewinnen. Bei der Kontaktangabe können die Konsumenten Empfehlungen der Teilnahme per Facebook, E-Mail oder Whatsapp an ihre Freunde weitergeben, um die Gewinnchance zu erhöhen. Das wäre ein aktives virales Marketing, da die Konsumenten sich aktiv daran teilnehmen.

b) Die Vorteile einer klassischen Werbung im Fernsehen sind vor allem die erreichte Reichweite (engl. „reach") und die Kontakthäufigkeit (engl. „frequency"), was wiederum zu einem erhöhten Bekanntheitsgrad führen kann. Die Nachteile sind die hohen Kosten und die unpersönliche bzw. nicht direkt an die Zielgruppe gerichtete Werbebotschaft.

Die Vorteile eines viralen Marketings sind die Eindrucksqualität (engl. „impact"), was wiederum den Bekanntheitsgrad des Red Bull Cafés erhöhen kann, und die metrischen Zahlen, die das Unternehmen nach der Werbekampagne tatsächlich messen kann. Die Risiken, die ein virales Marketing in sich hat, sind vor allem der Kontrollverlust bei einem Flop, was weiterhin zu einem Imageverlust führen könnte. Außerdem sind die Erfolgsfaktoren sogar bei sorgfältig geplanter Kampagne schwer vorherzusagen.

3. Hinweise zur Lösung

Die Above-the-line- und die Below-the-line-Kommunikationsinstrumente unterscheiden sich generell in der Massenwahrnehmung. Die Above-the-line-Kommunikationsmaßnahmen (Abb. 1) sind sichtbar und es ist dem Konsumenten bewusst, dass es sich um eine werbliche Beeinflussung handelt. Gegensätzlich hierzu sind die Below-the-line-Kommunikationsmaßnahmen, da diese nicht als werbliche Beeinflussung von den Konsumenten interpretieren werden (vgl. Scharf et al., 2015, 8. Kapitel).

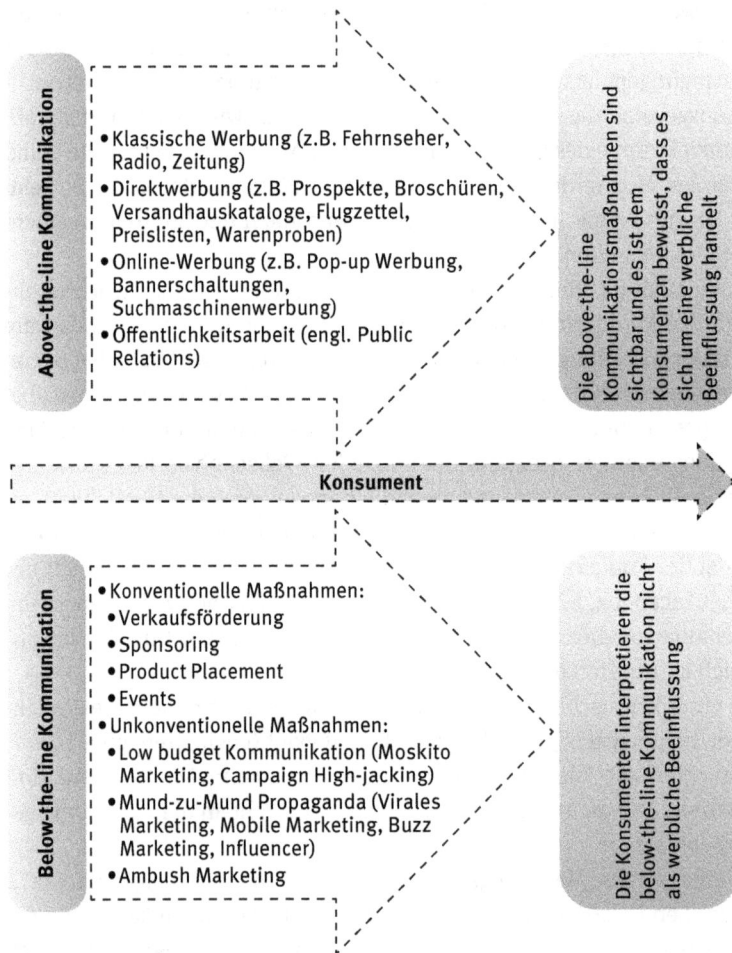

Above-the-line Kommunikation

- Klassische Werbung (z.B. Fehrnseher, Radio, Zeitung)
- Direktwerbung (z.B. Prospekte, Broschüren, Versandhauskataloge, Flugzettel, Preislisten, Warenproben)
- Online-Werbung (z.B. Pop-up Werbung, Bannerschaltungen, Suchmaschinenwerbung)
- Öffentlichkeitsarbeit (engl. Public Relations)

Die above-the-line Kommunikationsmaßnahmen sind sichtbar und es ist dem Konsumenten bewusst, dass es sich um eine werbliche Beeinflussung handelt

Konsument

Below-the-line Kommunikation

- Konventionelle Maßnahmen:
  - Verkaufsförderung
  - Sponsoring
  - Product Placement
  - Events
- Unkonventionelle Maßnahmen:
  - Low budget Kommunikation (Moskito Marketing, Campaign High-jacking)
  - Mund-zu-Mund Propaganda (Virales Marketing, Mobile Marketing, Buzz Marketing, Influencer)
  - Ambush Marketing

Die Konsumenten interpretieren die below-the-line Kommunikation nicht als werbliche Beeinflussung

Abb. 1: Above-the-line- und Below-the-line-Kommunikationsinstrumente (nach Schweiger & Schrattenecker, 2013, S. 126; Esch, 2014, S. 200)

Above-the-line-Kommunikation eignet sich gut, um ein überregionales Publikum zu erreichen. Für insbesondere neue Unternehmen, Produkte oder Konzepte bietet Above-the-line-Kommunikation vielfältige Möglichkeiten, sich am Markt zu etablieren und einen gewissen Bekanntheitsgrad zu verschaffen. Ein weiterer Vorteil bei der Above-the-line-Kommunikation ist die Erreichbarkeit des breitgestreuten Publikums und damit der potenziellen Kunden.

Below-the-line-Kommunikation eignet sich gut, um klar definierte Zielgruppen zu erreichen. Zum Einsatz kommen originelle und kreativ gestaltete Medien, die meistens durch die sozialen Netzwerke verbreitet werden. Vorteile der Below-the-line-Kommunikation sind die minimalen finanziellen Ressourcen. Den Erfolg kann man sehr gut, beispielsweise mit Klicks, Likes, dem Tracking von Links oder der Verbreitung von Videos über Codes, messen und entsprechend einen Return on Investment berechnen.

4. Literaturempfehlung

Scharf, Andreas/Schubert, Bernd/Hehn, Patrick (2015). *Marketing*, Stuttgart.

Langner, Sascha (2007). *Viral Marketing. Wie Sie Mundpropaganda gezielt auslösen und Gewinn bringend nutzen*, Wiesbaden, S. 27.

Schweiger, Günter/Schrattenecker, Gertraud (2013). *Werbung: Eine Einführung*, Wien.

Esch, Franz-Rudolf (2014). *Strategie und Technik der Markenführung*, München.

Heinrich, Michael (2013). *Grundlagenwissen Marketing*, Berlin.

Smith, Tom (2009). The social media revolution; *International Journal of Market Research*, Vol. 51, No. 4, S. 559–561.

Aufgabe 8: Marktforschung für Assistance-Dienstleistungen

Wissen, Verstehen, Anwenden
20 Minuten

---

1. Fragestellung

a) Strukturieren Sie grob den generellen Aufbau einer Marktforschungsstudie.

b) Entwerfen bzw. strukturieren Sie analog zu a) den Aufbau eine Marktforschungsstudie für potenziell neue Dienstleistungen, die als Produkte in Inbound Callcentern vertrieben werden können.

2. Lösung

a) – Problembeschreibung
  – Hypothesenbildung
  – Zielformulierung

- Analysevorbereitung
- Durchführung der Untersuchung
  - Sekundärforschung
  - Primärforschung
- Auswertung für das Marketing

b) **Problembeschreibung**

Inbound Callcenter sind meist aus einer internen Auskoppelung (Cost oder Profit Center) einer Geschäfteinheit aus dem eigenen Unternehmen entstanden. Oft steht auch der Name nicht mehr in Zusammenhang mit der Muttergesellschaft; das Unternehmen agiert längst eigenständig am Markt. Es ist aber meist noch mit der früheren Muttergesellschaft standortbezogen verbunden. Dennoch haben es diese Unternehmen schwer, Aufträge für Assistance-Dienstleistungen von Firmen zu erhalten, die zuvor nicht mit der Muttergesellschaft zusammengearbeitet haben.

Hypothesenbildung und Zielsetzung

Es wird eine sogenannte gerichtete Zusammenhangshypothese formuliert: „Es besteht ein positiver Zusammenhang zwischen der Häufigkeit des kundenseitig in Anspruch genommenen Geschäftsverkehrs und Service-Dienstleistungen für Assistance-Leistungen".
Ziel soll es sein, den Markt für Fremdkunden besser bearbeiten zu können.

Analyse Vorbereitung

Nach erfolgter Problembeschreibung (mit Hypothesenbildung und Zielsetzung) werden erste grundlegende Informationen im Rahmen der Sekundärforschung beschafft. Bei kleinen und mittleren Unternehmen schaltet man früh ein externes Marktforschungsunternehmen ein. Mit diesem werden der zusätzliche Bedarf an (spezieller) Sekundärforschung und Primärforschung definiert und ein Kostenrahmen aufgestellt. Der endgültige Kostenrahmen ist erst dann ersichtlich, wenn das Untersuchungsdesign festgelegt ist, wie (Befragungen, Experimente, die notwendigen Stichprobengrößen, Ort und Zeitpunkt der Durchführung und die Zielgruppe des Forschungsprojekts).

Durchführung

Die interne Durchführung umfasst die Auswertung von Wettbewerbsdaten; neben internen Datensammlungen und Expertengesprächen (mit Verantwortlichen) werden meist Verbandsinformationen ausgewertet. Die externe Durchführung führt mündliche Interviews durch mit potenziellen Kunden und wertet eigene Sekundärstatistiken aus.

Auswertung für das Marketing

Nach der Präsentation der Resultate durch das Marktforschungsunternehmung müssen unmittelbar mögliche Konsequenzen für das Marketing erörtert werden. Wird im konkreten Fall die Hypothese verifiziert, müssen die Fremdkunden z. B. gezielt angesprochen werden, wobei sich der Assistance-Dienstleister als vom (früheren) Mutterhaus unabhängiger Anbieter mit seinen Qualitätsmerkmalen präsentieren sollte.

3. Hinweise zur Lösung

Die Marktforschung ist eine wichtige Grundlage für die Marktbearbeitung in einem Unternehmen weshalb sie bereits ein zentrales Element des Marketings darstellt. Die Marktforschung beschäftigt sich potenziell mit vielen Untersuchungsgegenständen. Dazu zählen zum ersten meist die allgemeinen Markteigenschaften und -entwicklungen, wie z. B. Marktwachstum, Marktgröße bzw. -volumen und Stand des Lebenszyklus eines Markts. Zum zweiten geht es um den Wettbewerb, wie z. B. die Identifikation zentraler Wettbewerber und deren Strategien. Zum Dritten interessiert die Marktposition, wie z. B. die Stellung des eigenen Unternehmens im betrachteten Markt bzw. dessen Marktanteil oder der Bekanntheitsgrad bei verschiedenen Kundengruppen. Viertes geht es um sogenannte Kundensegmente, bei der (potenzielle) Kunden und Kundensegmente im Markt identifiziert werden. Fünftens werden das Kundenverhalten und die -bedürfnisse analysiert, also auch Veränderungen im Kundenverhalten. Vor diesem Hintergrund wird das Design einer Marktforschungsstudie bestimmt, die mit einer Problembeschreibung und einer Hypothesenbildung beginnt, um nicht blind zu forschen. Nachfolgend plant man den Aufwand für die notwendigen Untersuchungen. Meist beginnt man mit der Sekundärforschung. Sie dient der kostengünstigen Vorbereitung einer Studie, was aber in Form des sogenannten Desk Research auch später in der Durchführung vertieft werden kann. Primärforschung in Form von Erhebungen und Interviews schließen sich an. Die Aufgabe der Marktforschung endet formal mit der Präsentation der Ergebnisse. Wertende Schlussfolgerungen und daraus ableitbare Entscheidungen sind immer die Aufgabe des Marketings im engeren Sinn (Marktbearbeitung). Gleichwohl kann es sinnvoll sein, messbare Eindrücke während der Untersuchung zu erörtern oder Vergleiche zu anderen Untersuchungen anzustellen. Derartiges kann in einer abschließenden Diskussion erörtert werden.

In den letzten Jahren entwickelt sich der Markt für sogenannte Assistance-Dienstleister recht dynamisch. Es handelt sich dabei um spezielle Dienstleister mit Inbound Callcentern, die im Auftrag von anderen Unternehmen Aufträge abwickeln, die per Telefon, E-Mail oder soziale Medien zu bearbeiten sind. Um weiter wachsen zu können, müssen die Assisteure aber ständig nach neuen Märkte (Dienstleistungen) Ausschau halten, die sie in ihren Callcentern abwickeln können. Ein Inbound Callcenter ist fast ausschließlich mit der Annahme von eingehenden Kundenanrufen beschäftigt. Gründe für solche Anrufe können der Service rund um Produkte oder Dienstleistungen, das Melden von Störungen oder das Anfordern von Informationen sein. Auch differenzierte und komplexe Dienstleistungen aus dem IT-, Logistik- und Finanzdienstleistungsbereich können zum Geschäftsfeld von Inbound Callcenter gehören.

4. Literaturempfehlung

Raab, Gerhard/Unger, Alexander/Unger, Fritz (2018). *Methoden der Marketing-Forschung; Grundlagen und Praxisbeispiel*, Wiesbaden.

Lamnek, Uwe (2017). *Customer Care Management: Dienstleister Management & Outsourcing von Contact Center Dienstleistungen*, Norderstedt.

Aufgabe 9: Morphologischer Kasten

Wissen, Verstehen, Anwenden, Transfer
15 Minuten

---

1. Fragestellung

a) Planen Sie unter zur Hilfenahme eines morphologischen Kastens eine Konzeption für sogenannte verkaufsfördernde Maßnahmen eines Unternehmens oder eines Produkts.
Als Bestimmungsgrößen verwenden Sie bitte:
- Zielsetzung
- Zielgruppe
- Medium
- Reichweite
- Häufigkeit

b) Bestimmen Sie eine mögliche Maßnahmenkombination.

2. Lösung

a) Problemstellung: Welche verkaufsfördernde Maßnahme bietet sich für mein Produkt oder mein Unternehmen an, um die Wahrnehmung von sogenannten kritischen Kunden zu verbessern (Tab. 2)?

b) Vergleiche gestrichelte Linien

Tab. 2: Morphologischer Kasten für verkaufsfördernde Maßnahmen (nach Weis, 1999, S. 220 f.)

Bestimmungs-größen	Alternative Merkmalsausprägungen				
Zielsetzung	Image-kampagne	Attention	Interest	Desire	Handlungs-auslösung (Action)
Zielgruppe	Hausmänner/ Hausfrauen	Studierende	Vollzeit-beschäftigte	Teilzeit-beschäftigte	Arbeits-suchende
Medium	Social Media	Zeitung (Print)	Zeitung (Online)	Rundfunk	Fernsehen
Reichweite	Weltweit	Europaweit	Deutscher Sprachraum	Regional	Lokal
Häufigkeit	Mindestens viermal am Tag	Täglich	Wöchentlich	Monatlich	Alternierend

3. Hinweise zur Lösung

Ein morphologischer Kasten ist eine simple, aber effektive Kreativitätstechnik, die unter anderem zur Entwicklung von Werbekampagnen und Marketingstrategien verwendet wird. Idealerweise wird sie als Teamarbeit umgesetzt und zwar in einem vordefinierten Zeitraum. Sie kann aber auch als eine Art Brainstormingtechnik in Einzelarbeit zur Anwendung kommen. Einer klar definierten Frage oder Problemstellung folgt die Vorauswahl von Bestimmungsgrößen. Nachfolgend werden mögliche Ausprägungen der Bestimmungsgrößen rechts daneben geschrieben. Dabei entsteht eine Matrix mit mehreren theoretisch möglichen Lösungen. Abschließend wird nach vordefinierten Randbedingungen (z. B. Intuition, Systematik etc.) aus jeder Zeile eine Ausprägung der Bestimmungsgröße gewählt, wodurch eine Kombination von Ausprägungen entsteht.

4. Literaturempfehlung

Nagel, Kurt (2010). *Kreativitätstechniken in Unternehmen Das RadarSystem*, Berlin, S. 87–89.

Weis, Hans Christian (1999). *Marketing = Kompendium der praktischen Betriebswirtschaftslehre*, Ludwigshafen, S. 220 f.

2 Strategisches Marketing

Aufgabe 10: Marktsegmentierung

Wissen, Verstehen, Anwenden
10 Minuten

1. Fragestellung

Definieren Sie den Begriff der **Marktsegmentierung** und erläutern Sie Kriterien, die für die Marktsegmentierung genutzt werden. Beschreiben Sie dazu selbstgewählte Beispiele.

2. Lösung

Im Rahmen der Marktsegmentierung wird ein heterogener Markt aufgeteilt. Ziel ist es, homogene Teilmärkte zu definieren, indem bestimmte Zielgruppen identifiziert und beschrieben werden.

Es können zwischen fünf Kriterien zur Marktsegmentierung unterschieden werden.

Im Rahmen der soziodemografischen Marktsegmentierung werden demografische und sozioökonomische Aspekte berücksichtigt. Beispielsweise werden Kunden im Bankengeschäft nach Alter und Einkommen unterteilt.

Die geografische Marktsegmentierung unterteilt Märkte nach geografischen Prämissen. Beispielsweise lassen sich bei internationalen Autoherstellern kontinentale Märkte unterscheiden.

Darüber hinaus werden in der psychografischen Marktsegmentierung Märkte aufgrund von Lebensstilen und Persönlichkeitsmerkmalen eingeteilt. Ein Cateringunternehmen kann beispielsweise unterschiedliche Kunden mit verschiedenen Ansprüchen von einfach bis gehoben haben.

Die verhaltensorientierte Marktsegmentierung wird mithilfe des tatsächlichen Kaufverhaltens der Kunden durchgeführt. Eine häufige Einteilung ist die nach Preissensitivität, wobei zwischen premium- und preisbewussten Kunden unterschieden wird.

Zuletzt erfolgt die nutzenorientierte Marktsegmentierung nach unterschiedlichen Nutzenkriterien eines Produkts oder Leistung. Beispielsweise sehen einige Kunden ein Auto als einfaches Transportmittel an, während andere darüber hinaus auf Luxus, Ausstattung und Komfort achten.

https://doi.org/10.1515/9783110516869-002

3. Hinweise zur Lösung

Die Marktsegmentierung ist auf zwei Ebenen zu betrachten. Zum einen geht es um die Einteilung von Teilmärkten, was vor allem Aufgabe der Marktforschung ist. Zum anderen sollen auf dieser Basis segmentspezifische Marketingstrategien entwickelt werden, um einen bestmöglichen Erfolg auf den jeweiligen Teilmärkten zu generieren. Oftmals ist auch eine Überschneidung der verschiedenen Kriterien erkennbar. Beispielsweise spielt beim Autobau nicht nur die geografische, sondern auch die nutzenorientierte Ansichtsweise der Marktsegmentierung eine entscheidende Rolle.

Die Literatur bietet eine umfassende Sammlung an unterschiedlichen Segmentierungskriterien. Neben den fünf genannten Aspekten werden auch häufig Konsum- und Industriegüter unterschieden.

4. Literaturempfehlung

Homburg, Christian (2015). *Marketingmanagement. Strategie – Instrumente – Umsetzung – Unternehmensführung*, Wiesbaden, S. 477–483.

Schneider, Willy (2013). *Strategisches Management. Von der Planung zum strategischen Profil*, München, S. 130–135.

Kotler, Philip (2011). *Grundlagen des Marketing*, Hallbergmoos, S. 455–486.

Bruhn, Manfred (2010). *Marketing. Grundlagen für Studium und Praxis*, Wiesbaden, S. 58–61.

Aufgabe 11: Fünf-Kräfte-Modell

Wissen, Verstehen, Anwenden
10 Minuten

---

1. Fragestellung

Erläutern Sie das **Fünf-Kräfte-Modell** und beschreiben Sie zu jeder Kraft ein selbstgewähltes Beispiel.

2. Lösung

Das Fünf-Kräfte-Modell definiert den Wettbewerb eines Unternehmens in Hinblick auf fünf verschiedene Aspekte.

Die **Lieferanten** können durch ihre Macht die Profitabilität des Unternehmens beeinflussen. Bei einer starken Angebotsmacht können Preise für Rohstoffe erhöht werden, wodurch eine hohe Abhängigkeit gegeben ist. Beispielsweise sind Stromproduzenten von den Lieferanten in Bezug auf die Kosten der Rohstoffe, wie Kohle oder Gas, abhängig. Einen weiteren Aspekt stellen die bestehenden **Konkurrenten** dar. Im Bereich des Lebensmittelhandels stehen Discounter und Supermärkte wie Lidl, Aldi, Rewe und Edeka etc. in direkter Konkurrenz. Darüber hinaus herrscht auch eine Konkurrenz von potenziellen Konkurrenten, wie beispielsweise Amazon fresh, das Lebensmittel nach Hause liefert. Ebenfalls besteht eine Bedrohung durch Ersatzprodukte (Substitutionsprodukte). Beispielsweise bietet nicht nur die Deutsche Bahn Personentransport an. Auch Fernbusse haben attraktive Angebote, die als Ersatzleistung angesehen werden. Zuletzt wird der **Abnehmer** im Fünf-Kräfte-Modell betrachtet. Durch die Verhandlungsmacht kann er Druck auf das Unternehmen aufbauen. Kunden einer Bäckerei können bei zu hohen Preisen oder nicht zufriedenstellenden Produkten die Bäckerei wechseln oder im Supermarkt Brot kaufen. Darüber hinaus besteht auch die Möglichkeit, Brot selbst zu backen. Somit hat der Abnehmer eine hohe Macht in Bezug auf das Unternehmen.

3. Hinweise zur Lösung
Das Fünf-Kräfte-Modell, oder auch Five Forces (engl.) genannt, geht auf Porter zurück. Es dient dazu, eine Branchenstrukturanalyse durchzuführen. Oftmals fließen die Ergebnisse auch in die SWOT-Analyse (siehe Aufgabe 12) ein.

4. Literaturempfehlung
Schneider, Willy (2013). *Strategisches Management. Von der Planung zum strategischen Profil*, München, S. 30–33.
Homburg, Christian (2015). *Marketingmanagement. Strategie – Instrumente – Umsetzung – Unternehmensführung*, Wiesbaden, S. 223, 483–485.

Aufgabe 12: SWOT-Analyse

Wissen, Verstehen
10 Minuten

---

1. Fragestellung
Benennen Sie die Bestandteile der SWOT-Analyse und erläutern Sie diese anschließend knapp.

2. Lösung
Im Zuge der SWOT-Analyse werden sowohl die Stärken (engl. **„strengths"**) und Schwächen (engl. **„weaknesses"**) eines Unternehmens als auch die Chancen (engl. **„opportunities"**) und Risiken (engl. **„threats"**) der Unternehmenstätigkeit untersucht.

Bei der sogenannten Stärken-Schwächen-Analyse werden die Ressourcen des Unternehmens dem bzw. den wichtigsten Konkurrenten gegenübergestellt. Stärken und Schwächen beziehen sich auf das Innere des Unternehmens.

Die Chancen-Risiken-Analyse setzt sich mit dem Erkennen, Analysieren und Bewerten von Chancen bzw. Risiken in der Makro- und Mikroumwelt, also externen Faktoren, des Unternehmens auseinander. In der Makroumwelt werden Bereiche zusammengefasst, die zwar den Erfolg des Unternehmens tangieren, von diesem jedoch nicht oder nur in geringstem Ausmaß beeinflusst werden können. Die Mikroumwelt hingegen beinhaltet alle Bereiche, die in einer direkten und wechselseitigen Beziehung zum Unternehmen stehen.

3. Hinweise zur Lösung

Damit ein Unternehmen erfolgreich am Markt agieren kann, ist es notwendig, dass eine Analyse des Unternehmens und seiner Vertriebszweige vorgenommen wird. Für die intern gerichtete Stärken-Schwächen-Analyse wird häufig die von Porter entwickelte Wertkette zugrunde gelegt, wobei aus dieser lediglich die entscheidenden Faktoren untersucht werden. Eine relative Betrachtung ist hierbei von großer Bedeutung für fundierte Ergebnisse. Beispiele für die zu betrachteten Faktoren im Zuge der extern gerichteten Chancen-Risiken-Analyse sind globale Faktoren aus der Makroumwelt. Dazu gehören die ökonomischen Komponenten, wie beispielsweise das Wirtschaftswachstum, die soziokulturellen Faktoren, wie die Bevölkerungsstruktur, sowie die technologischen Aspekte, z. B. Produktinnovationen. Darüber hinaus sollen auch die physischen Komponenten, wie beispielsweise klimatische oder geografische Gegebenheiten, und die politisch-rechtlichen Faktoren, z. B. die rechtliche Situation, berücksichtig werden.

4. Literaturempfehlung

Schneider, Willy (2013). *Strategisches Management. Von der Planung zum strategischen Profil*, München, S. 41–46 f.

Kotler, Philip (2011). *Grundlagen des Marketing*, Hallbergmoos, S. 172–175.

Homburg, Christian (2015). *Marketingmanagement. Strategie – Instrumente – Umsetzung – Unternehmensführung*, Wiesbaden, S. 494 f.

Bruhn, Manfred (2010). *Marketing. Grundlagen für Studium und Praxis*, Wiesbaden, S. 2.

Aufgabe 13: Unternehmerische Planung

Wissen, Verstehen, Anwenden
25 Minuten

---

1. Fragestellung

Stellen Sie die Bedeutung der **unternehmerischen Planung** heraus und erklären deren wichtigste Etappen sowie die Stufen des **strategischen Planungsprozesses**.

2. Lösung

Das Aufstellen einer formalisierten Planung bringt viele Vorteile mit sich. So wird das systemische Denken gefördert, die Zielvorstellungen und Strategien müssen präzise formuliert werden und es gibt eine klare Leistungsvorgabe, an die sich sowohl das Management als auch Mitarbeiter halten müssen.

In den meisten Unternehmen stellen sich die wichtigsten Etappen wie folgt dar:

Jahresplanung

Die Jahresplanung ist eine kurzfristige Planung. Sie beschreibt die Ist-Situation des Unternehmens und enthält unter anderem die Ziele der Organisation, wie z. B. die aktuelle Strategie für das laufende Jahr, geplante Aktionen, Budgetvorgaben und auch Steuerungsinstrumente.

Langfristige Planung

Die langfristige Planung beinhaltet die wesentlichen Faktoren und Kräfte, die für die Organisation in den nächsten Jahren von Bedeutung sein werden. Des Weiteren enthält sie eine konkrete und langfristige Zielvorstellung sowie die wesentlichen Marketingstrategien und dazu benötigte Ressourcen für das Unternehmen. Sie wird jedes Jahr aktualisiert und überprüft, sodass die Aktualität stets gewahrt wird. Wie auch die Jahresplanung wird das laufende Geschäft ebenfalls betrachtet.

Strategische Planung

Die strategische Planung hat zum Inhalt, wie das Unternehmen in einer sich ständig wechselnden Umwelt überleben und dabei sich auftuende Chancen nutzen kann. Außerdem nennt es den übergeordneten Zweck und Auftrag des Unternehmens. Auch hier findet eine Situationsanalyse statt, die sich jedoch im Gegensatz zu der bei der Jahresplanung auch auf die Konkurrenten und den Zielmarkt des Unternehmens bezieht.

Zum strategischen Planungsprozess gehören die Schritte der **Analyse**, der **Planung**, der **Implementierung** und der **Kontrolle**. Im Zuge der Analyse wird vor allem die aktuelle Situation des Unternehmens betrachtet mit samt den Stärken und Schwächen. Auch sollten mögliche Marketingaktionen geplant und festgelegt werden. Die Planung legt mittels der strategischen Planung konkreter fest, wie mit den einzelnen Geschäftseinheiten umgegangen werden soll. Die Marketingplanung gibt dabei eine Art Fahrplan vor, der die Erreichung der Ziele ermöglichen soll.

Während der Phase der Implementierung werden die vorangegangenen Pläne in konkretes Handeln der internen Mitarbeiter mithilfe von externen Partnern umgesetzt.

Die Kontrolle besteht daraus, die Ergebnisse zu messen, zu beurteilen und eventuell auch zu korrigieren. Diese Analyse liefert Ergebnisse, die auf alle vorangegangenen Stufen Einfluss haben kann.

3. Hinweise zur Lösung

Ohne eine unternehmerische Planung wird es schwer, als Unternehmen im Wettbewerb zu bestehen. Sie zählt zu den wichtigsten Aufgaben des Managements und Controllings. Die vier Schritte des Planungsprozesses lassen sich dabei auf alle Ebenen, Jahresplanung, langfristige Planung sowie der strategischen Planung, beziehen. Der grundsätzliche Unterschied zwischen der Jahresplanung, der langfristigen Planung sowie der strategischen Planung sind der Zeithorizont und der Detaillierungsgrad.

4. Literaturempfehlung

Kotler, Philip (2011). *Grundlagen des Marketing*, Hallbergmoos, S. 157–160.

Meffert, Heribert/Burmann, Christoph/Kirchgeorg, Manfred (2012). *Marketing. Grundlagen marktorientierter Unternehmensführung*, Wiesbaden, S. 331 f.

Homburg, Christian (2015). *Marketingmanagement. Strategie – Instrumente – Umsetzung – Unternehmensführung*, Wiesbaden, S. 1300.

Aufgabe 14: Portfolioanalyse

Wissen

7 Minuten

1. Fragestellung

Erläutern Sie, was eine **Portfolioanalyse** ist und wie diese funktioniert.

2. Lösung

Portfolioanalysen geben einen Überblick über die Marktsituation von Unternehmen und dienen einer eventuellen Neuorientierung der Analyseobjekte. Dabei wird das Ziel verfolgt, knappe Ressourcen auf rentable strategische Geschäftsbereiche zu lenken. Außerdem dienen sie der Anpassung von Stärken und Schwächen des Unternehmens an die Geschäftsmöglichkeiten des Unternehmens. Hierzu muss zuerst das konkrete Analyseobjekt festgelegt werden. Anschließend muss eine Ist-Analyse vorgenommen werden, anhand derer das Objekt dann einer Position im Markt zugeordnet wird. Je nach Positionierung kann dann eine sogenannte Normstrategie vorgeschlagen werden. Darauf aufbauend wird eine Soll-Analyse durchgeführt, die die angestrebte Lage des Analyseobjekts wiedergeben soll. Abschließend werden sowohl die Normstrategie, als auch das Soll-Portfolio durch Marketingstrategien konkretisiert.

3. Hinweise zur Lösung

Portfolioanalysen zählen zu den am häufigsten eingesetzten Analysemethoden von Unternehmen. Ihr Ursprung liegt im Finanzanlagenbereich, in dem angestrebt wird,

Vermögenswerte so zu kombinieren, dass das Gesamtrisiko der Wertanlagen minimiert wird. Hierbei soll jedoch die Rendite der Anlage nicht vermindert werden.

Eine strategische Geschäftseinheit (SGE), auch als Geschäftsfeld bezeichnet, ist eine Kombination aus einem Produkt und einem Markt, die sich nach außen hin klar abgrenzen lässt.

Bekannte Portfolioanalysen sind die Boston-Consulting-Group-Matrix (siehe Aufgabe 17) sowie die McKinsey-Matrix (siehe Aufgabe 18).

4. Literaturempfehlung

Schneider, Willy (2013). *Strategisches Management. Von der Planung zum strategischen Profil*, München, S. 79–82.
Bruhn, Manfred (2010). *Marketing. Grundlagen für Studium und Praxis*, Wiesbaden, S. 69 f.
Kotler, Philip (2011). *Grundlagen des Marketing*, Hallbergmoos, S. 175 f.

Aufgabe 15: Produktlebenszyklus

Wissen, Verstehen, Anwenden
20 Minuten

1. Fragestellung

Erläutern Sie die klassischen Stufen des **Produktlebenszyklus** an einem selbstgewählten Beispiel.

2. Lösung

Der Produktlebenszyklus besagt, dass jedes Produkt bestimmte Lebenszyklusphasen durchläuft, die sich in den Gewinn- und Absatzpotenzialen unterscheiden. Er unterteilt sich in die Phasen **Einführung**, **Wachstum**, **Reife** und **Rückgang**. Während der **Einführungsphase** sind hohe Investitionen in Werbung und den Aufbau einer Vertriebsstruktur notwendig, sodass noch keine Gewinne erzielt werden. In dieser Phase wächst der Konsumentenstamm, sodass das Produkt zuerst nur von denen gekauft wird, die bereit sind, einen hohen Preis dafür zu zahlen.

Die **Wachstumsphase** wird erreicht, wenn eine bestimmte Zahl an Kunden für das Produkt begeistert werden können. In dieser Phase entwickelt sich das Produkt vom Nischenprodukt zum Wettbewerbsteilnehmer mit Konkurrenz. Das Preisniveau ist weiterhin hoch.

Während der **Reifephase** wird herausgestellt, wie viel Potenzial noch in dem Produkt steht, bzw. mit wie viel Aufwand es weiterhin erfolgreich am Markt gehalten werden kann. Durch den nun verstärkten Wettbewerb sinkt das Preisniveau merklich ab. Kundenbindung ist in dieser Phase ein entscheidendes Kriterium.

In der letzten Phase, dem **Rückgang**, geht der Absatz des Produkts zurück, da neuere Angebote die Überhand gewinnen. Da der Absatz zurück geht und auch der Gewinn, werden auch die Investitionen in die Werbungen zurückgeschraubt.

So werden z. B. in der Automobilindustrie von Unternehmen X neue Scheinwerfer entworfen. Diese sind zunächst noch relativ teuer, da der Absatzmarkt noch wachsen muss. Durch Werbung wird nun versucht, Kunden für das Produkt zu gewinnen. Werden nun genug von den neuen Scheinwerfern verkauft und in Autos eingebaut, beginnen auch die anderen Autohersteller Y und Z, die neuen Scheinwerfer in etwas abgewandelter Form einzubauen, sodass es zum Wettbewerb kommt. Je weiter der Markt sich entwickelt, desto größer wird auch die Frage nach dem Potenzial des einzelnen Produkts von Hersteller X. Wie groß der Absatz noch werden kann, ist z. B. eine der Fragen, die sich die Unternehmen stellen müssen. Wird der Konkurrenzkampf allerdings noch größer und die Nachfrage des Unternehmens X geht zurück, dann sollten die Kosten für die Werbung zurückgeschraubt werden. Die noch einzufahrenden Gewinne sind auf jeden Fall mitzunehmen.

3. Hinweise zur Lösung
Der Produktlebenszyklus ist eine Möglichkeit der Portfolioanalyse und hilft Unternehmen, den Absatz von Produkten richtig einzuordnen und dementsprechend zu agieren. Für den Unternehmenserfolg ist es wichtig, die entsprechenden Phasen zu erkennen und entsprechend zu handeln, z. B. in Bezug auf die Marketingkosten. Die Literatur bietet unterschiedliche Einteilungen in Phasen. Neben der oben genannten vierstufigen Einteilung (Einführung, Wachstum, Reife, Rückgang, Relaunch) gibt es auch einen fünfstufigen Prozess (Einführung, Wachstum, Reifezeit, Sättigung, Degeneration). Die einzelnen Phasen des Produktlebenszyklus lassen sich dabei auch den einzelnen Feldern innerhalb der Boston-Consulting-Group-Matrix (siehe Aufgabe 17) zuordnen.

4. Literaturempfehlung
Schneider, Willy (2013). *Strategisches Management. Von der Planung zum strategischen Profil*, München, S. 48–79.

Bruhn, Manfred (2010). *Marketing. Grundlagen für Studium und Praxis*, Wiesbaden, S. 63–66.

Homburg, Christian (2015). *Marketingmanagement. Strategie – Instrumente – Umsetzung – Unternehmensführung*, Wiesbaden, S. 448–455.

Kotler, Philip (2011). *Grundlagen des Marketing*, Hallbergmoos, S. 666–677.

Meffert, Heribert/Burmann, Christoph/Kirchgeorg, Manfred (2012). *Marketing. Grundlagen marktorientierter Unternehmensführung*, Wiesbaden, S. 849–854.

Aufgabe 16: Produktlebenszyklusanalyse im Touristikmarkt

Wissen, Anwenden
20 Minuten

---

1. Fragestellung

a) Bestimmen Sie sechs zentrale Einflussgrößen von Tourismusmärkten.

b) Erstellen Sie eine Portfolioanalyse für ausgewählte Tourismusprodukte und bestimmen Sie die Situation im Produktlebenszyklusmodell. Argumentieren Sie aus Sicht deutscher Kunden unter Berücksichtigung von Kaufkraftgrößen, demografischen Größen und der aktuellen gesellschaftspolitischen Diskussion (Abb. 2). Produkte sind:

- Klassische Pauschalreise (ohne Familienreisen)
- Familienreise (Pauschalreise)
- Jugend- und Tramperreisen
- SPA Wellnessreisen
- Sport- und Abenteuertourismusreisen
- Kreuzfahrten
- Ökotourismusreisen

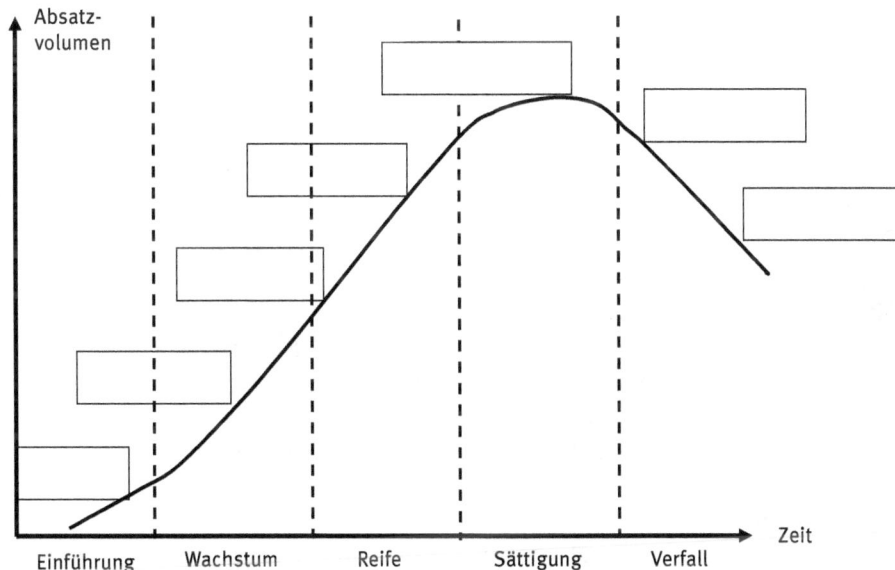

Abb. 2: Produktlebenszyklus im Tourismus, leer

2. Lösung

a) – Kaufkraft der potenziellen Kunden
   – Alter der potenziellen Kunden
   – Freizeit (zeitliche Verfügbarkeit)
   – Konsumpräferenzen
   – Umweltsituation im Quellgebiet
   – Umweltsituation im Zielgebiet

b) Siehe Abb. 3

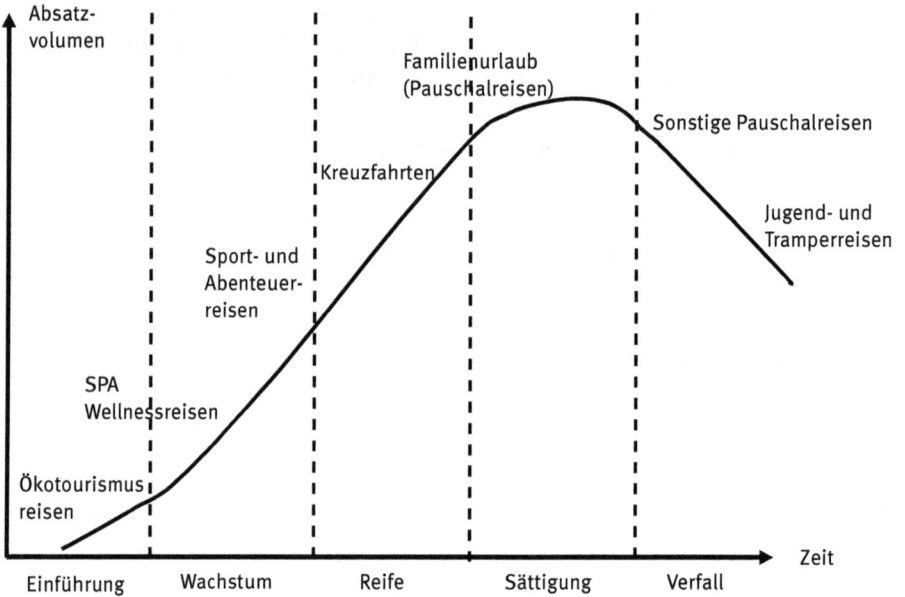

Abb. 3: Produktlebenszyklus im Tourismus, Lösung

Ökotourismus

Dieser spricht vor allem umweltbewusste Kunden jedes Alters an; er ist stark getrieben von der Wahrnehmung von Umweltproblemen im Quellgebiet und dem Wusch, im Zielgebiet, keine negativen externen Effekte zu verursachen. Der Erfolg des Produkts hinsichtlich Nachhaltigkeit ist kurz nach der Einführung noch unsicher.

SPA Wellnessreisen

Die absolute Zunahme der durchschnittlichen Kaufkraft und insbesondere die relative Zunahme der sogenannten Best-Ager-Gruppe, die zudem über eine überdurchschnittliche Zunahme der Kaufkraft verfügt, lässt noch große Wachstumsraten erwarten. SPA Wellness entspricht dem Lebensgefühl einer alternden Gesellschaft.

Sport- und Abenteuerreisen

Dieses Produkt hat bereits vor einigen Jahren größere Teile des Markts erschlossen. Basis dafür sind neue (aber noch erweiterbare) Möglichkeiten, auch entfernte Gegenden der Erde leicht zu erkunden, verbunden mit dem Wunsch nach sportlicher Jugendlichkeit; das Produkt ist gerade im Reifestadium angekommen.

Kreuzfahrten

Der Markt ist in den vergangenen Jahren sehr gewachsen. Es werden aber nicht mehr so viele neue Kreuzfahrtschiffe gebaut wie früher. Das Segment ist tendenziell hochpreisig und nicht allen Käufergruppen zugänglich. Die aktuelle Umweltdiskussion lässt nicht mehr so starke Zuwächse für das Segment erwarten.

Familienreisen (Pauschalreisen)

Die Zahl der Familien in Deutschland ist demografiebedingt rückläufig. Zudem sind die Kunden meist sehr preisbewusst. Der Markt gilt als gesättigt.

Klassische Pauschalreise (ohne Pauschalreisen)

Die klassische Pauschalreise ist immer noch ein großes Volumengeschäft, weil untere und mittlere Käuferschichten angesprochen werden. Der gesellschaftliche Wunsch nach mehr Individualismus lässt dieses Segment aber tendenziell schrumpfen.

Jugend- und Tramperreisen

Das Segment ist derzeit aus der Mode gekommen, weil die durchschnittliche Kaufkraft auch bei jungen Menschen in Deutschland zugenommen hat gegenüber der Zeit von vor zehn Jahren. Medien warnen zudem vor den Gefahren des Trampens gerade für junge Frauen.

3. Hinweise zur Lösung

Der Tourismusmarkt ist marketingspezifisch sehr ähnlich zu bearbeiten wie andere Dienstleistungen. Er ist allerdings sehr abhängig von demografischen und Kaufkraftgrößen. Die einzelnen Produkte reagieren sehr sensibel auf politische und individuelle Risiken, die sich ergeben können aus der Sicherheitslage im Zielland. Vor diesem Hintergrund war in den Jahren nach 2015 z. B. der Pauschalreisemarkt in der Türkei nahezu vollständig zusammengebrochen. Im Quellgebiet, hier Deutschland, beeinflusst die Klimaverträglichkeit des Tourismus aktuell die gesellschaftliche Debatte. Ob und wann dies auf das Reiseverhalten der Kunden durchschlägt, ist aktuell unklar.

4. Literaturempfehlung

Thurner, Ingrid (2017). „Es wandelt niemand ungestraft unter Palmen": Über die Wechselwirkungen zwischen Reisepraxis, Länderimages und Destination Branding; In Pechlaner, Harald/ Volgger, Michael (Hrsg.), *Die Gesellschaft auf Reisen – Eine Reise in die Gesellschaft*, Wiesbaden, S. 225–238.

Aufgabe 17: Boston-Consulting-Group-Matrix

Wissen, Verstehen, Anwenden
10 Minuten

---

1. Fragestellung

Nennen und erklären Sie knapp die Einteilung von Produkten nach der **Markenanteilmatrix** nach **Boston Consulting** und ordnen Sie diese den Phasen des **Produktlebenszyklus** zu.

2. Lösung

Die Boston-Consulting-Group-Matrix (BCG-Matrix) teilt Produkte nach dem relativen Marktanteil und dem prozentualen Marktwachstum in vier Bereiche ein. Diese sind die Poor Dogs, Question Marks, Cash Cows und Stars.

Zu den **Poor Dogs** gehören Produkte, die einen niedrigen Marktanteil, ein ebenfalls niedriges Wachstum und auch keine nennenswerten Zukunftschancen haben, dennoch aber selbsthaltend sind. Sie lassen sich im Produktlebenszyklus in die letzte Phase, den Rückgang, einordnen.

Dahingegen haben die **Question Marks** ein hohes Wachstum, jedoch auch einen niedrigen Marktanteil. Bei ihnen stellt sich die Frage, ob sie aufgegeben werden sollen oder sich nicht doch eventuell zum Star entwickeln. Question-Mark-Produkte sind typisch für die Einführungsphase des Produktlebenszyklus.

Produkte der Kategorie **Cash Cows** besitzen einen hohen Marktanteil, haben jedoch kein großes Wachstum und benötigen somit keine großen Investitionen. Sie sind die echten Geldbringer und repräsentieren bezogen auf den Produktlebenszyklus die Phase der Reife.

Zu den **Stars** gehören Produkte, die sowohl einen hohen Marktanteil, als auch ein hohes Wachstum besitzen. Damit zusammenhängend benötigen sie jedoch auch hohen Investitionen. Sie befinden sich in der für Unternehmen wohl attraktivsten Phase, dem Wachstum.

3. Hinweise zur Lösung

Die BCG-Matrix ist ebenfalls ein Beispiel der Portfolioanalysen. Durch sie kann eine gezielte Einordnung von bestehenden Produkten vorgenommen werden. Außerdem lassen sich hieraus mögliche Handlungskonsequenzen ableiten, die über das Fortbestehen des Produkts am Markt bestimmen. Die x-Achse ist durch den relativen Marktanteil beschrieben. Dieser berechnet sich durch das Verhältnis des eigenen Marktanteils zum Marktanteil des stärksten Wettbewerbers. Dabei wird die interne Perspektive, die Unternehmensdimension, eingenommen. Im Gegensatz dazu spiegelt das prozentuale Marktwachstum, die auf der y-Achse dargestellt wird, die externe Perspektive, die Umweltdimension, wider.

4. Literaturempfehlung

Bruhn, Manfred (2010). *Marketing. Grundlagen für Studium und Praxis*, Wiesbaden, S. 70–72.

Schneider, Willy (2013). *Strategisches Marketing. Von der Planung zum strategischen Profil*, München, S. 82–94.

Kotler, Philip (2011). *Grundlagen des Marketing*, Hallbergmoos, S. 176–178.

Homburg, Christian (2015). *Marketingmanagement. Strategie – Instrumente – Umsetzung – Unternehmensführung*, Wiesbaden, S. 530 f.

Aufgabe 18: McKinsey-Matrix

Wissen, Verstehen, Transfer
15 Minuten

1. Fragestellung

Setzen Sie die **Boston-Consulting-Group-Matrix** und die **McKinsey-Matrix** in Beziehung zueinander und stellen Sie die Vor- und Nachteile beider Methoden heraus.

2. Lösung

Bei der McKinsey-Matrix wird auf der x-Achse der relative Wettbewerbsvorteil und auf der y-Achse die Marktattraktivität dargestellt. Im Vergleich zur Boston-Consulting-Group-Matrix werden Produkte bei der McKinsey-Matrix in neun verschiedenen Gruppen zusammengefasst. Somit ist diese Methode wesentlich realitätsnäher. Durch die Vielzahl an Einzelindikatoren, die für die Bewertung des relativen Wettbewerbsvorteils und der Marktattraktivität genutzt werden, wird ein Unternehmen gezwungen, sich der Analyse systematisch zu nähern und mit der aktuellen Marktsituation auseinanderzusetzen. Durch die Betrachtung der relativen Wettbewerbsvorteile werden auch mögliche Konkurrenten betrachtet. Diese Betrachtung fehlt bei der Boston-Consulting-Group-Matrix nahezu vollständig. Durch die vermehrten Möglichkeiten lassen sich bei der McKinsey-Matrix nun auch mittlere Positionen verteilen.

Negativ ist jedoch zu sehen, dass diese Methode sehr zeitaufwendig und komplex ist, sodass eventuell die Sinnhaftigkeit verloren gehen kann. Zum Zeitaufwand kommt ein erheblicher Kostenaufwand hinzu. Die Gefahr, die einzelnen Indikatoren subjektiv zu beurteilen, ist außerdem gesteigert, sodass ein verfälschtes Ergebnis entsteht. Die angemessene Gewichtung der Indikatoren sollte dementsprechend eine zentrale Frage im Unternehmen darstellen.

Die recht offen gestaltete Achsenbeschriftung von relativer Wettbewerbsvorteil und Marktattraktivität kann sowohl positiv als auch negativ ausgelegt werden. Die genauen Möglichkeiten der Beurteilung von Unternehmen sind demnach verschieden auslegbar, was jedoch auch zu einer potenziellen Schwierigkeit der Bewertung führt und ganz von der individuell angewendeten Gewichtung abhängt.

Das alles hat zur Folge, dass bei der McKinsey-Matrix indirekt auch eine SWOT-Analyse durchgeführt wird.

3. Hinweise zur Lösung

Die McKinsey-Matrix zählt ebenfalls als Instrument der Portfolioanalysen und ist der Boston-Consulting-Group-Matrix in gewissen Punkten ähnlich. Dennoch variieren sie in der Genauigkeit der Einteilung von Produkten.

Beispiele für die Einzelindikatoren zur Bewertung des relativen Wettbewerbsvorteils sind Marktanteil, Unternehmensgröße sowie Kostenvorteile, Standortvorteile und Qualität der Führungskräfte und vieles mehr. Für die Bewertung der Marktattraktivität stehen Faktoren wie das Marktwachstum, Marktgröße sowie die Branchenrentabilität, Verhandlungsstärke mit Lieferanten etc. zur Verfügung. Dies ist nur ein Auszug möglicher Faktoren, was zeigt, dass die Bewertung ein komplexes Unterfangen ist.

4. Literaturempfehlung

Schneider, Willy (2013). *Strategisches Marketing. Von der Planung zum strategischen Profil*, München, S. 94–97.

Bruhn, Manfred (2010). *Marketing. Grundlagen für Studium und Praxis*, Wiesbaden, S. 72–74.

Homburg, Christian (2015). *Marketingmanagement. Strategie – Instrumente – Umsetzung – Unternehmensführung*, Wiesbaden, S. 532 f.

Meffert, Heribert/Burmann, Christoph/Kirchgeorg, Manfred (2012). *Marketing. Grundlagen marktorientierter Unternehmensführung*, Wiesbaden, S. 279 f.

Aufgabe 19: Produkt-/Marktmatrix nach Ansoff

Wissen
5 Minuten

1. Fragestellung

Stellen Sie die **Produkt-/Marktmatrix** nach Ansoff anhand einer Skizze dar und definieren Sie kurz die einzelnen Zuordnungen.

2. Lösung

Tab. 3: Ansoff-Matrix

Märkte / Produkte	Gegenwärtig	Neu
Gegenwärtig	Marktdurchdringung	Marktentwicklung
Neu	Produktentwicklung	Diversifikation

Die **Marktdurchdringung** wird angestrebt, wenn ein bereits bestehendes Produkt auf einem bereits bestehenden Markt noch häufiger abgesetzt werden soll. Hierzu können verschiedene Möglichkeiten herangezogen werden, wie z. B. Preissenkung, Abwerben von Kunden der Konkurrenz oder auch Aufzeigen neuer Einsatzmöglichkeiten des Produkts.

In der **Marktentwicklung** werden bereits bestehende Produkte auf einem neuen Markt angeboten. In diesem Zuge sollen z. B. neue Zielgruppen auf einem bestehenden Absatzmarkt angesprochen werden.

Neue Produkte auf einem bestehenden Markt werden im Zuge der **Produktentwicklung** von Unternehmen angeboten. Dies kann durch die Veränderung eines bestehenden Produkts oder auch durch eine Produktinnovation geschehen.

Bei der **Diversifikation** werden neue Produkte auf neuen Märkten abgesetzt. Hier wird zwischen der horizontalen, vertikalen und lateralen Diversifikation unterschieden.

3. Hinweise zur Lösung

Es handelt sich hierbei um eine Möglichkeit der Portfolioanalyse. Auf Grundlage der Produkt-/Marktmatrix nach Ansoff können Unternehmen gezielt Strategien entwickeln, die den Absatz von Produkten auf einem bestimmten Markt generieren.

Bei einer horizontalen Diversifikation werden Produkte auf der gleichen Wirtschaftsstufe ergänzt. Beispielsweise kann eine Brauerei auch alkoholfreie Getränke anbieten. Im Gegensatz dazu werden bei einer vertikalen Diversifikation Leistungen aus den vorgelagerten Wertschöpfungsstufen (Rückwärtsintegration), wie beispielsweise ein Energiekonzern, der auch Rohstoffe wie Kohle abbaut, oder aus den nachgelagerten Wertschöpfungsstufen (Vorwärtsintegration) angeboten. Zuletzt bezeichnet die laterale Diversifikation ein Leistungsprogramm, das in keiner Beziehung zueinandersteht. Als Beispiel könnte ein Autohersteller zusätzlich Kosmetikartikel herstellen.

4. Literaturempfehlung

Schneider, Willy (2013). *Strategisches Marketing. Von der Planung zum strategischen Profil*, München, S. 108–119.
Bruhn, Manfred (2010). *Marketing. Grundlagen für Studium und Praxis*, Wiesbaden, S. 21.
Meffert, Heribert/Burmann, Christoph/Kirchgeorg, Manfred (2012). *Marketing. Grundlagen marktorientierter Unternehmensführung*, Wiesbaden, S. 272–274.

Aufgabe 20: ABC-Analyse

Wissen, Verstehen, Anwenden, Transfer
15 Minuten

1. Fragestellung

Erläutern Sie die Zielsetzung und die Durchführung **ABC-Analyse**. Diskutieren Sie außerdem die ABC-Analyse, die nur mit dem Umsatzkriterium durchgeführt wird, an einem selbstgewählten Beispiel.

2. Lösung

Die ABC-Analyse hat die Zielsetzung, eine Menge von Objekten in eine Struktur bzw. Kategorisierung zu bringen. Dies erfolgt nach der jeweiligen Wichtigkeit. Am Ende erhält man die A-Kategorie, die wichtigste, die B-Kategorie, die mittelwichtige, und die C-Kategorie, die unwichtige. Diese Objekte können beispielsweise Kunden, Mitarbeiter, Produkte, Standorte oder Projekte etc. sein.

Zur Durchführung der ABC-Analyse müssen zunächst geeignete Kriterien gefunden werden. Häufig wird der Umsatz dazu verwendet. Die Objekte werden je nach ihrem Umsatz in eine Reihenfolge gebracht. Danach werden die drei Gruppen, A, B und C, gebildet. Als Schlussfolgerung gelten die A-Objekte als am wichtigsten, sodass die meisten Ressourcen wie Investition, Forschung und Entwicklung etc. in diesen Bereich investiert werden sollten.

Als Beispiel wird ein Unternehmen gewählt, dass Bürostühle und -möbel verkauft. Mithilfe der ABC-Analyse sollen die Kunden in drei Kategorien eingeordnet werden. Dies wird nur mithilfe des Umsatzes durchgeführt. Dies wäre eine sehr einseitige und punktuelle Betrachtung. Kunden, die im C-Feld sind, haben gegebenenfalls nur in der betrachteten Periode ein geringes Bestellvolumen, aufgrund von verschiedenen Problemen und Situationen. In den vergangenen Jahren waren diese Kunden aber durch ein kontinuierliches Bestellverhalten charakterisiert. Andererseits könnten in der C-Kategorie auch Kunden sein, die bisher einen geringen Umsatz generieren, aber für die Zukunft besonders wichtig sind, da eine strategische Partnerschaft oder ähnliches aufgebaut werden soll. Außerdem wird das Potenzial von z. B. Start-ups, die häufig ein steiles Wachstum zeigen, nicht berücksichtigt. Die Beispiele zeigen, dass die ABC-Analyse die zukünftige Entwicklung wenig bis gar nicht berücksichtigt. Ein Unternehmen, das sich zunehmend nur um die A-Kunden kümmert und beispielsweise die C-Kunden abstößt, geht damit auch ein Risiko ein. Wenn beispielsweise fünf A-Kunden 70 % des Umsatzes generieren, herrscht eine hohe Abhängigkeit von diesen Kunden. Des Weiteren werden nur quantitative Faktoren herangezogen. Qualitative Faktoren bleiben außen vor. Dennoch muss erwähnt werden, dass die ABC-Analyse nach Umsatz eine weitverbreitete Methode ist, da sie recht einfach und schnell durchzuführen ist und man einen guten Überblick über die analysierten Objekte erhält.

3. Hinweise zur Lösung

Die ABC-Analyse wird auch Programmstrukturanalyse bezeichnet. Bei der Einteilung in die drei Gruppen A, B und C müssen Grenzen festgelegt werden. Diese können unterschiedlich definiert werden.

Als weitere Restriktion der ABC-Analyse ist die Nichtbeachtung von Verbundeffekten zu nennen. Umsatzschwache Produkte können unterstützen, umsatzstarke Produkte abzusetzen. Dabei wäre es nicht ratsam, ein Produkt aus der C-Kategorie aus dem Produktsortiment zu nehmen.

4. Literaturempfehlung

Schneider, Willy (2013). *Strategisches Marketing. Von der Planung zum strategischen Profil*, München, S. 99–101.

Bruhn, Manfred (2010). *Marketing. Grundlagen für Studium und Praxis*, Wiesbaden, S. 129.

Homburg, Christian (2015). *Marketingmanagement. Strategie – Instrumente – Umsetzung – Unternehmensführung*, Wiesbaden, S. 1206–1208.

3 Operatives Marketing

Aufgabe 21: Marketingmix

Wissen

7 Minuten

---

1. Fragestellung

Nennen Sie die vier klassischen Marketinginstrumente (4–P) und erläutern Sie jedes knapp.

2. Lösung

Zu den vier Instrumenten gehören das Produktmanagement, das Kontrahierungsmanagement, das Vertriebsmanagement und das Kommunikationsmanagement.

Das Produktmanagement befasst sich vorrangig mit der Entwicklung, Veränderung und auch mit dem Entfernen der Produkte und Dienstleistungen vom Markt.

Preise und damit verbundene Konditionen werden durch das Kontrahierungsmanagement bestimmt.

Die Standortwahl und die Wahl der Absatzwege sowie das Kundenmanagement inklusive der Vertriebslogistik werden mithilfe des Vertriebsmanagements gesteuert.

Das Kommunikationsmanagement befasst sich mit der Aufgabe, das Produkt oder die Dienstleistung bei den angestrebten Kundengruppen vorzustellen und diese zum Kauf zu bewegen.

3. Hinweise zur Lösung

Die Literatur bietet unterschiedliche Begrifflichkeiten für die Marketinginstrumente. Während Kontrahierungsmanagement auch als Preispolitik bezeichnet wird, existiert auch für das Vertriebsmanagement eine unterschiedliche Bezeichnung (Distributionspolitik). Die vier Marketinginstrumente (4P) wurden von Jeromy McCarthy im Jahr 1960 erstmals als **„product"** (**Produktmanagement**), **„price"** (**Kontrahierungsmanagement**), **„place"** (**Vertriebsmanagement**) und **„promotion"** (**Kommunikationsmanagement**) definiert. Das Modell lässt sich noch um die Instrumente „process" und „people" erweitern. Mit der Festlegung eines optimalen Marketingmix können Unternehmen mit dem richtigen Produkt, am richtigen Ort, mit dem richtigen Preis und dem richtigen Kommunikationskonzept auf dem Markt erfolgreich sein und ihren Umsatz steigern. Wenn das Produkt für potenzielle Kunden attraktiv ist (**Produktpolitik**), der Preis mit der Wertvorstellung der Kunden übereinstimmt (**Preispolitik**), der Verkaufsweg gut organisiert ist (**Distributionspolitik**) und das

https://doi.org/10.1515/9783110516869-003

Produkt attraktiv präsentiert wird (**Kommunikationspolitik**), so bestehen gute Chancen, dass sich der Kunde für das Produkt entscheiden wird.

4. Literaturempfehlung

Schneider, Willy (2013). *Operatives Management. Zielgerichteter Einsatz des Marketing-Instrumentariums*, München, S. 8–11, S. 262 f.

Bruhn, Manfred (2010). *Marketing. Grundlagen für Studium und Praxis*, Wiesbaden, S. 28–30.

Kürble, Peter (2015). *Operatives Marketing*, 1. Auflage, Stuttgart, S. 14–17; 230.

Aufgabe 22: Die drei Produktdimensionen

Wissen, Verstehen, Anwenden
15 Minuten

---

1. Fragestellung

Nennen Sie die drei **Produktdimensionen** inklusive ihrer Merkmale und verdeutlichen Sie die Aufteilung mithilfe eines frei gewählten Beispiels.

2. Lösung

Die drei Dimensionen eines Produkts sind das Kernprodukt, das reale Produkt und das erweiterte Produkt.

Das **Kernprodukt** beschreibt hierbei den Kernnutzen des Produkts bzw. der Dienstleistung und die Eigenschaften, ohne die das Produkt nicht funktionieren würde. Ein Auto hat so beispielsweise den Nutzen, dass es fährt und somit als Transportmittel fungiert.

Das **reale Produkt** erweitert das Kernprodukt nun um die Merkmale Verpackung, Produktfunktionalität, Markenname, Qualität und Produktdesign. Hierdurch erhält das Produkt einen zusätzlichen Wert und es können Wettbewerbsvorteile generiert werden. Auch das lässt sich gut anhand des Autos verdeutlichen. Deutsche Automarken, wie z. B. VW, stehen vor allem für gute Qualität inklusive innovativer Produktfunktionalität.

Das **erweiterte Produkt** ergänzt abschließend das Kernprodukt und das reale Produkt um weitere Dienstleistungen, wie z. B. Aufbau, Einbau und Installation, Kundendienst und Reparaturmöglichkeiten, kostenlose Schulungen, Gewährleistungen, Telefon-Hotline oder auch Frei-Haus-Lieferung und Zahlungsziel oder Teilzahlung. Eine Werkstatt in der Nähe des Kunden sowie eine jederzeit erreichbare Telefon-Hotline werten das Auto also zusätzlich noch auf.

3. Hinweise zur Lösung

Die Basis für erfolgreiche Marketingstrategien ist immer ein stimmiges Produktkonzept, denn nur auf ein gutes und treffendes Produktkonzept können die anderen Elemente des Marketingmix erfolgreich aufbauen. Das Marketing muss ermitteln, welche Kernbedürfnisse des Käufers befriedigt werden sollen, um dann dafür das tatsächliche Produkt zu entwickeln. Anschließend wird dieses Regelprodukt um die Elemente des erweiterten Produkts ergänzt, um am Ende ein Produkt mit einer Nutzengesamtheit zu erhalten, das die Zielgruppe bzw. die Kaufinteressenten am besten zufriedenstellt.

Ein weiterer Erfolgsfaktor für das Produktmanagement ist die Einzigartigkeit des Produkts. Der sogenannte Unique Selling Point (USP) grenzt Produkte von Konkurrenten ab und umfasst Produkteigenschaften, die das Produkt einzigartig machen und so den Konsumenten zum Kauf des Produkts bewegen sollen.

4. Literaturempfehlung

Kotler, Philip (2011). *Grundlagen des Marketing*, Hallbergmoos, S. 587–591.
Bruhn, Manfred (2010). *Marketing. Grundlagen für Studium und Praxis*, Wiesbaden, S. 124 f.
Schneider, Willy (2013). *Operatives Management. Zielgerichteter Einsatz des Marketing-Instrumentariums*, München, S. 44–48.

Aufgabe 23: Der Entwicklungsprozess von Produkten

Wissen, Verstehen, Anwenden
20 Minuten

1. Fragestellung

Stellen Sie den **Entwicklungsprozess** eines Produkts schriftlich dar, erläutern die einzelnen Punkte kurz und ordnen Sie diesen in den **Marketingmix** ein.

2. Lösung

Der Entwicklungsprozess von Produkten lässt sich unter dem Punkt Produktmanagement im Marketingmix einordnen und umfasst neun Teilschritte.

Am Anfang steht die Entwicklung einer **Innovationsstrategie** (1), die vor allem gewisse Richtlinien zur Zielsetzung vorgibt, die Arbeit der beteiligten Abteilungen koordinieren kann, aber auch die Aufteilung und Delegation der Aufgaben festlegt. Anschließend kommt es zur Suche nach einer **Produktidee** (2). Diese Suche sollte idealerweise systematisch und nicht willkürlich erfolgen, wodurch gewährleistet werden soll, dass die gesammelten Ideen auch zur Weiterentwicklung geeignet sind und nicht nur auf die quantitative Zahl der Ideen geachtet wird. Bei der Suche können sowohl interne Quellen als auch Kunden, Konkurrenten, Händler, Lieferanten und andere Quellen herangezogen werden.

Durch das **Ideen-Screening** (3) sollen die gesammelten Ideen gefiltert werden, sodass lediglich die zukunftsfähigen Vorschläge weiterverfolgt werden. Die Konzeptentwicklung und der **Konzepttest** (4) folgen direkt auf das Ideen-Screening und erfordern von allen dort gefilterten Ideen ein Produktkonzept. Dieses Konzept enthält eine detaillierte Beschreibung der Produktidee, die bereits auf spezielle Käufergruppen zugeschnitten ist und bedeutsame Produktnutzen bezogen auf die Konsumenten ausformuliert. Diese Produktkonzepte können nun tatsächlich oder symbolisch an Interessentengruppen getestet werden.

Die Entwicklung einer **Marketingstrategie** (5) erfolgt nach der Auswahl eines erfolgsversprechenden Konzepts. In dieser Strategie werden der Zielmarkt, die geplante Positionierung des Produkts, die Absatzprognosen, der geplante Marktanteil und auch die Gewinnziele für die ersten Jahre beschrieben. Anschließend erfolgt die Analyse der **Marktfähigkeit** (6), um die wirtschaftliche Attraktivität des Produkts zu untersuchen. Dafür werden Schätzungen über den Absatz, die Kosten und den Gewinn getroffen.

Sind die Erkenntnisse aus der Analyse der Marktfähigkeit mit den Unternehmenszielen zu vereinbaren, folgt die **Produktentwicklung** (7). Hierfür werden mehrere Prototypen hergestellt und sowohl unter Laborbedingungen, als auch unter realen Bedingungen getestet. Bevor das Produkt final auf den Markt kommt, werden **Testmarkterprobungen** (8) durchgeführt. Ein Testmarkt erlaubt dem Unternehmen auch, die geplanten Marketingmaßnahmen wie z. B. die Werbung, die Logistik, die Verpackung und die Budgetverteilung zu testen. Der Testmarkt gibt außerdem Aufschluss über das Konsumenten- und Händlerverhalten. Ob das Produkt nun final eingeführt wird, muss jedes Mal individuell entschieden werden.

Sind die Tests zur Zufriedenheit des Unternehmens verlaufen, so kommt es zur **Markteinführung** (9) des neuen Produkts. Diese geht meist mit enormen Kosten einher, die sich jedoch bei richtiger Planung vom Unternehmen amortisieren lassen.

3. Hinweise zur Lösung

Die eigentliche Entwicklung beginnt mit der aus einem Produktvorschlag abgeleiteten Aufgabenstellung. Aufgrund des langen Vorausschauzeitraums und der internen und externen Unsicherheit trägt die Planung von Produkt- und Prozessentwicklungen stochastischen Charakter, ist jedoch von existenzieller Bedeutung der zukünftigen Marktfähigkeit für die Unternehmen. Jede Abwandlung innerhalb des Prozesses erhöht den Koordinationsbedarf, kostet Zeit, schafft Informationsverluste und bremst den Entscheidungsprozess. Gleichzeitig können diese Aufwände durch einen strukturierten Entwicklungsprozess minimal gehalten werden.

4. Literaturempfehlung

Kotler, Philip (2011). *Grundlagen des Marketing*, Hallbergmoos, S. 645–663.

Bruhn, Manfred (2010). *Marketing. Grundlagen für Studium und Praxis*, Wiesbaden, S. 131–142.

Meffert, Heribert/Burmann, Christoph/Kirchgeorg, Manfred (2012). *Marketing. Grundlagen marktorientierter Unternehmensführung*, Wiesbaden, S. 396–444.

Aufgabe 24: Marken und Markenreichweite

Wissen, Verstehen, Anwenden
10 Minuten

1. Fragestellung

Definieren Sie den Begriff der **Marke**. Erläutern Sie in diesem Zusammenhang die Markenreichweite mithilfe von selbstgewählten Beispielen.

2. Lösung

Eine Marke ist ein Produkt oder eine Dienstleistung, die individuell mit bestimmter Namensgebung, Symbolen und Darstellungen gekennzeichnet und markiert ist. Außerdem verfügt sie über ein Absatzkonzept, was sich zu anderen Leistungen der Konkurrenz abhebt. Durch die Verwendung einer Marke soll dem Konsumenten ein bestimmtes Bild in Hinblick auf Qualität, Emotionen und Eigenschaften der Leistung vermittelt werden, wodurch ein Wiedererkennungswert geschaffen werden kann.

Die Markenreichweite gibt an, in welchem Gebiet bzw. an welchem Ort eine Marke aktiv bzw. bekannt ist. Dabei wird zwischen regionalen Marken unterschieden, die sich nur auf ein bestimmtes Gebiet innerhalb eines Landes, z. B. Norddeutschland, beziehen, und nationalen Marken, die in einem kompletten Land, z. B. Deutschland, bekannt sein sollen. Abschließend beinhaltet die internationale Markenreichweite mehrere Länder, in dem die Marke genutzt wird, z. B. Europa.

Als Beispiel für die regionale Marke kann regionales Bier genannt werden. Herrenhäuser oder Gilde sind vor allem in und um Hannover bekannt. Andere Biermarken wie Warsteiner oder Krombacher werden in ganz Deutschland vertrieben. Heineken ist eine internationale Biermarke, die an vielen Orten der Welt verkauft wird.

3. Hinweise zur Lösung

Bei den Beispielen handelt es sich um Konsumgütermarken. Darüber hinaus kann auch eine Unterteilung in Industriegütermarken und Dienstleistungsmarken erfolgen. Beispielsweise sind ABB und Würth internationale Industriegütermarken, während UPS und Visa internationale Dienstleistungsmarken sind.

Die Markierung von Produkten dient grundsätzlich der Abgrenzung zu anderen Konkurrenten und der Wiedererkennung durch den Kunden, die vor allem einer intensiven Kommunikation bedarf.

4. Literaturempfehlung

Schneider, Willy (2013). *Operatives Management. Zielgerichteter Einsatz des Marketing-Instrumentariums*, München, S. 49–52.

Bruhn, Manfred (2010). *Marketing. Grundlagen für Studium und Praxis*, Wiesbaden, S. 144 f.

Kürble, Peter (2015). *Operatives Marketing*, 1. Auflage, Stuttgart, S. 90–92.

Homburg, Christian (2015). *Marketingmanagement. Strategie – Instrumente – Umsetzung – Unternehmensführung*, Wiesbaden. 616–623.

Aufgabe 25: Markenstrategien für ein Produktprogramm

Wissen, Verstehen
7 Minuten

1. Fragestellung

Nennen und erläutern Sie die vier verschiedenen **Markenstrategien (Markenarchitektur)**, die dazu dienen, ein Produkt zu markieren.

2. Lösung

Im Rahmen der **Einzelmarkenstrategie** wird jedem einzelnen Produkt eine einzelne Marke zugeordnet. Dementsprechend wird dem Kunden nicht klar, inwieweit der gleiche Hersteller hinter mehreren Produkten steht.

Bei der **Mehrmarkenstrategie** werden für verschiedene Produktkategorien unterschiedliche Marken entwickelt. Im Vergleich dazu umfasst die **Markenfamilienstrategie** eine einheitliche Marke für eine Produktgruppe. Darunter werden verschiedene Einzelprodukte angeboten. Im Vergleich zur Einzelmarkenstrategie wird hier der Hersteller der Produkte offen kommuniziert.

Die **Dachmarkenstrategie** wird genutzt, um alle Produkte eines Unternehmens unter der Dachmarke zu verbinden. Dabei dient der Unternehmensname oft als Dachmarke.

3. Hinweise zur Lösung

Vorteil der Einzelmarkenstrategie ist vor allem die Möglichkeit, die Produkte individuell zu positionieren. Dementsprechend können auch kundenspezifische Bedürfnisse gedeckt werden. Allerdings sind Synergien nicht möglich.

Die Mehrmarkenstrategie überzeugt durch die Ansprache verschiedener Kunden und der gleichzeitigen Sicherheit, dass bei einem Wechsel einer Marke innerhalb der Produktkategorie keine Umsatzverluste auftreten. Dennoch ist dieses Konstrukt komplex und durch das Risiko des Kannibalisierungseffekts können die Marken in einer Mehrmarkenstrategie sich gegenseitig Marktanteile wegnehmen.

Der Ausstrahlungseffekt bei der Markenfamilien- und Dachmarkenstrategie kann sowohl als Vorteil in positiver Hinsicht als auch als Nachteil in negativer Perspektive genannt werden.

4. Literaturempfehlung

Schneider, Willy (2013). *Operatives Management. Zielgerichteter Einsatz des Marketing-Instrumentariums*, München, S. 90–96.

Bruhn, Manfred (2010). *Marketing. Grundlagen für Studium und Praxis*, 10. Auflage, Wiesbaden, S. 144–146.

Kürble, Peter (2015). *Operatives Marketing*, 1. Auflage, Stuttgart, S. 70–72.

Homburg, Christian (2015). *Marketingmanagement. Strategie – Instrumente – Umsetzung – Unternehmensführung*, Wiesbaden, S. 626–629.

Aufgabe 26: Serviceleistungen als Teil der Produktpolitik

Wissen, Verstehen
7 Minuten

1. Fragestellung

Erläutern Sie den Begriff der **Serviceleistungen** und nennen sowie erläutern Sie die drei verschiedenen Arten von Serviceleistungen als Teil der **Produktpolitik**.

2. Lösung

Serviceleistungen sind Zusatzleistungen, die das Primärprodukt oder die Primärdienstleistung unterstützen, um somit den Kundennutzen zu erhöhen.

Im Rahmen der Garantieleistungspolitik werden der Garantieumfang und die Garantiedauer beschrieben. Im erstgenannten Punkt werden die Teile des Produkts genannt, die in der Garantie enthalten sind. Die Garantiedauer beschreibt, wie lange ein Hersteller verpflichtet ist, Reparatur oder Austausch des Geräts vorzunehmen.

Die Lieferleistungspolitik umfasst die Zustellung des Produkts, sofern der Kunde das Produkt nicht selbst abholt. Hierbei spielen Lieferbereitschaft, -zuverlässigkeit, und -schnelligkeit eine entscheidende Rolle.

Die Kundendienstpolitik umfasst unterschiedliche Formen der Kundendienstleistungen, die sowohl den kaufmännischen als auch technischen Bereich umfassen. Dabei wird der Kunde vor, während und nach dem Kauf betreut.

3. Hinweise zur Lösung

Die Garantie als Serviceleistung kann zur Abgrenzung von Konkurrenten genutzt werden. Allerdings ist dieser Leistungsumfang recht schnell kopierbar. Ebenfalls kann dadurch ein schlechter Eindruck beim Kunden hinsichtlich der Qualität entstehen.

Insbesondere in Zeiten des zunehmenden Onlinehandels nimmt die Lieferleistungspolitik eine immer wichtigere Rolle ein. Die Kunden wollen ihre bestellten Produkte so schnell wie möglich erhalten. Hohe Lieferkosten oder lange Lieferzeiten gelten bei einigen Käufern als K. O.-Kriterium.

Die Kundendienstpolitik hat einen maßgeblichen Einfluss auf die Kundenzufriedenheit und hat damit oft eine hohe Priorität. Grundsätzlich muss unterschieden werden, ob der Support im Rahmen des Kaufvertrags kostenlos gewährt wird oder ob es sich um eine kostenpflichtige Zusatzleistung handelt.

4. Literaturempfehlung

Bruhn, Manfred (2010). *Marketing. Grundlagen für Studium und Praxis*, Wiesbaden, S. 144–146.

Kürble, Peter (2015). *Operatives Marketing*, 1. Auflage, Stuttgart, S. 73–76.

Schneider, Willy (2013). *Operatives Management. Zielgerichteter Einsatz des Marketing-Instrumentariums*, München, S. 101–107.

Aufgabe 27: Preissetzungsstrategien

Wissen, Verstehen, Anwenden
10 Minuten

---

1. Fragestellung

Nennen und definieren Sie die zwei grundsätzlichen Strategien der **Preissetzung**. Verdeutlichen Sie dies anhand selbstgewählter Beispiele.

2. Lösung

Generell lässt sich zwischen der **Marktabschöpfungsstrategie** und der **Marktdurchdringungsstrategie** unterscheiden.

Bei der Marktabschöpfungsstrategie werden bei der Markteinführung neuer Produktinnovationen möglichst hohe Preise von den Unternehmen festgelegt, um die Zahlungsbereitschaft der Kunden langsam auszutesten. Dies geht allerdings nur, wenn durch Qualität und Image des Produkts genug Kaufinteressenten vorhanden sind. Auch der Fach- und Methodenvorsprung des Unternehmens muss groß genug gegenüber den Wettbewerbern sein. Die Preise werden dann im zeitlichen Verlauf nach unten angepasst, um auch weitere Käuferschichten abzugreifen. Deutlich wird dies am Beispiel von Herstellern von PC-Prozessoren. Diese werden oftmals nach der Markteinführung zu hohen Preisen angeboten, um die Anschaffung von professionellen Anwendern voranzutreiben. Die Preisanpassung nach unten erfolgt, sobald diese Kundengruppe bedient ist, sodass auch Interessenten sich das Produkt kaufen können, obwohl sie nicht ganz so viel Geld dafür ausgeben wollen. Somit wird ein höchstmöglicher Umsatz erzielt.

Die Marktdurchdringungsstrategie hingegen setzt von Anfang an auf niedrige Preise, um schnellstmöglich viele Kunden zu gewinnen. Durch das somit erreichte hohe Absatzvolumen ist es dem Unternehmen möglich, die Preise noch weiter zu senken. Voraussetzung für eine solche Preissetzungsstrategie ist eine starke Preissensibilität. Dann können niedrige Preise zu einem höherem Marktwachstum führen. Als Beispiel lassen sich hier Unternehmen anführen, die durch einen kostengünstigen Direktvertrieb z. B. über das Internet niedrige Preise anbieten können. Sie sind somit im Vorteil gegenüber Unternehmen, die auf den Vertrieb über den Einzelhandel setzen.

3. Hinweise zur Lösung

Die Literatur zu diesem Thema verfügt über unterschiedliche Begrifflichkeiten. Während die Marktabschöpfungsstrategie auch Skimming Pricing genannt wird, verwendet man auch den Begriff Penetration Pricing für die Marktdurchdringungsstrategie. Die Wahl der Preissetzungsstrategie ist maßgeblich für den Erfolg der Produkteinführung auf dem Markt und sollte somit an die vorhandenen Gegebenheiten angepasst und wohlüberlegt sein. Trifft das Unternehmen die falsche Wahl und die potenziellen Käufer werden vom Preis abgeschreckt, besonders bei der Marktabschöpfungsstrategie, könnte das Image des Produkts leiden.

Neben den beiden erwähnten Preissetzungsstrategien der Marktdurchdringung und Marktabschöpfung kann ebenfalls die Preisdifferenzierung erwähnt werden. Diese wird vor allem, wenn Unternehmen zeitgleich bei unterschiedlichen Kundensegmenten und Märkten aktiv sind, eingesetzt.

4. Literaturempfehlung

Schneider, Willy (2013). *Operatives Management. Zielgerichteter Einsatz des Marketing-Instrumentariums*, München, S. 122, 172 f.

Bruhn, Manfred (2010). *Marketing. Grundlagen für Studium und Praxis*, Wiesbaden, S. 81.

Kotler, Philip (2011). *Grundlagen des Marketing*, Hallbergmoos, S. 757 f.

Meffert, Heribert/Burmann, Christoph/Kirchgeorg, Manfred (2012). *Marketing. Grundlagen marktorientierter Unternehmensführung*, Wiesbaden, S. 494 f.

Aufgabe 28: Preisstrategien für ein Produktprogramm

Wissen, Verstehen, Anwenden
15 Minuten

---

1. Fragestellung

Erläutern Sie die fünf verschiedenen Möglichkeiten der **Preissetzung** innerhalb eines **Produktprogramms** ausführlich und verdeutlichen Sie Ihre Erläuterung anhand selbstgewählter Beispiele.

2. Lösung

Preissetzungen können innerhalb eines Produktprogramms sowohl innerhalb der Produktlinie für Zubehör, für Komplementärprodukte, für Koppelprodukte als auch für Produktbündel vorgenommen werden.

Innerhalb der **Produktlinie** werden Preisstufen für die einzelnen Produkte unter Berücksichtigung der Wettbewerbspreise, die Beurteilung der Produktmerkmale durch den Kunden und die Kostenunterschiede der einzelnen Produkte festgelegt. So wird ein Laptophersteller die verschiedenen Modelle auch unterschiedlich und z. B. abhängig von der Größe des Speicherplatzes bepreisen. Bringt das Unternehmen nun ein neueres Modell heraus und wählt eine lediglich geringe Preissteigerung, so kaufen Kunden tendenziell das neuere Produkt und der Gewinn kann gesteigert werden.

Gibt es für das Hauptprodukt noch ergänzende Produkte bzw. **Zubehör,** so findet die Preisfindung für dieses in Abstimmung statt. Ein gutes Beispiel hierfür ist die Automobilindustrie. Das Hauptprodukt ist in diesem Beispiel das Auto in der Grundausstattung. Möchte der Kunde sein Auto jedoch nach seinen Wünschen gestalten und beispielsweise ein Navigationssystem im Auto haben, so muss er dieses extra bezahlen. Ein Unternehmen sollte die Preise für das Zubehör so gestalten, dass der Kunde nicht das Gefühl bekommt, jeden noch so kleinen Extrawunsch auch extra zu bezahlen.

Im Gegensatz zum Zubehör, das optional mit dem Hauptprodukt verwendet werden kann, müssen **Komplementärprodukte** zwangsläufig zusätzlich gekauft werden. Ein gutes Beispiel für Komplementärprodukte sind Tintenpatronen für Drucker. Die Kosten für den Drucker sind hierbei verhältnismäßig gering, die Folgekosten für die Tintenpatronen jedoch verhältnismäßig hoch, da die Unternehmen wissen, dass das Hauptprodukt nur mit ihnen zusammen nutzbar ist.

Bei der Herstellung von einigen Produkten fallen **Nebenprodukte** an, die nicht direkt verwertbar sind und verkauft werden müssen. So wird z. B. in einem Sägewerk das Abfallprodukt der Späne gewinnbringend als Rindenmulch oder Sägemehl verkauft.

Um verschiedene Produkte miteinander zu verbinden und eventuell günstiger zu verkaufen, gibt es **Produktbündel**. Bei deren Preissetzung muss vor allem darauf geachtet werden, dass der Preisvorteil des Bündels groß genug ist, damit der Kunde dieses nutzt. So sind Dauerkarten im Freizeitpark ab einer gewissen Anzahl an Besuchen oft günstiger, als wenn der Kunde jeden Besuch einzeln zahlen würde.

3. Hinweise zur Lösung

Bei einer Preisstrategie für ein Produkt, das Teil einer Produktlinie ist, kann es zu häufigen Änderungen kommen. Ziel ist eine Preisstruktur, die für alle Bestandteile gewinnmaximierend ist. Dabei besteht die Schwierigkeit, dass die einzelnen Bestandteile bezüglich der Kostenstruktur miteinander verbunden sein können, sich die Konkurrenz allerdings unterscheidet. Dementsprechend sind eine Anpassung und Ausrichtung vonnöten. Insgesamt ist die gewählte Preisstrategie das Fundament für die Preispolitik eines Unternehmens. Sie hat außerdem einen hohen Einfluss auf die Elemente des Marketingmix.

4. Literaturempfehlung

Kotler, Philip (2011). *Grundlagen des Marketing*, Hallbergmoos, S. 759–761.
Schneider, Willy (2013). *Strategisches Marketing – Von der Planung zum strategischen Profil*, München, S. 219–222.

Aufgabe 29: Preisanpassungsstrategien

Wissen, Verstehen
15 Minuten

---

1. Fragestellung

Erklären Sie sieben mögliche **Preisanpassungsstrategien** und nennen Sie jeweils mindestens zwei ihrer Ausprägungen. Erläutern Sie dabei die jeweilige Wirkung.

2. Lösung

Rabatte und Preisnachlässe auf den Grundpreis des Produkts sollen den Kunden für ein bestimmtes Verhalten, wenn beispielsweise der Kunde sofort zahlt oder größere Mengen abnimmt, belohnen. Bahrzahlungsrabatte und Skonto, Mengenrabatte, Händlerrabatte, Saisonrabatte, Preisnachlässe bei Inzahlungnahme und Preisnachlässe für Werbeaktionen sind die verschiedenen Ausprägungen.

Die **diskriminierenden Preissetzungen** werden spezifisch auf unterschiedliche Kundengruppen oder Märkte angewandt. Es können Preissetzungen nach Kundensegment, nach Produkt, nach Ort oder nach Zeit vorgenommen werden. Sie haben das Ziel, möglichst viele Käufergruppen anzusprechen.

Psychologische Preissetzungen zielen darauf ab, dass häufig mit einem hohen Preis auch eine hohe Qualitätserwartung einhergeht, sodass Produkte deutlich über dem eigentlichen Warenwert verkauft werden können. Ausprägungen hierfür sind Referenzpreise, also die Erwartung eines Kunden, was ein Produkt kosten sollte, und die psychologische Preissetzung an sich.

Preissetzung bei Sonderaktionen sind vorübergehende Veränderungen, die eine erhöhte Absatzmenge in kurzfristiger Perspektive zum Ziel haben. Lockpreise, Sonderpreise, Barzahlungsrabatte, Finanzierungsmodelle, Garantieverlängerungen, kostenlose Wartungen und Preisnachlässe sind unterschiedliche Ausprägungen der Sonderaktionen.

Bei global großflächig verteilten Absatzmärkten werden häufig **geografisch differenzierte Preissetzungen** vorgenommen, um z. B. hohe Transportkosten auszugleichen und keine Kunden zu verlieren. Lieferung ab Werk, einheitliche Frachtkosten, Einteilung in Preiszonen, Preissetzung von Basisorten und Lieferung frei Haus sind Beispiele für diese Preisanpassungsstrategie.

Dynamische Preissetzungen sind notwendig, um den Bedürfnissen der Kunden und auch in besonderen Situationen der Absatzmärkte zu entsprechen, flexibel zu agieren und den Absatz zu sichern. So können die Unternehmen maßgeschneiderte Angebote für individuelle Bedürfnisse, sofortige Preisvergleiche, online stattfindende Preisverhandlungen oder Preisänderungen aufgrund von Nachfrage- oder Kostenveränderungen anbieten.

Damit global agierende Unternehmen die lokalen Marktbedingungen und Kostenstrukturen auf den verschiedenen Absatzmärkten beachten können und auf allen erfolgreich teilnehmen können, müssen sie die **internationale Preissetzung** verfolgen.

3. Hinweise zur Lösung

Preise sind üblicherweise keine statische Größe, sondern werden von verschiedenen Faktoren beeinflusst. Preisanpassungsstrategien, sowohl Preiserhöhungen als auch -senkungen, dienen den Unternehmen dazu, unterschiedliche Kundentypen zu gewinnen und auf wechselnde Kaufsituationen eingehen zu können. Neben äußeren Einflüssen können auch strategische Hintergründe eine Preisanpassung auslösen. Preise sind das Resultat eines mit der Nachfrage übereinstimmenden Angebots. Damit wird deutlich, dass Unternehmen, die langfristig in der Lage sind, ihre Preise am Markt durchzusetzen, eine erfolgreiche Marktposition im Vergleich zu Wettbewerbern haben. Dementsprechend ist eine abgestimmte Preissetzung für den wirtschaftlichen Erfolg maßgeblich.

4. Literaturempfehlung

Kotler, Philip (2011). *Grundlagen des Marketing*, Hallbergmoos, S. 761–774.

Schneider, Willy (2013). *Operatives Management. Zielgerichteter Einsatz des Marketing-Instrumentariums*, München, S. 122–134.

Bruhn, Manfred (2010). *Marketing. Grundlagen für Studium und Praxis*, Wiesbaden, S. S. 28 und 165–174.

Aufgabe 30: Kundenwahrnehmung bezüglich Produktpreis und -wert

Wissen, Verstehen
5 Minuten

1. Fragestellung

Erläutern Sie, welche **Preisstrategie** darauf abzielt, die Perspektive und Wahrnehmung des **Kunden** in Bezug auf die Leistung in den Fokus zu setzen. Erklären Sie die damit einhergehende **Preissetzungsstrategie**.

2. Lösung

Die **wertorientierte Preissetzung** (oder auch Value-added-Preisstrategie) basiert auf dem durch den Kunden bzw. Käufer wahrgenommenen Produktwert. Hierbei wird das Marketingprogramm erst entwickelt, wenn der Preis gemeinsam mit den anderen Variablen des Marketingmix festgelegt ist. Ausgangspunkt der Preissetzung ist der Kunde, der den wahrgenommenen Wert bestimmt. Daraus wird der Preis abgeleitet, der über den Produktionskosten des Produkts liegen muss.

3. Hinweise zur Lösung

Die wertorientierte Preissetzung beginnt mit der Analyse der Bedürfnisse der Kunden, woraus der wahrgenommene Wert und dementsprechend der Preis abgeleitet werden. Diese Analyse kann sich als schwierig erweisen, da oftmals weiche Faktoren wie Atmosphäre im Dienstleistungsbereich schwer zu quantifizieren sind.

Im Gegensatz zur wertorientierten Preissetzung steht die kostenorientiere Preissetzung, bei der der Preis ausgehend von den Herstellungskosten und sonstigen Variablen kostendeckend bestimmt wird. Auf dieser Grundlage wird anschließend ein passendes Marketingprogramm entwickelt, um den Käufer zum Kauf zu bewegen.

4. Literaturempfehlung

Kotler, Philip (2011). *Grundlagen des Marketing*, Hallbergmoos, S. 732–735.

Schneider, Willy (2013). *Operatives Management. Zielgerichteter Einsatz des Marketing-Instrumentariums*, München, S. 159.

Aufgabe 31: Einfluss des Konsumentenverhaltens auf die Beurteilung des Preises

Wissen, Verstehen, Anwenden, Transfer
15 Minuten

1. Fragestellung

Im folgenden Beispiel werden verschiedene **Konsumenten** mit unterschiedlichen **Einstellungen** vorgestellt. Analysieren Sie das Beispiel, indem Sie folgende Begriffe definieren und anhand des Beispiels verdeutlichen:

Preismotivation, Preisgewichtung, Alternativenbewusstsein, Preisbeachtung

Laura und Timo müssen sich eine neue Waschmaschine kaufen, da die alte kaputt-gegangen ist. Laura geht in ihrer Mittagspause schnell zu einem Elektronikmarkt und verschafft sich einen Überblick. Schnell hat sie ihren Favoriten ausgesucht. Es ist ein günstiges Gerät einer No-name-Marke. Am Abend berichtet sie Timo von ihrer Auswahl. Timo lässt sich davon nicht so leicht überzeugen. Er kennt Laura und weiß, dass sie keine Lust hat, sich mit Waschmaschinen auseinanderzusetzen und deshalb den günstigsten Preis auswählt. Daher liest er im Internet nach Testberichten und vergleicht Preise, denn er möchte ein Gerät kaufen, das langlebig ist, und er will nicht unnötig viel Geld ausgeben.

2. Lösung

Preismotivation beschreibt den Wunsch des Konsumenten, Preisinformationen zu recherchieren. Bei einer hohen Preismotivation wird viel Energie darauf verwendet, Preise zu vergleichen und Informationen einzuholen. Timo zeigt im genannten Beispiel eine hohe Preismotivation. Er investiert viel Zeit, im Internet nach Preisen zu recherchieren, während Laura nur kurz in ihrer Mittagspause sich mit dem Problem auseinandersetzt. Sie vergleicht zwar Preise im Geschäft, zieht aber keine anderen Informationsquellen heran.

Je nach **Preisgewichtung** wird der Preis im Vergleich zu anderen Produkteigenschaften als wichtiges Entscheidungskriterium verwendet. Für Laura gibt es keine großen Unterschiede zwischen den einzelnen Waschmaschinen, dementsprechend bewertet sie den Preis als sehr wichtiges Entscheidungskriterium und würde die güns-tigste Waschmaschine kaufen. Timo hingegen beschäftigt sich mit Testberichten, sodass er technische Kriterien und Qualität mit in seine Entscheidung einbezieht.

Das **Alternativenbewusstsein** zeigt, inwieweit ein Konsument das Bedürfnis hat, Alternativen zu dem gewünschten Produkt in die Entscheidung einzubeziehen. Hier zeigt sich wieder, dass Laura ein geringes Alternativenbewusstsein hat und Timo ein hohes. Denn Laura schaut sich nur die Waschmaschinen in einem Geschäft an, während Timo mithilfe des Internets viele weitere Produkte und Anbieter betrachtet.

Ein ähnliches Bild zeigt sich in Bezug auf die Preisbeachtung, die die Informationsaktivitäten der Konsumenten bezeichnet. Laura investierte wenig Zeit für die Recherche, während Timo deutlich mehr Zeit dafür aufbringt.

3. Hinweise zur Lösung

Diese Aufgabe ist in Verbindung zum Themenfeld Konsumentenverhalten zu betrachten. Dieser Bereich wird in einem eigenen Kapitel dieses Buchs weiterführend thematisiert. Grundsätzlich lässt sich festhalten, dass Konsumenten auf unterschiedliche Weise Entscheidungen treffen. Für Unternehmen ist es wichtig, diesen Entscheidungsprozess der Konsumenten zu analysieren, um die operativen Marketingaktivitäten als auch die Preissetzung danach auszurichten.

4. Literaturempfehlung

Kürble, Peter (2015). *Operatives Marketing*, 1. Auflage, Stuttgart, S. 105 f.

Hoffmann, Stefan/Akbar, Payam (2016). *Konsumentenverhalten: Konsumenten verstehen – Marketingmaßnahmen gestalten*, Wiesbaden, S. 2–4.

Aufgabe 32: Sender-Empfänger-Modell

Wissen, Verstehen
5 Minuten

1. Fragestellung

Erläutern Sie kurz das Sender-Empfänger-Modell und die damit verbundenen Probleme der Kommunikation.

2. Lösung

Der Sender möchte eine bestimmte Botschaft an den Empfänger verschicken. Diese wird auf dem Weg verschlüsselt. Als Botschaft wird hierbei die tatsächlich übermittelte Zusammenstellung aus Worten, Bildern und Symbolen bezeichnet. Der Empfänger muss die Botschaft nun entschlüsseln, um den Inhalt zu verstehen. Er wird hierbei von eigenen Werten und Erfahrungen gesteuert und schreibt den Symbolen, Worten oder Bildern eigene Bedeutungen zu. Genau hier liegt auch das größte Problem der Kommunikation. Die Botschaft kann also anders beim Empfänger ankommen, als der Sender die Botschaft gemeint hat. Der Empfänger zeigt nach der Entschlüsselung eine Reaktion, die unmittelbar in ein Feedback an den Sender mündet. Hierbei wird deutlich, ob die Botschaft vom Empfänger richtig interpretiert wurde.

Weitere Störpegel können zusätzlich Einfluss auf die Kommunikation haben und die Übertragung der Botschaft verhindern. Idealerweise stimmen Erfahrungen von Sender und Empfänger weitestgehend überein, da so eine gute funktionierende Kommunikation möglich ist.

3. Hinweise zur Lösung

In Bezug auf das Marketing lässt sich folgender Zusammenhang feststellen: Der Sender ist in diesem Fall der Anbieter, der im Rahmen der Kommunikationspolitik eine Botschaft an den Empfänger sendet, die Informationen zu Art, Preis, Eigenschaft des Produkts enthält. Der Empfänger ist hierbei der Kunde. Durch die unterschiedlichen Erfahrungen und Einstellungen der Kunden kommt die Botschaft unterschiedlich beim Empfänger an. Dementsprechend ist es für das Marketing unabdingbar, seine Kunden und deren Einstellungen und Erfahrungshorizont zu kennen, um zielführend zu kommunizieren.

4. Literaturempfehlung

Schneider, Willy (2013). *Operatives Management. Zielgerichteter Einsatz des Marketing-Instrumentariums*, München, S. 287–292.

Kotler, Philip (2011). *Grundlagen des Marketing*, Hallbergmoos, S. 802–805.

Kürble, Peter (2015). *Operatives Marketing*, 1. Auflage, Stuttgart, S. 167–170.

Aufgabe 33: Das AIDA-Prinzip

Wissen, Verstehen, Transfer
5 Minuten

---

1. Fragestellung

Definieren Sie das AIDA-Prinzip im Rahmen der Kommunikationspolitik.

2. Lösung

Das AIDA-Prinzip lässt sich in den Bereich der integrierten Marketingkommunikation einordnen.

Das Prinzip beschreibt, wie eine Botschaft aufgebaut sein sollte, um erfolgswirksam zu sein. Diese sollte idealerweise Aufmerksamkeit erregen („attention"), Interesse wecken („interest"), den Wunsch zum Kauf auslösen („desire") und abschließend auch zum tatsächlichen Kauf des Produkts bewegen („action"). Dies geschieht vor allem, indem beim Käufer Emotionen geweckt werden, um die Aufmerksamkeit zu wecken. Sobald das erste Interesse geweckt ist, ist es wichtig, den Kunden zu behalten und zum nächsten Schritt zu bewegen, indem weitere Vorteile des Produkts aufgezeigt werden. Um den Kaufwunsch zu wecken, ist es wichtig, eine eindeutige Struktur, z. B. der Webseite zu besitzen, wodurch der Kunde einfach zum Ziel (dem Kauf des Produkts) kommt. Um nun einen finalen Abschluss des Kaufgeschäfts zu erlangen, ist es wichtig, die letzten Schritte ebenfalls möglichst einfach zu gestalten. Hält ein Unternehmen sich an die Inhalte des AIDA-Prinzips, ist es wesentlich einfacher, erfolgswirksam am Markt zu agieren.

3. Hinweise zur Lösung
Die AIDA-Formel ist in einer fest einzuhaltenden Reihenfolge aufgestellt. Erst wenn die erste Stufe der Aufmerksamkeit („attention") erfolgreich durchlaufen ist, lässt sich die zweite Stufe, das Interesse („interest"), stimulieren. Somit handelt es sich um einen mehrstufigen Prozess.

4. Literaturempfehlung
Kotler, Philip (2011). *Grundlagen des Marketing*, Hallbergmoos, S. 808–812.
Bruhn, Manfred (2010). *Marketing. Grundlagen für Studium und Praxis*, Wiesbaden, S. 28 und
　　205–207.
Schneider, Willy (2013). *Operatives Management. Zielgerichteter Einsatz des Marketing-Instrumen-tariums*, München, S. 292–295.

Aufgabe 34: Prozess der Werbeplanung

Wissen, Verstehen
10 Minuten

1. Fragestellung
Nennen Sie die einzelnen Schritte der Werbeplanung und beschreiben Sie die einzelnen Schritte.

2. Lösung
Der Prozess zur Werbeplanung kann in sieben Prozessschritte eingeteilt werden.

Zuerst wird das Werbeobjekt (1) festgelegt. Dabei wird definiert, was beworben wird. Neben Produkten und Dienstleistungen können auch Unternehmen, Branchen oder sogar Kontinente sowie Ideen und Einstellungen beworben werden. Im nächsten Schritt der Festlegung von Werbezielen, dem Zielgebiet und der Zielgruppe (2) wird grundsätzlich die Zielrichtung festgelegt. Bei den Werbezielen kann zwischen psychografischen Zielen, wie die Steigerung der Wahrnehmung, und den nachgelagerten ökonomischen Zielen unterschieden werden. Das Zielgebiet bezieht sich auf den Ort der Werbung, während die Zielgruppe das Kundensegment beschreibt, auf die die Werbung ausgerichtet sein soll. Der dritte Schritt umfasst die Definition des Werbebudgets (3). Hierbei werden alle voraussichtlichen Werbeausgaben für eine Periode abgeschätzt. Daraufhin folgt die Auswahl der Werbeträger (4) bzw. -mittel. Neben den klassischen Medien wie Print, Fernsehwerbung stehen auch moderne Medien wie Onlinewerbung oder Social Media zur Verfügung. Im darauffolgenden Schritt der Wahl der Beeinflussungsstrategie (5) wird mithilfe bestimmter Werbeinhalte, wie Originalität, Humor usw., und mit der entsprechenden Technik, wie die Verwendung von Leitbildern, Analogien usw., der Kunde aktiviert. Daraufhin wird das Werbetiming (6) geplant. Hier stellt sich die Frage, wann, mit welcher Intensität und mit welchen Abständen eine Werbung geschaltet werden soll. Zuletzt erfolgt die Werbeerfolgskontrolle (7), wobei die Werbewirkung überprüft wird. Dabei spielt nicht nur die ökonomische Perspektive eine Rolle, sondern auch die nichtökonomische Sichtweise, die unter anderem Einstellungen und Wahrnehmungen der Kunden beinhaltet.

3. Hinweise zur Lösung

Der Prozess der Werbeplanung wird auch als Planungsprozess der Kommunikation bezeichnet. Er ist Grundlage für eine planvolle, strukturierte Kommunikationspolitik. Vor allem die Festlegung der Ziele am Anfang des Prozesses ist von großer Bedeutung. Nur dann kann eine entsprechend sinnvolle Werbeerfolgskontrolle durchgeführt werden. Bei Abweichungen können dadurch Gegenmaßnahmen durchgeführt werden, um schlussendlich das festgelegte Werbeziel zu erreichen.

4. Literaturempfehlung

Schneider, Willy (2013). *Operatives Management. Zielgerichteter Einsatz des Marketing-Instrumentariums*, München, S. 296–319.

Bruhn, Manfred (2010). *Marketing. Grundlagen für Studium und Praxis*, Wiesbaden, S. 28 und 202–204.

Kürble, Peter (2015). *Operatives Marketing*, 1. Auflage, Stuttgart, S. 171f.

Meffert, Heribert/Burmann, Christoph/Kirchgeorg, Manfred (2012). *Marketing. Grundlagen marktorientierter Unternehmensführung*, Wiesbaden, S. 607f.

Homburg, Christian (2015). *Marketingmanagement. Strategie – Instrumente – Umsetzung – Unternehmensführung*, Wiesbaden, S. 758f.

Aufgabe 35: Push- und Pull-Strategien

Wissen, Verstehen
4 Minuten

---

1. Fragestellung

Stellen Sie die **Push-** und **Pull-Strategie** gegenüber.

2. Lösung

Bei der Push-Strategie wird das Produkt über die verschiedenen Vertriebskanäle zum Endverbraucher quasi „geschoben", indem der Hersteller seine Marketingaktivitäten vor allem an den Groß- und Einzelhandel richtet und nicht an den Endverbraucher direkt. Diese sollen dann durch Werbemaßnahmen der Zwischenhändler auf das Produkt aufmerksam werden und dieses schlussendlich kaufen.

Im Gegensatz hierzu steht die Pull-Strategie. Hier werden die Marketingaktivitäten des Herstellers direkt auf den Endverbraucher gerichtet, sodass sie zur Kaufentscheidung bewogen werden. Dadurch, dass die Produkte auch hier beim Groß- und Einzelhandel von den Kunden nachgefragt werden, müssen die Händler diese Nachfrage an den Hersteller weiterleiten. Das Produkt wird durch die Vertriebskanäle „gezogen".

3. Hinweise zur Lösung

Kommunikationsmaßnahmen, wie die Schaltung von Handelsanzeigen oder die Durchführung von Messen, können der Push-Strategie zugeordnet werden. Im Gegensatz dazu zählen Werbung in klassischen Medien, die an die Endverbraucher gerichtet ist, und die Verteilung von Produktproben zur Pull-Strategie. Als Voraussetzung für die Pull-Strategie muss der Hersteller über eine gewisse Dominanz verfügen. In der letzten Zeit hat die Stärke und Macht des Handels aber stark zugenommen, sodass sich eine Verschiebung der Pull-Strategie hin zur Push-Strategie ergeben hat. Oftmals wird auch eine Kombination aus beiden verwendet.

4. Literaturempfehlung

Schneider, Willy (2013). *Operatives Management. Zielgerichteter Einsatz des Marketing-Instrumentariums*, München, S. 299 f.

Kotler, Philip (2011). *Grundlagen des Marketing*, Hallbergmoos, S. 825 f.

Bruhn, Manfred (2010). *Marketing. Grundlagen für Studium und Praxis*, Wiesbaden, S. 28 und 79–81.

Aufgabe 36: Sponsoring im Rahmen der Kommunikationspolitik

Wissen, Verstehen, Anwenden
7 Minuten

1. Fragestellung

Erläutern Sie Sponsoring im Rahmen der Kommunikationspolitik. Erklären Sie außerdem die drei unterschiedlichen Arten von Sponsoring und verbinden Sie diese mit einem selbstgewählten Beispiel.

2. Lösung

Im Rahmen des Sponsorings fördert das Unternehmen eine Person oder eine Institution, um in Gegenleistung bestimmte Rechte zu erhalten, die in Hinblick auf die Kommunikationspolitik zweckmäßig eingesetzt werden können. Oft unterstützt das Unternehmen in finanzieller Form oder durch die Versorgung mit bestimmten Produkten oder Sachmitteln. Dafür kann das Unternehmen oft einen bevorzugten Werbeplatz, z. B. bei Veranstaltungen, erhalten.

Grundsätzlich kann man zwischen dem Sport-, Kultur- und Soziosponsoring unterscheiden. Im Rahmen des Sportsponsorings kann beispielsweise eine Firma die Trikots einer Fußballmannschaft sponsern. Dafür ist das Unternehmenslogo auf den Trikots großflächig aufgedruckt. Beim Kultursponsoring kann ein Unternehmen beispielsweise eine kulturelle Veranstaltung wie ein Konzert oder Auftritte von Künstlern sponsern. Bei der Anmoderation wird oftmals den Sponsoren gedankt. Darüber hinaus ist das Unternehmenslogo auf sämtlichem Werbematerial wie Eintrittskarten, Flyer, Poster etc. vertreten. Das Ziel des Soziosponsorings ist die Unterstützung von nichtkommerziellen Gruppen und Institutionen. Beispielsweise können Unternehmen lokale, ehrenamtliche Vereine zur Kinderbetreuung unterstützen. Dabei muss das Engagement des Unternehmens ernst gemeint sein, da es sonst nicht glaubwürdig sein kann. Daraus resultieren negative Kommunikationseffekte.

3. Hinweise zur Lösung

Im Rahmen des unglaubwürdigen Sponsorings fällt auch oft der Begriff des Green Washing. Dabei versucht ein Unternehmen durch extensives Sponsoring im sozialen Bereich oder Umweltbereich sich ein „grünes" Image zu kaufen. Die Sponsoringaktivitäten werden dabei sehr stark kommuniziert. Allerdings wird wenig auf eine an sich sozial- und umweltverträgliche Wertschöpfung geachtet.

Dennoch ist Sponsoring ein effektives Kommunikationsmittel in Zeiten der Informationsüberflutung. Unternehmen, die sich mithilfe von Sponsoring platzieren, werden eher von Konsumenten wahrgenommen als im Kontext einer normalen Werbeanzeige.

4. Literaturempfehlung

Bruhn, Manfred (2010). *Marketing. Grundlagen für Studium und Praxis*, Wiesbaden, S. 236 f.

Schneider, Willy (2013). *Operatives Management. Zielgerichteter Einsatz des Marketing-Instrumentariums*, München, S. 330–334.

Kürble, Peter (2015). *Operatives Marketing*, 1. Auflage, Stuttgart, S. 195–200.

Kotler, Philip (2011). *Grundlagen des Marketing*, Hallbergmoos, S. 874.

Homburg, Christian (2015). *Marketingmanagement. Strategie – Instrumente – Umsetzung – Unternehmensführung*, Wiesbaden, S. 836–839.

Meffert, Heribert/Burmann, Christoph/Kirchgeorg, Manfred (2012). *Marketing. Grundlagen marktorientierter Unternehmensführung*, Wiesbaden, S. 702–708.

Aufgabe 37: Absatzkanalsystem

Wissen, Verstehen
5 Minuten

---

1. Fragestellung

Ordnen Sie die Bedeutung des **Absatzkanalsystems** in das Vertriebssystem des Marketings ein. Erläutern Sie die vertikale und horizontale Struktur des Absatzkanalsystems.

2. Lösung

Im Rahmen des Vertriebssystems gehört die Auswahl der Vertriebssysteme bzw. Absatzkanäle zu den wichtigen Entscheidungen, die strategische Bedeutung haben. Dabei wird ausgewählt, über welchen Weg die Leistung an den Kunden verkauft werden soll.

Grundsätzlich lässt sich die Absatzkanalstruktur in eine vertikale und horizontale Struktur unterteilen. Die vertikale Struktur legt fest, wie viele Absatzstufen existieren. Damit sind die Stufen zwischen dem Hersteller und dem Endkunden gemeint. Im Fall des direkten Vertriebs erfolgt der Verkauf der Leistung unmittelbar und direkt an den Kunden. Der indirekte Vertrieb sieht eine unterschiedliche Anzahl von Absatzmittler vor, sodass der Vertrieb der Leistung nicht mehr unmittelbar erfolgt, sondern über Absatzmittler.

Die horizontale Struktur der Absatzkanalstruktur unterscheidet zwischen der Breite und Tiefe des Vertriebssystems. Die Breite bezeichnet die Anzahl der Absatzmittler, die auf einer Stufe den Vertrieb der Leistung unterstützen. Die Tiefe des Vertriebssystems gibt die Art der Absatzmittler auf einer Stufe an.

3. Hinweise zur Lösung

Die Entscheidungen hinsichtlich der Struktur eines Absatzkanalsystems in Bezug auf die vertikale und horizontale Struktur ist ein komplexes Unterfangen und hängt von verschiedenen Faktoren ab. Die Art des Produkts sowie die Größe des Unternehmens sind nur einige Beispiele von Einflussfaktoren. Dementsprechend gibt es unterschiedliche Absatzwege in unterschiedlichen Branchen.

4. Literaturempfehlung

Bruhn, Manfred (2010). *Marketing. Grundlagen für Studium und Praxis*, Wiesbaden, S. 250–252.
Schneider, Willy (2013). *Operatives Management. Zielgerichteter Einsatz des Marketing-Instrumentariums*, München, S. 206 und 224 f.
Homburg, Christian (2015). *Marketingmanagement. Strategie – Instrumente – Umsetzung – Unternehmensführung*, Wiesbaden, S. 871–881.
Meffert, Heribert/Burmann, Christoph/Kirchgeorg, Manfred (2012). *Marketing. Grundlagen marktorientierter Unternehmensführung*, Wiesbaden, S. 550 f.

Aufgabe 38: Direkter Vertrieb vs. indirekter Vertrieb

Wissen, Verstehen, Anwenden, Transfer
15 Minuten

---

1. Fragestellung

Erklären Sie die Unterschiede des **direkten** und **indirekten Vertriebs**.
Gehen Sie dabei auf die Vor- und Nachteile ein.
Nennen Sie ein typisches **Vertriebsorgan** für die jeweilige Vertriebsart.
Wählen Sie ein selbstgewähltes Bespiel, an dem Sie die oben gestellten Aufgaben verdeutlichen.

2. Lösung

Bei einem direkten Vertrieb verkauft der Hersteller die Leistung oder das Produkt direkt an den Kunden. Es gibt keine dazwischengeschalteten Absatzmittler. Damit übernimmt der Hersteller alle vertriebsrelevanten Aufgaben. Unternehmensinterne Vertriebsangestellte, die beispielsweise im Außendienst tätig sind, repräsentieren ein häufiges Vertriebsorgan des direkten Vertriebs. Insbesondere erklärungsintensive und komplexe Produkte und Dienstleistungen werden über den direkten Vertrieb verkauft. Als Beispiel können der Maschinenbau oder IT-Produkte, wie Server usw., genannt werden. Aber auch Modehersteller wie Esprit verfügen über einen direkten Vertrieb in Form von eigenen Filialen. Als Vorteil kann der direkte Bezug zum Kunden aufgezählt werden; damit ist eine intensive Betreuung und Kundenbindung möglich. Als Nachteil müssen die oft hohen Kosten für interne Vertriebsmitarbeiter oder Filialen genannt werden, wodurch der Vertrieb unflexibel ist.

Der indirekte Vertrieb fungiert über Absatzmittler. Je nach Stufenanzahl gibt es eine unterschiedliche Menge von Absatzmittlern, die zwischen dem Hersteller und dem Endkunden stehen. Beim einstufigen Vertrieb wird die Ware über einen Einzelhändler vertrieben. Der zweistufige Vertrieb läuft über einen Großhändler und Einzelhändler. Zuletzt ist ein Spezialgroßhändler dem Sortimentsgroßhändler sowie dem Einzelhändler vorgeschaltet. Die erwähnten Funktionen von Absatzmittlern beschreiben verschiedene Vertriebsorgane des indirekten Vertriebs. Vor allem Hersteller von Lebensmitteln verkaufen ihre Produkte über Absatzmittler, im konkreten Fall Supermärkte. Durch die Nutzung von Absatzmittlern ist eine höhere Flexibilität vorhanden; die Produkte können schnell und einfach an mehreren Orten verkauft werden. Als Nachteil kann eine gewisse Abhängigkeit vom Handel genannt werden.

3. Hinweise zur Lösung

Viele Aspekte sind zum einen als Vorteil des direkten Vertriebs und zum anderen als Nachteil des indirekten Vertriebs zu nennen. Während die Kundenbindung, der Zugriff auf direkte Marktinformationen, die Unabhängigkeit von Absatzmittlern sowie die großen Entscheidungsspielräume vorteilhaft für den Direktvertrieb sind, gelten diese gleichzeitig als Nachteile für den indirekten Vertrieb. Andersherum überzeugt der indirekte Vertrieb durch eine hohe Marktpräsenz über weite Flächen, Synergieeffekte, geringe Kapitalbindung sowie die Möglichkeit der Sortimentsbildung. Diese Aspekte sind im direkten Vertrieb nicht in vollem Umfang möglich, sodass sie als Nachteile gesehen werden.

4. Literaturempfehlung

Schneider, Willy (2013). *Operatives Management. Zielgerichteter Einsatz des Marketing-Instrumentariums*, München, S. 224–230.

Bruhn, Manfred (2010). *Marketing. Grundlagen für Studium und Praxis*, Wiesbaden, S. 250–257.

Meffert, Heribert/Burmann, Christoph/Kirchgeorg, Manfred (2012). *Marketing. Grundlagen marktorientierter Unternehmensführung*, Wiesbaden, S. 553–557.

Homburg, Christian (2015). *Marketingmanagement. Strategie – Instrumente – Umsetzung – Unternehmensführung*, Wiesbaden, S. 871–875.

Kürble, Peter (2015). *Operatives Marketing*, 1. Auflage, Stuttgart, S. 119 f.

Aufgabe 39: Onlinehandel

Wissen, Verstehen, Anwenden
10 Minuten

---

1. Fragestellung

Stellen Sie die Chancen und Risiken des Onlinehandels als Vertriebsweg sowohl für den Kunden als auch für das herstellende Unternehmen an dem Beispiel von Amazon dar.

2. Lösung

Amazon als einer der größten Onlinehändler bietet als Absatzmittler den Kunden eine vielfältige Produktauswahl. Außerdem kann das Online-Shopping 24 Stunden am Tag genutzt werden. Es gibt dementsprechend keine Schließzeiten wie im Einzelhandel. Ebenso erleichtert es den Kunden den Preisvergleich. Dennoch sind die Produkte nicht sofort für den Kunden verfügbar, auch wenn die Lieferzeiten oft kurz sind.

Aus Herstellersicht bietet Amazon als Marktplattform eine hohe Reichweite. Die Einstiegsbarrieren sind recht gering, sodass Risiken reduziert werden können. Durch die Automatisierung können Prozesse optimiert werden, sodass Kosten- und Zeitvorteile entstehen. Dennoch führt der transparente Preisvergleich, der für die Kunden vorteilhaft ist, zu einem verstärkten Wettbewerb. Außerdem lassen sich Produkte, die der Konsument vorhersehen oder ausprobieren möchte, schwieriger über das Internet vertreiben. Die Lieferzeiten können zu Verzögerungen führen. Als grundsätzlicher Nachteil für die herstellenden Unternehmen kann genannt werden, dass keine persönlichen Kundenbeziehungen aufgebaut werden können.

3. Hinweise zur Lösung

Onlinehandel wird in der Literatur auch E-Commerce (Electronic Commerce) genannt. Amazon ist als Absatzmittler eine Vertriebsform, die dem indirekten Vertrieb zuzuordnen ist. Im Rahmen des direkten Vertriebs haben herstellende Unternehmen auch die Möglichkeit, einen eigenen Onlinehandel aufzubauen. Diese Form hat dann weitere Vorteile, wie eine hohe Kundennähe und den direkten Zugang zu Kundendaten, die für Optimierungsprozesse verwendet werden können.

4. Literaturempfehlung

Schneider, Willy (2013). *Operatives Management. Zielgerichteter Einsatz des Marketing-Instrumentariums*, München, S. 229 f.
Bruhn, Manfred (2010). *Marketing. Grundlagen für Studium und Praxis*, Wiesbaden, S. 256.
Kotler, Philip (2011). *Grundlagen des Marketing*, Hallbergmoos, S. 962–972.

Aufgabe 40: Key Account Management

Wissen, Verstehen
7 Minuten

---

1. Fragestellung

Definieren Sie **Key Account Management**. Erläutern Sie die Bedeutung des Key Account Management im Rahmen des **Kundengruppenmanagements**.

2. Lösung

Ein Key Account ist ein Schlüsselkunde, da deren Aufträge sehr bedeutungsvoll für das Unternehmen sind. Oftmals handelt es sich um Schlüsselkunden. Im Rahmen des Key Account Management sind ein oder mehrere Vertriebsmitarbeiter ausschließlich für diesen Kunden verantwortlich. Es herrscht grundsätzlich eine enge Kundenbeziehung, die sich unter anderem auf Produkte, Preise, Prozesse, Kooperation und Zusammenarbeit sowie auf gemeinsames Marketing beziehen kann.

Für den langfristigen Erfolg des Unternehmens ist es von hoher Bedeutung, besonders wichtige und große Kunden zu identifizieren und zu binden. Dementsprechend kann im Rahmen einer Kundensegmentierung eine Einteilung in verschiedene Kundenklassen erfolgen. Dabei ist die Gruppe der Key Accounts von besonderer Bedeutung.

3. Hinweise zur Lösung

Zur Identifizierung der Schlüsselkunden kann die ABC-Analyse dienen. Diese wird in diesem Buch in einem eigenständigen Abschnitt genauer thematisiert. Die ABC-Analyse ist eine betriebswirtschaftliche Methode, mit der Objekte in drei Kategorien eingeteilt werden. Dabei stellt A die beste Einheit dar. Um Key Accounts herauszufiltern, ist es zu empfehlen, diese Messung mithilfe der folgenden Indikatoren durchzuführen: tatsächlicher Umsatz sowie Umsatzpotenzial, Know-how-Transfer, Wachstumspotenzial etc. Die Auswertung sollte sich nicht nur auf die Ist-Situation beziehen, sondern auch eine langfristige, in die Zukunft blickende Perspektive beinhalten.

4. Literaturempfehlung

Schneider, Willy (2013). *Operatives Management. Zielgerichteter Einsatz des Marketing-Instrumentariums*, München, S. 275–279.
Bruhn, Manfred (2010). *Marketing. Grundlagen für Studium und Praxis*, Wiesbaden, S. 288–289.
Meffert, Heribert/Burmann, Christoph/Kirchgeorg, Manfred (2012). *Marketing. Grundlagen marktorientierter Unternehmensführung*, Wiesbaden, S. 553–557.
Homburg, Christian (2015). *Marketingmanagement. Strategie – Instrumente – Umsetzung – Unternehmensführung*, Wiesbaden, S. 881–887.
Kürble, Peter (2015). *Operatives Marketing*, 1. Auflage, Stuttgart, S. 123–126.
Kotler, Philip (2011). *Grundlagen des Marketing*, Hallbergmoos, S. 901.

Aufgabe 41: Supply Chain Management

Wissen, Verstehen
7 Minuten

---

1. Fragestellung

Definieren Sie den Begriff der **Vertriebslogistik** und stellen Sie dies in Bezug auf **Supply Chain Management**.

2. Lösung

Vertriebslogistik beschäftigt sich damit, wie die Distanz in Bezug auf Raum und Zeit zum Kunden überwunden werden kann. Dabei müssen Lösungen für die Lagerung, den Transport und das Versandinformationssystem gefunden werden.

Oftmals sind in diesem Prozess nicht nur das Unternehmen allein beteiligt, sondern auch weitere Partner wie Lieferanten bzw. Zulieferer sowie Absatzmittler. Zwischen diesen Beteiligten muss eine reibungslose Zusammenarbeit herrschen, um den Kunden mit dem gewünschten Produkt zu beliefern. Dementsprechend handelt es sich bei dem Supply Chain Management um die Beziehung zwischen den Beteiligten hinsichtlich In- und Output in der Wertschöpfungsprozesskette. Die Wettbewerbsfähigkeit des Unternehmens hängt maßgeblich von der Fähigkeit ab, inwieweit ein Unternehmen seine Partner integrieren (Auswahl und Führung) und koordinieren (Prozessmanagement und Informationsaustausch) kann.

Das Unternehmen muss demnach in Bezug auf seine Vertriebslogistik bei den Bereichen Lagerung, Transport und Informationsaustausch mit den Partnern in der Supply Chain zusammenarbeiten.

3. Hinweise zur Lösung

Vertriebslogistik wird in der Literatur auch als Marketinglogistik bezeichnet.

Supply Chain Management basiert auf den Gedankengängen von Porter und bezieht sich auf Produkt-, Geld- und Informationsströme.

Ein erfolgreiches Supply Chain Management kann erfolgsentscheidend sein. Bei Verzögerungen in der Zulieferung kann die Produktion nicht ausgelastet arbeiten, sodass es zu Lieferverzögerungen beim Kunden führen kann. Die Lieferzeit ist allerdings häufig ein kaufkritischer Faktor.

4. Literaturempfehlung

Kürble, Peter (2015). *Operatives Marketing*, 1. Auflage, Stuttgart, S. 137–141.

Bruhn, Manfred (2010). *Marketing. Grundlagen für Studium und Praxis*, Wiesbaden, S. 271–278.

Schneider, Willy (2013). *Operatives Management. Zielgerichteter Einsatz des Marketing-Instrumentariums*, München, S. 279–282.

Kotler, Philip (2011). *Grundlagen des Marketing*, Hallbergmoos, S. 1042 f.

Homburg, Christian (2015). *Marketingmanagement. Strategie – Instrumente – Umsetzung – Unternehmensführung*, Wiesbaden, S. 904–907.

4 Marktforschung

Aufgabe 42: Phasen des Marktforschungsprozesses

Wissen
3 Minuten

---

1. Fragestellung

Nennen Sie die Phasen des Marktforschungsprozesses.

2. Lösung

Es gibt sieben Phasen in dem Marktforschungsprozess. Zuerst soll das Untersuchungsproblem definiert sein. Dann sollen die Untersuchungsziele festgelegt werden. Die weiteren Phasen sind: Festlegung des Untersuchungsdesigns; Entwicklung oder Anpassung der Messinstrumente; Datensammlung; Datenanalyse und Berichterstellung.

3. Hinweise zur Lösung

Den Marktforschungsprozess kann man in der Regel in sieben Phasen darstellen (vgl. McDaniel & Gates, 2013, 57 ff.; Kuß, 2012, 14 ff.):

1. Definition des Untersuchungsproblems: In dieser Phase wird das Problem für die Untersuchung identifiziert und definiert. Zum Beispiel: Ein Unternehmen möchte ein neues Logo (Firmenzeichnen) entwickeln. Das Untersuchungsproblem wäre eine Messung von Wirkungen des Logos mit Testpersonen bei alternativen Entwürfen.

2. Festlegung der Untersuchungsziele. In dieser Phase wird eine Untersuchung als Ziel gesetzt. Man unterscheidet zwischen drei Untersuchungszielen:
   - Explorative Untersuchung: Zum Beispiel wäre bei einer explorativen Untersuchung das Ziel, die Ursachen für das Problem zu entdecken.
   - Deskriptive Untersuchung: Zum Beispiel wäre bei einer deskriptiven Untersuchung das Ziel, die statistischen Zusammenhänge zwischen Daten zu erfassen, die einen Aufschluss über eine Zielgruppe geben.
   - Kausaluntersuchung: Zum Beispiel wäre bei der Kausaluntersuchung das Ziel festzustellen, ob bestimmte Merkmale der erhobenen Daten eine vermutete Ursache–Wirkung-Beziehung darstellen.

3. Festlegung des Untersuchungsdesigns: In dieser Phase wird entschieden, welche Erhebungsmethoden (Primärerhebung oder Sekundärerhebung) verwendet werden. Häufig werden Sekundärerhebung und Primärerhebung miteinander kombiniert. Bei einer Primärerhebung wäre die Entscheidungen über das Auswahlverfahren (Vollerhebung oder Teilerhebung) zu treffen. Zunächst wären die

https://doi.org/10.1515/9783110516869-004

Entscheidungen über die Erhebungsmethode (Befragung oder Beobachtung) und den Marktforschungsplan (Panel oder Experiment) notwendig.

4. Entwicklung der Messinstrumente: Diese Phase ist sehr zeitanspruchsvoll, da man entweder existierende Fragen, z. B. aus entwickelten Befragungen aus wissenschaftlichen Publikationen, anpasst und utilisiert oder neue Messinstrumente neu entwickelt, z. B. einen standardisierten Fragebogen. Das Messinstrument sollte sorgfältig und überprüft sein, um im Nachhinein die Validität und Reliabilität sicherstellen zu können.

5. Datensammlung: In dieser Phase werden die Daten mithilfe des neu entwickelten oder angepassten Messinstruments zurückerhalten und bearbeitet. Zum Beispiel: Bei einem standardisierten Fragebogen werden nicht auswertbare Fragebögen aussortiert, Antwortgenauigkeiten überprüft, Antworten codiert und in einer Softwarematrix angegeben (oder bei einer Onlinebefragung werden die Daten in die Software übertragen).

6. Datenanalyse: Die gewonnenen Daten werden anhand einer Software, wie z. B. SPSS, EXCEL oder PLS, analysiert.

7. Berichterstattung ist die letzte Phase im Marktforschungsprozess. Alle gewonnenen Informationen werden in einem Bericht erstattet. Es wird eventuell noch eine Präsentation der Ergebnisse an den Auftraggeber stattfinden.

4. Literaturempfehlung
Kuß, Alfred (2012). *Marktforschung: Grundlagen der Datenerhebung und Datenanalyse*, Wiesbaden, S. 14 ff.
McDaniel, Carl/Gates, Roger (2013). *Marketing research*, Singapore, S. 57 ff.

Aufgabe 43: Quantitative und qualitative Instrumente der Konsumentenforschung

---

Wissen, Verstehen, Anwenden
10 Minuten

---

1. Fragestellung
Fallstudie: Tesco[*]

Tesco ist eine britische Supermarktkette, die weltweit vertreten ist. Tesco betreibt weltweit 6800 Supermärkte und beschäftigt mehr als 440.000 Mitarbeiter. Sie ist die größte Handelskette in Großbritannien und die viertgrößte weltweit hinter Walmart (USA), Carrefour (Frankreich) sowie der Schwarz Gruppe (Deutschland) und vor Metro (Deutschland). Tesco erwägt neben den bisher bearbeiteten Märkten (Großbritanni-

---

[*] Aus Lehrzwecken wurde die Fallstudie angepasst bzw. handelt es sich um hypothetische Inhalte.

en, Tschechische Republik, Ungarn, Irland, Polen und Slowakei) den Markteintritt in Deutschland.

Tesco hat einen Marktaustritt aus dem US-Markt wegen bevor dem Markteintritt fehlender Konsumentenforschung erlebt. Diesbezüglich möchte Tesco das Kaufverhalten der Kunden im deutschen Markt mit Instrumenten der Konsumentenforschung vor dem Markteintritt empirisch untersuchen.

a) Welche Instrumente der Konsumentenforschung würden Sie Tesco empfehlen?

b) Geben Sie jeweils zwei Vor- und Nachteile des von Ihnen gewählten Instruments der Konsumentenforschung an.

2. Lösung

a) Um die besten Ergebnisse herausfinden zu können, sollten die qualitativen und quantitativen Methoden zusammen verwendet werden (vgl. Babin & Zikmund, 2010, S. 94 ff.). Diesbezüglich sollte Tesco die beiden Methoden bzw. die qualitativen und quantitativen Instrumente der Konsumentenforschung verwenden. Zuerst sollte ein qualitatives Verfahren verwendet werden. Mithilfe von qualitativen Instrumenten werden Daten erfasst, die sich nicht in Zahlen ausdrücken lassen. Eine qualitative Marktforschung wird im Rahmen einer Primärforschung verwendet, um die Auskünfte über tiefe Hintergründe, Ansichten, Meinungen oder Motive des Konsumentenverhaltens zu erfahren. Ein solches Verfahren ist beispielsweise die Fokusgruppe. Die Fokusgruppe ist eine Spezialform der persönlichen Befragung, in der ein Interviewer bzw eine Interviewerin mehrere (in der Regel sind es fünf bis zwölf) Teilnehmer einer Gruppendiskussion befragt. Tesco sollte folgende Themen im Rahmen einer oder mehrerer Fokusgruppen untersuchen lassen:

– Welche Produktgruppen (bzw. Sortimentstiefe und Sortimentsbreite) werden bevorzugt?

– Was sollte Tesco bei der Ladengestaltung berücksichtigen?

Somit könnte Tesco beispielsweise die Möglichkeit haben, das Produktsortiment nach deutschen Bedürfnissen entsprechend anzupassen. Außerdem könnte Tesco die Meinungen sowie die Verbesserungsvorschläge zur Ladengestaltung berücksichtigen. Die Erkenntnisse einer Fokusgruppe leisten eine wertvolle Hilfestellung bei der Entwicklung eines Messansatzes und Identifikation der möglichen Einflussfaktoren beispielsweise auf das Kaufverhalten von bestimmten Zielgruppen (vgl. Malhotra, 2010, S. 155). Diesbezüglich sollte Tesco die gewonnenen Erkenntnisse aus der Fokusgruppenstudie in einer standardisierten Onlinebefragung weiterführen. Die Onlinebefragung ist eine internetbasierte Befragungsform der quantitativen Instrumente der Konsumentenforschung. Im Rahmen einer Onlinebefragung werden viele Probanden erreicht. Es ist wichtig, dass die Befragten die Möglichkeit haben, den Fragebogen nicht nur am PC oder Laptop, sondern auch direkt aufs Handy auszufüllen, um möglichst viele Antworten bzw. Daten zurückzuerhalten.

b) Die Vorteile der Fokusgruppe:

– Durch die Gruppendiskussion werden verschiedene Verbesserungsvorschläge der Produktplatzierung oder zu den zusammengehörigen Produkten geäußert, woran das Unternehmen gar nicht oder mit geringerer Wertung berücksichtigt wurde.

– Die Gründe zur Kaufabsicht können in der Tiefe herausgefunden werden.

Die Nachteile der Fokusgruppe:

– Da Durchführung und Auswertung ein zeitintensiver Prozess ist, sollte Tesco eine Marktforschungsfirma für die Untersuchung beauftragen, was wiederum kostenintensiv ist.

– Bei der Durchführung von Fokusgruppen sollte berücksichtigt werden, dass häufig die Teilnehmer an einer Fokusgruppe wegen des Anreizes wie Entgelt oder Gutschein teilnehmen wollen. Dies wiederum führt zu verfälschten Ergebnissen.

Die Vorteile der Onlinebefragung:

– Onlinebefragungen sind bei großen Stichproben kostengünstig und schnell durchführbar. Außerdem entfällt die manuelle Dateneingabe wie bei Papierfragebögen, was wiederum die Eingabefehler eliminiert.

– Im Rahmen einer Onlinebefragung entfällt das Problem mit fehlenden Fällen, da alle Fragen beantwortet werden müssen, bevor die nächste Frage angezeigt wird.

Die Nachteile der Onlinebefragung:

– Die Antworten sind meistens auf einer Skala von beispielsweise 0 bis 5 angegeben, sodass keine Informationen wie etwa Verbesserungsvorschläge oder Gründe verloren gehen.

– Die Personen, die keine Onlinemedien verwenden, können nicht erreicht werden.

3. Hinweise zur Lösung

Ein Instrument der Markt- oder Konsumentenforschung wird anhand des definierten Untersuchungsproblems ausgewählt. Im Fall Tesco ist es wichtig, die Bedürfnisse der deutschen Konsumenten im Vorfeld herauszufinden, um einen Flop wie es der Fall mit dem US-Markt war, zu vermeiden. Anhand verschiedener Untersuchungsprobleme können Unternehmen zwischen qualitativen und quantitativen Methoden entscheiden. Zum Beispiel ist eine qualitative Forschung passend, wenn

– nach Gründen, Motiven, Meinungen, Absichten oder Erklärungen gesucht wird;

– der Untersuchungsgegenstand (engl. „research objective") sehr generell definiert ist;

– neue Ideen generiert werden sollten;

– das Untersuchungsproblem durch Beobachtung und Interpretation sich untersuchen lässt, z. B. bei Babyspielzeugen;

- die Stichprobe klein ist;
- das Thema noch unerforscht ist (vgl. Babin & Zikmund, 2010, S. 94 ff.).

Eine quantitative Forschung ist passend, wenn z. B.
- nach kausalen Zusammenhänge gesucht wird;
- der Untersuchungsgegenstand (engl. „research objective") sehr spezifisch definiert ist;
- die Hypothesen getestet werden sollten;
- die Stichprobe groß ist;
- die Ergebnisse objektiv, messbar und generalisierbar sein sollten (vgl. Babin & Zikmund, 2010, S. 94 ff.).

4. Literaturempfehlung

Malhotra, Naresh K. (2010). *Marketing Research: An Applied Orientation*, 6. Auflage, Pearson Education, Upper Sadler River.

Babin, Barry J./Zikmund, William G. (2010). *Essentials of marketing research*, Boston, Kapitel 5.

McDaniel, Carl/Gates, Roger (2013). *Marketing research*, Singapore.

Berndt, Ralph/Fantapié Altobelli, Claudia/Sander, Matthias (2010). *Internationales Marketing-Management*. Vol. 4, Berlin, S. 79 ff.

Buber, Renate/Holzmüller, Hartmut H. (2009). *Qualitative Marktforschung: Konzepte-Methoden-Analysen*, Wiesbaden.

Aufgabe 44: Fokusgruppe

Wissen, Verstehen, Anwenden
10 Minuten

---

1. Fragestellung

Ein von vielen Unternehmen beliebtes Instrument der qualitativen Marktforschung ist die Fokusgruppe. Beschreiben Sie den Ablauf einer Fokusgruppe anhand eines praktischen Beispiels. Erläutern Sie jeweils zwei Vor- und Nachteile der Fokusgruppe.

2. Lösung

Eine qualitative Marktforschung wird im Rahmen einer Primärforschung verwendet, um die Auskünfte über tiefe Hintergrunde, Meinungen oder Motive des Konsumentenverhaltens zu erfahren. Ein solches Verfahren wird auf eine Fokusgruppe angewandt.

Zum Beispiel: Ein Unternehmen namens Beeren möchte das neu entwickelte Getränkekonzept anhand von drei verschiedenen Geschmacksrichtungen und drei verschiedenen Designs untersuchen. Zu diesem Zweck wird eine Fokusgruppe organisiert. Die Teilnehmer werden häufig in Einkaufsstätten direkt angesprochen. Wenn der Teilnehmer Interesse an dem bestimmten Thema der Untersuchung äußert, wird er oder sie weiter zur Teilnahme einer Fokusgruppe eingeladen. Meistens wird als Anreiz ein Entgelt oder Gutschein für die Teilnahme versprochen. Eine Fokusgruppe wird meist in einem kleinen Raum in einer Runde von fünf bis zwölf Teilnehmern durchgeführt. Der Raum sollte mit einem runden Tisch und einer Videokamera ausgestattet werden, unter Berücksichtigung der rechtlichen Bestimmungen des Datenschutzes. Die Dauer einer Fokusgruppe sollte zwischen einer und drei Stunden in Anspruch nehmen. Eine Fokusgruppe basiert auf der Gruppendiskussion. Eine geschulte Interviewerin oder ein geschulter Interviewer, die oder der die Diskussion leitet und die Meinung der Teilnehmer nicht beeinflusst, eröffnet die Diskussion mit einer Einleitung und Vorstellung verschiedener Produkte. In der Regel besteht die Fokusgruppe aus einer Einleitung mit Produktvorstellung, dem Hauptteil der Gruppendiskussion und einer Zusammenfassung. Außer dem Interviewer sollte auch eine Protokollantin oder ein Protokollant vorhanden sein, der nicht nur die Kernaussagen notiert, sondern auch die Körpersprache und die Gruppendynamik beobachtet. Der Interviewer hält sich an einem strukturierten Leitfaden und festen Fragen fest. Die Teilnehmer werden deren subjektiven Meinungen zu den drei Geschmacksrichtungen sowie Designs äußern. Am Ende werden das Videomaterial sowie die Notizen von Interviewer und Protokollant ausgewertet.

Vorteile: Im Rahmen einer Fokusgruppe bekommt das Unternehmen häufig neue Ideen oder Verbesserungsvorschläge rund um das Produkt, die es noch nicht berücksichtigt hat. Ein weiterer Vorteil ist, dass die Teilnehmer direkt berichten, worauf sie generell bei der Wahl eines Produkts Wert legen und was ihnen positiv oder negativ auffällt. Mit solcher Information können bestimmte Aspekte im Rahmen einer Kommunikationspolitik berücksichtigt werden.

Nachteile: Die Auswertung ist ein zeitintensiver Prozess und benötigt einen ausgebildeten Mitarbeiter, was wiederum mit Kosten verbunden ist. Im Rahmen einer Gruppendiskussion können beispielsweise durch einzelne Teilnehmer mit ausgeprägten Persönlichkeiten andere Teilnehmer und insbesondere deren Meinung beeinflusst und somit das Ergebnis verfälscht oder als nicht valide betrachtet werden.

3. Hinweise zur Lösung
In der Konsumentenforschung kommt die Fokusgruppenmethode häufig zum Einsatz, um Warengruppen abzugrenzen und diese aus Kundensicht zu verstehen und beispielsweise besser zu gestalten. Im Rahmen einer Fokusgruppe können auch Produkte auf Ideenebene vorgestellt werden, um verschiedene Aspekte aus Kundensicht herauszufinden. Die Methode ist allerdings nicht repräsentativ, da die Zahl der Probanden gering ist (vgl. McDaniel & Gates, 2013, 5. Kapitel).

4. Literaturempfehlung
McDaniel, Carl/Gates, Roger (2013). *Marketing research*, Singapore.
Babin, Barry J./Zikmund, William G. (2015). *Exploring marketing research*, Boston, S. 102 ff.

Brüggen, Elisabeth/Willems, Pieter (2009). A critical comparison of offline focus groups, online focus groups and e-Delphi; *International Journal of Market Research*, Vol. 51, No. 3, S. 363–381.
Buber, Renate/Holzmüller, Hartmut H. (2009). *Qualitative Marktforschung: Konzepte – Methoden – Analysen*, Wiesbaden.

Aufgabe 45: Eye-Tracking

Wissen, Verstehen, Anwenden
10 Minuten

---

1. Fragestellung

Fallstudie: Kinder-Überraschungsei[*]

Kinder-Überraschungsei ist ein Produkt der italienischen Firma Ferrero. Ferrero wird vor Weihnachten eine deutschlandweite Posterkampagne für das Kinder-Überraschungsei mit Weihnachtsmotiven starten.

a) Welches Marktforschungsinstrument ist am geeignetsten, um zu testen, ob das Produkt und der Slogan auf dem Poster von den Konsumenten tatsächlich wahrgenommen werden? Begründen Sie die Wahl des Instruments.

b) Beschreiben Sie jeweils kurz drei Vor- und Nachteile des von Ihnen gewählten Instruments.

2. Lösung

a) Für die Posterkampagne des Kinder-Überraschungseis wäre eine Untersuchung anhand der Eye-Tracking-Brille empfehlenswert. Im Rahmen einer Untersuchung mit Eye-Tracking-Brille können unterschiedliche Posterkonzepte in einem Testlabor durch Probanden getestet werden. Die Eye-Tracking-Brille zeichnet die Blicke der Probanden, die auf das Poster schauen werden, auf und sammelt damit die Daten von verschiedenen Blickaufzeichnungen, die an eine Software weitergesendet werden. Je mehr Probanden an dem Test teilnehmen, desto genauere Erkenntnisse können gewonnen werden. Alle Blickaufzeichnungen einzelner Probanden werden als Punkte (Gazeplot oder Heat-Maps) auf einer genauen Stelle des Posters mit einer Software erfasst. Die einzelnen Blicke werden übereinandergelegt und als Punkte auf dem Poster generiert. Die Punkte zeigen die Stellen an, die die Probanden angeschaut haben. Zum Beispiel kann durch das Eye-Tracking festgestellt werden, wie sehr das Überraschungs-Ei und der Slogan die Aufmerksamkeit beim Probanden erzeugt. Es kann auch verraten, ob die Platzierung von Produkt und/oder Slogan angepasst sein sollte.

---

[*] Aus Lehrzwecken wurde die Fallstudie angepasst bzw. es handelt sich um hypothetische Inhalte.

b) Im Folgenden sind die Vorteile des Eye-Tracking-Instruments aufgelistet:
   (a) Ein Vorteil dieses Instruments ist die gute Vergleichbarkeit der Ergebnisse von verschiedenen Probanden, da die gleiche Vorgehensweise verwendet wird.
   (b) Außerdem kann Anzahl und Dauer der Blickaufzeichnungen ausgewertet und damit festgestellt werden, ob ein Proband den Slogan tatsächlich liest und das Produkt anschaut oder nur überfliegt.
   (c) Das Eye-Tracking-Instrument benötigt im Vergleich zur quantitativen Befragung eine geringe Anzahl an Probanden.
   Im Folgenden sind die Nachteile des Eye-Tracking-Instruments aufgelistet:
   (a) Der Nachteil ist vor allem die teure Anschaffung der Eye-Tracking-Brille und der Software.
   (b) Nur speziell geschulte Mitarbeiter können die Daten auswerten.
   (c) Die Probanden fühlen sich beobachtet und können dadurch kontrollieren, wohin und wie lange sie auf etwas schauen. Dies führt zu verzerrten und nicht validen Ergebnissen.

3. Hinweise zur Lösung

Die Eye-Tracking-Methode gewinnt mehr und mehr an die Bedeutung (Babin & Zikmund, 2010, S. 201). Sie zählt zu den Beobachtungsmethoden und wird häufig im Rahmen einer Werbegestaltung eingesetzt.

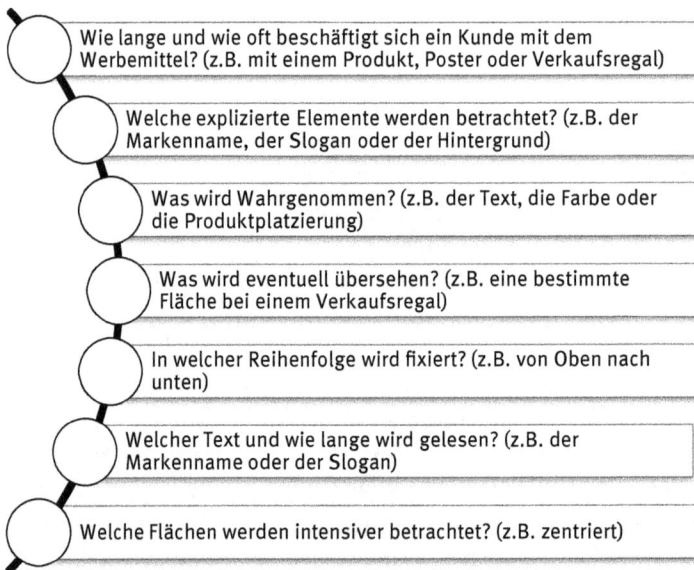

Wie lange und wie oft beschäftigt sich ein Kunde mit dem Werbemittel? (z.B. mit einem Produkt, Poster oder Verkaufsregal)

Welche explizierte Elemente werden betrachtet? (z.B. der Markenname, der Slogan oder der Hintergrund)

Was wird Wahrgenommen? (z.B. der Text, die Farbe oder die Produktplatzierung)

Was wird eventuell übersehen? (z.B. eine bestimmte Fläche bei einem Verkaufsregal)

In welcher Reihenfolge wird fixiert? (z.B. von Oben nach unten)

Welcher Text und wie lange wird gelesen? (z.B. der Markenname oder der Slogan)

Welche Flächen werden intensiver betrachtet? (z.B. zentriert)

Abb. 4: Analysemöglichkeiten des Eye-Tracking-Instruments (nach Hofer & Mayerhofer, 2010, S. 151)

Für Unternehmen ist es sehr wichtig, die Werbewirkung schon im Vorfeld zu ermitteln. Insbesondere möchte ein Unternehmen herausfinden, ob die Werbung bzw. die Botschaft und das Produkt die gewünschte Wirkung bei den Konsumenten erzielt. Die Werbekontrolle und die Wirkung auf die Konsumenten kann mit dem Eye-Tracking-Instrument erforscht werden (vgl. Nufer & Ambacher, 2012; Vögele, 2009; Kreutzer, 2009; Hofer & Mayerhofer, 2010). Die Abb. 4 zeigt, welche Analysemöglichkeiten es im Rahmen der Beobachtungsmethode Eye-Tracking gibt. Die Einsatzfelder des Eye-Tracking-Instruments sind im Marketing breit, diese sind z. B. (vgl. Hofer & Mayerhofer, 2010, S. 151 ff.)

- die Aufmerksamkeit und die Wirkung eines Fernsehspots oder von Anzeigen zu messen,
- das Benutzerverhalten auf Internetseiten zu beobachten,
- die Webseiten zu optimieren,
- die Print Media zu optimieren,
- das Produktsortiment zu optimieren,
- die Regalordnung zu gestalten.

4. Literaturempfehlung

Babin, Barry J./Zikmund, William G. (2010). *Essentials of marketing research*, Boston, Kapitel 5.

McDaniel, Carl/Gates, Roger (2013). *Marketing research*, Singapore.

Buber, Renate/Holzmüller, Hartmut H. (2009). *Qualitative Marktforschung: Konzepte – Methoden – Analysen*, Wiesbaden.

Kreutzer, Ralf T. (2009). *Praxisorientiertes Dialog-Marketing: Konzepte, Instrumente, Fallbeispiele*, Wiesbaden.

Vögele, Siegfried (2009). *Werbemittel-Tests mit der Augenkamera*, Königstein.

Nufer, Gerd/Ambacher, Vanessa (2012). Eye Tracking als Instrument der Werbeerfolgskontrolle; *Reutlinger: Diskussionsbeiträge zu Marketing & Management*, No. 05.

Hofer, Natalie/Mayerhofer, Wolfgang (2010). *Die Blickregistrierung in der Werbewirkungsforschung: Grundlagen und Ergebnisse*, Wiesbaden, S. 143–169.

5 Stadt- und Regionalmarketing

Aufgabe 46: Regionalmarketing in Abgrenzung zum klassischen Marketing

Wissen
5 Minuten

1. Fragestellung

Definieren Sie die Aufgabe von **Regionalmarketing** und grenzen Sie dieses vom **klassischen Marketing** ab.

2. Lösung

Regionalmarketing hat die nachhaltige innere und äußere Stärkung von Regionen durch den planmäßigen Einsatz von Marketingkonzepten zur Aufgabe. Es ist sektorübergreifend und soll die Beziehungen zwischen Region und der jeweiligen Zielgruppe stärken. Dabei wird vor allem auf einer freiwilligen und kooperativen Basis gearbeitet.

Der wohl größte Unterschied zwischen dem klassischen Marketing und dem Regionalmarketing liegt in den Machtstrukturen bei der Koordination. Während bei Unternehmen klare Beteiligungs- und Weisungsgefüge vorhanden sind, ist das Regionalmarketing oftmals auf die freiwillige Unterstützung aus der Region angewiesen. Zudem muss Regionalmarketing deutlich stärker auf regionalpolitische Rahmenbedingungen eingehen und ist somit auch schwerer abzustimmen oder durchzusetzen.

3. Hinweise zur Lösung

Als weiterführende Literatur können die in diesem Buch verwendeten Werke von Meffert, von Homburg sowie von Kotler et al. zu den Grundlagen des Marketings empfohlen werden. Die Werke von Meyer sowie Wesselmann & Hohn bieten einen umfassenden Einblick in die Grundlagen des Regionalmarketings.

4. Literaturempfehlung

Meyer, Jörn-Axel (1999). *Regionalmarketing. Grundlagen, Konzepte, Anwendung*, München, S. 18 f. und 39–41.

Seidel, Michael Alexander (2016). *Regionalmarketing als räumliches Steuerungs- und Entwicklungsinstrument. Grundlagen – Konzepte – Fallbeispiele*, Wiesbaden, S. 7–16.

Wesselmann, Stefanie/Hohn, Bettina (2012). *Public Marketing. Marketing-Management für den öffentlichen Sektor*, Wiesbaden, S. 10–12.

https://doi.org/10.1515/9783110516869-005

Aufgabe 47: Ziele von Regionalmarketing

Wissen, Verstehen, Anwenden
10 Minuten

---

1. Fragestellung

Es gibt drei verschiedene Fokusse, worauf sich Regionalmarketing beziehen bzw. abzielen kann. Nennen Sie diese **Zielbereiche** und verdeutlichen Sie diese anhand selbstgewählter Beispiele.

2. Lösung

Zu den Zielbereichen von Regionalmarketing gehören z. B. die Bereiche Wirtschaft/ Arbeitsmarkt/Umwelt, Kultur/Bildung/Freizeit/Tourismus und Wohnen/Soziales.

Im Bereich Wirtschaft/Arbeitsmarkt/Umwelt kann das Regionalmarketing vor allem dafür eingesetzt werden, dass die Beschäftigung durch eine aktive Ansiedlungspolitik und einen verbesserten Austausch zwischen Hochschulen und Wirtschaft gesichert wird. Bezogen auf Kultur/Bildung/Freizeit/Tourismus kann z. B. eine lebendige und identitätsstiftende Stadtkultur hergestellt werden, die sowohl die Menschen aus der Region selbst als auch Touristen in die Region zieht. Die Sanierung bestehender Wohnungen oder auch die Pflege historisch wertvoller Bausubstanzen sowie eine gute Anbindung an öffentliche Verkehrsmittel können Maßnahmen des Regionalmarketings sein, die zielgerichtet den Bereich Wohnen/Soziales verbessern können.

3. Hinweise zur Lösung

Zu den Zielbereichen des Regionalmarketings gehören außerdem noch Stadtentwicklung/Städtebau/Verkehr und Einzelhandel/Dienstleistungen. Die Zielbereiche sind dabei sehr ähnlich zu denen des Stadtmarketing.

4. Literaturempfehlung

Meyer, Jörn-Axel (1999). *Regionalmarketing. Grundlagen, Konzepte, Anwendung*, München, S. 113.

Seidel, Michael Alexander (2016). *Regionalmarketing als räumliches Steuerungs- und Entwicklungsinstrument. Grundlagen – Konzepte – Fallbeispiele*, Wiesbaden, S. 46–51.

Wesselmann, Stefanie/Hohn, Bettina (2016). *Public Marketing. Marketing-Management für den öffentlichen Sektor*, Wiesbaden, S. 16–18.

Aufgabe 48: Marke/Logo/Slogan

Wissen, Verstehen, Anwenden
12 Minuten

1. Fragestellung

Erläutern Sie kurz den Begriff **Corporate Identity** bezogen auf Städte/Regionen und stellen Sie die Bedeutung im Stadt- bzw. **Regionalmarketing** mithilfe eines selbstgewählten Beispiels heraus. Beziehen Sie sich dabei auch auf geschaffene **Marken** oder **Logos** in Abgrenzung zum klassischen Marketing.

2. Lösung

Unter dem Begriff Corporate Identity versteht man das ganzheitliche Selbstverständnis gemäß dem Leitbild der Stadt bzw. der Region. Dieses Selbstverständnis ist dabei nicht nur intern niederzuschreiben, sondern auch nach außen zu kommunizieren.

In Bezug auf Stadt- bzw. Regionalmarketing kann eine Corporate Identity vor allem in Verbindung mit Marken oder Logos bei der entsprechenden Zielgruppe bestimmte Assoziationen hervorrufen. So wirbt die Stadt Oldenburg mit dem Slogan „Übermorgenstadt". Hierdurch wird keine Assoziation zu bestimmten Personen in der Stadt, sondern vielmehr zu im eigenen Gedächtnis verbundenen Einstellungen hergestellt.

Im klassischen Marketing dienen Logos und Marken vor allem dazu, die Unterscheidbarkeit der erstmaligen Wahrnehmung und den Wiedererkennungswert eines Produkts zu steigern. Dafür müssen diese vor allem einprägsam und prägnant formuliert bzw. gestaltet sein. Im Stadt- bzw. Regionalmarketing gestaltet sich das Ganze jedoch etwas schwieriger, da umgangssprachlich oft schon Namen für die betroffenen Städte oder Regionen bestehen. Zudem können diese Marken nicht wie typische Produktmarken oder Warenzeichen umfassendem Schutz unterliegen. Ein weiterer Unterschied ist der unterschiedliche Fokus. Während sich das Produktmarketing vor allem auf die Kundenkommunikation fokussiert, kann beim Stadt- bzw. Regionalmarketing aufgrund der strukturellen Komplexität keine wirkliche Fokussierung stattfinden. Außerdem sollen Städte bzw. Regionen nicht nur optisch unterscheidbar sein, sondern sich vor allem auch durch die innere Qualität differenzieren und somit einen Mehrwert darstellen.

3. Hinweise zur Lösung

Wie auch bei klassischen Produkten, die eine positive, einmalige Verankerung (USP) im Bewusstsein ihrer Kunden anstreben, müssen auch Städte und Regionen positiv im Bewusstsein verankert sein. Sie streben eine Unique Local Proposition (ULP) an. Um die gewünschte Zielposition in diesem Wettbewerb erreichen zu können, hilft ein ganzheitliches Selbstverständnis, um diese Position glaubhaft nach außen zu tragen. Wünschenswert ist somit eine intuitive positive Assoziation mit dem Logo, dem Namen oder dem Claim einer Region.

4. Literaturempfehlung

Meyer, Jörn-Axel (1999). *Regionalmarketing. Grundlagen, Konzepte, Anwendung*, München, S. 119–126.

Seidel, Michael Alexander (2016). *Regionalmarketing als räumliches Steuerungs- und Entwicklungsinstrument. Grundlagen – Konzepte – Fallbeispiele*, Wiesbaden, S. 224–228.

Wesselmann, Stefanie/Hohn, Bettina (2012). *Public Marketing. Marketing-Management für den öffentlichen Sektor*, Wiesbaden, S. 117–126.

Aufgabe 49: Eventmarketing im Rahmen der Kommunikationspolitik

---

Wissen, Verstehen
5 Minuten

---

1. Fragestellung

Grenzen Sie das **Eventmarketing** vom Baustein **Kommunikationspolitik** im Sinne der **4Ps** ab. Gehen Sie dabei sowohl auf das **Erlebnismarketing** als auch auf das **Veranstaltungsmarketing** ein.

2. Lösung

Erlebnis- und Veranstaltungsmarketing sind Instrumente der Kommunikationspolitik.

Beim Erlebnismarketing stehen die Gefühle der Konsumenten im Vordergrund, sodass die beworbenen Produkte dem Kunden das Gefühl vermitteln, dass diese zu seiner persönlichen Lebensqualität passen. Dies wird oft mithilfe von aussagekräftiger Symbolik erreicht. Auch das Eventmarketing hat Emotionen als Kerngedanken der Kommunikation. Dennoch ist vor allem die Einbindung des Rezipienten ein Unterschied zwischen Erlebnis- und Eventmarketing. Bei letzterem wird dieser deutlich stärker eingebunden, sodass eine Art Dialog entsteht. Es handelt sich also um eine Art Weiterentwicklung des Erlebnismarketings.

Unter dem Begriff Veranstaltungsmarketing wird sowohl das Marketing bei Veranstaltungen als auch das Marketing mit Veranstaltungen begriffen. Eventmarketing bezeichnet dabei weder das typische Sponsoring noch Messen oder Sales Promotions. Vielmehr hat Eventmarkting, z. B. die Ausrichtung von Streetball-Turnieren, zum Gegenstand.

Eventmarketing ist also deutlich an einer Interaktion mit den potenziellen Kunden orientiert und hat unter anderem die eigenverantwortliche Durchführung der Veranstaltungen als Gegenstand.

3. Hinweise zur Lösung

Erlebnismarketing wird auch als erlebnisorientiertes Marketing bezeichnet. Wie in der Lösung beschrieben, geht es darum, den Kunden und seine Gefühle einzubeziehen. Beispielsweise kann ein Konsument eine Nacht in einem Hotel mit dem Ziel buchen, eine Schlafmöglichkeit zu haben. Hierbei würde er nutzenorientiert handeln. Entscheidet der Gast sich allerdings für ein Hotel, dass neben der Übernachtungsmöglichkeit ein angenehmes Wohlgefühl und eine luxuriöse Atmosphäre bietet, sind die Gefühle im Rahmen des Erlebnismarketing stark einbezogen.

4. Literaturempfehlung

Nufer, Gerd (2012). *Event-Marketing und –Management. Grundlagen – Planung – Wirkung – Weiterentwicklung*, Wiesbaden, S. 27–36.

Sakschewski, Thomas/Paul, Siegfried (2017). *Veranstaltungsmanagement. Märkte, Aufgaben und Akteure*, Wiesbaden, S. 7–9.

Aufgabe 50: Stadt- und Regionalmarketing (Aufgaben und Chancen)

Wissen, Verstehen, Anwenden
20 Minuten

1. Fragestellung

Stadt- und Regionalmarketing müssen ebenso wie unternehmerisches Marketing versuchen, unverwechselbare Merkmale des Endprodukts herauszuarbeiten und dieses anschließend handelbar zu machen. So wird man in erster Linie darauf aus sein, sich gegenüber anderen Städten und Regionen abzusetzen (Profilbildung).

Fragen:
1. Welches sind zentrale Aufgaben des Stadt- und Regionalmarketings?
2. Bestimmen Sie exemplarisch die Anwendung der sogenannten 4Ps auf Angebote von Städten, Kommunen und Regionen.
3. Welche potenziellen Auswirkungen kann eine betriebswirtschaftliche Herangehensweise auf die lokalen und regionalen Akteure haben?
4. Welche Argumente finden sich dafür, dass Stadt- und Regionalmarketing auch andere nichtbetriebswirtschaftliche oder unternehmerische Ziele verfolgen muss?

2. Lösung

1. Die inhaltlichen Schwerpunkte des Stadt- und Regionalmarketings liegen meist beim
   - Standortmarketing (Verbesserung der Investitionsbedingungen),
   - Tourismusmarketing (Schaffung von touristischer Attraktivität und ihrer Infrastruktur),
   - City-Marketing (Verbesserung des städtebaulichen Erscheinungsbilds, Bewältigung von Konjunkturkrisen und des Strukturwandels im Einzelhandel),
   - Quartiersmarketing (Verbesserung des Wohnumfelds) und
   - Verwaltungsmarketing (Vereinfachung der Kommunikationsbeziehungen zwischen Verwaltungsteilen sowie zwischen Verwaltung und Bürgern bzw. Investoren).

   Die Abb. 5 zeigt die verschiedenen Ansätze des Stadt- und Regionalmarketings. Dabei variieren die einzelnen Ansätze zum einen hinsichtlich der Strategieformulierung, aber besonders in Bezug auf die räumliche Integration der lokalen Aktivitäten in ein Gesamtkonzept, mit dem die Region in den interregionalen Standortwettbewerb um mobiles Kapital tritt. Ein weiteres Charakteristikum ist die Realisierung der Aufgaben nach Aktivitäten nach:
   - privatwirtschaftlich organisierten bzw. finanzierten Aktivitäten (z. B. Bestellung eines externen Stadtteilmanagers),
   - öffentlich-privaten Aktivitäten (z. B. Messebau in einem PPP-Modell),
   - öffentlichen Aktivitäten (z. B. Schaffung von Planungssicherheit).

2. Die sogenannten 4Ps eröffnen – bei entsprechender Modifikation – für die Besonderheiten von Städten, Kommunen und Regionen einen Handlungsrahmen im Sinne eines speziell konzipierten Marketingmixes.

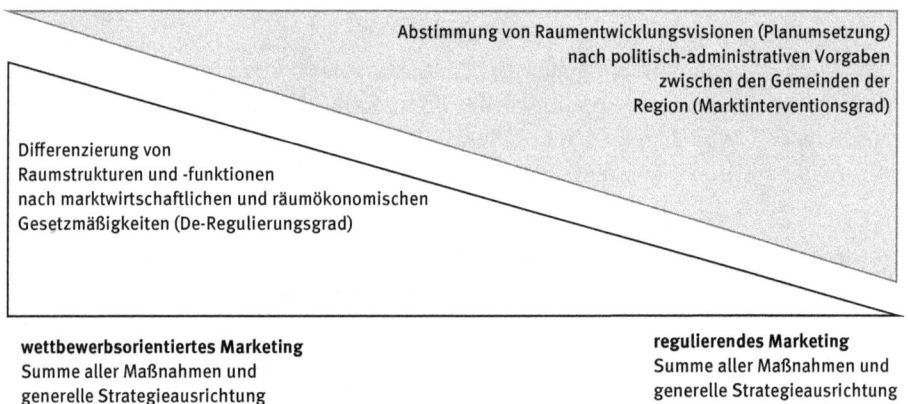

Abstimmung von Raumentwicklungsvisionen (Planumsetzung) nach politisch-administrativen Vorgaben zwischen den Gemeinden der Region (Marktinterventionsgrad)

Differenzierung von Raumstrukturen und -funktionen nach marktwirtschaftlichen und räumökonomischen Gesetzmäßigkeiten (De-Regulierungsgrad)

wettbewerbsorientiertes Marketing Summe aller Maßnahmen und generelle Strategieausrichtung

regulierendes Marketing Summe aller Maßnahmen und generelle Strategieausrichtung

Abb. 5: Wettbewerbsmarketing versus regulierendes Marketing (in Anlehnung an Meyer 2000)

Bei der Produktpolitik geht es z. B. um
- die Entwicklung eines Wohngebiets für bestimme Zielgruppen (z. B. einkommensschwache Familien),
- die Gestaltung von Einkaufsstraßen oder Versorgungszentren hinsichtlich Strukturen und Funktionen oder deren Erscheinungsbildern in der Wahrnehmung der Kunden,
- die Verbesserung der Standortbedingungen im Rahmen eines gezielten Anwerbens von Investoren.

Die Preispolitik eröffnet Möglichkeiten, z. B. bei
- der Durchsetzung von marktkonformen Prozessen (Allokationspolitik), z. B. Herausbildung einer räumlichen Differenzierung von Wohn- und Gewerbebauten im Stadt- und Regionalgefüge in Abhängigkeit von der Intensität der Flächennutzung mittels Freigabe von Mieten,
- der Umsetzung von politischen Vorgaben in Form von administrativen Eingriffen in das Bodenpreisgefüge (z. B. preiswertes Wohnen in der Innenstadt als Verteilungsziel),
- der Bereitstellung öffentlicher Infrastruktur und Dienstleitungen (z. B. Umlage für Stadtsanierungsmaßnahmen, Preise für Genehmigungsverfahren),
- der Ausgestaltung von Gebühren oder Gewerbesteuerhebesetzen durch die Kommunen.

Möglichkeiten der Distributionspolitik zeigen sich z. B. bei
- der Netzbildung von öffentlichem Personennahverkehr (z. B. Verkehrswegeausbau, Tarifverbünde, Vertaktung),
- der Einrichtung von Verkehrsleitsystemen zur Bewältigung des Individualverkehrs,
- der Parkraumbewirtschaftung,
- der Ausweisung von verkehrsberuhigten Zonen,
- der Wettbewerbspolitik bei Verkehrs- und Kommunikationssystemen (z. B. Wettbewerb im ÖPNV, Aufbau eines kommunalen Telekommunikationsanbieters).

Die Kommunikationspolitik umfasst alle Maßnahmen, die bei den Zielgruppen Kenntnis und Einstellung zur Region und ihren Akteuren beeinflussen. Kommuniziert werden sollen zum einen die Vorhaben von Politik, Verwaltung und der Unternehmen an den Adressaten Bürger in der Stadt bzw. Region (Innenmarketing). Zum andern geht es um die Außendarstellung, z. B. die Imagebildung des Veranstaltungsorts bei Messebesuchern. Dazu gehören unter anderem:
- Public-Relation-Maßnahmen (z. B. gezielte Informationsvergabe von öffentlichen Vorhaben an die Medien)
- Verkaufsfördernde Maßnahmen (Positionierung der Region in Bezug auf bestimmte Branchen, wie z. B. Messestadt Leipzig mit geeigneten Print- und Onlinemedien)

- Werbemaßnahmen (Veränderung der Einstellung von Investoren gegenüber einer Region, z. B. das Ruhrgebiet als Gründerregion)
- Sponsoringmaßnahmen (z. B. Unternehmen werden zu Trägern der regionalen Profilbildung, z. B. Allianz-Arena München)
- Placement (z. B. indirekte Platzierung von Landschaften in einer Öffentlichkeit, wie dies z. B. bei Fernsehserien stattfindet: Beispielsweise stieg der Bekanntheitsgrad der Region Wilder Kaiser in Tirol durch die jahrelange Ausstrahlung der Fernsehserie „Der Bergdoktor" signifikant an)
- Lobbyarbeit (z. B. Einladung eines Repräsentanten, eines potenziellen Investors).

3. In den Verwaltungen und verwaltungsnahen Einrichtungen der Städte und Regionen hilft der Ansatz, die Akzeptanz regionalökonomischer Maßnahmen zu erhöhen, wenn z. B. Entwicklungsziele klar definiert, deren Zielerreichung kontrollierbar und Ergebnisse zeitnah vor Ort erkennbar werden. In der Literatur wird betont (z. B. Beyer & Kuron, 1995), dass in Analogie zu unternehmerischem Marketing die potenzielle Motivationswirkung des Stadt- und Regionalmarketings besonders auf die Verantwortlichen und die Mitarbeiter in den Kommunalverwaltungen groß ist. Unternehmen, denen es gelingt, kommunikative Netzwerke nicht nur zu den Investoren oder Besuchern aufzubauen, sondern den Mitarbeiter als strategische Ressource in die Unternehmensprozesse zu integrieren, können eine hohe Identifikation der Mitarbeiter mit ihrer Arbeit erwarten.

4. Bei der Konzeption von Stadt- und Regionalmarketingaktivitäten müssen unternehmerische Interessen oftmals in den Hintergrund treten. Argumente dafür sind:
   - Das Zielgewichtungsargument: Angeführt wird hier, dass auf kommunaler und regionaler Ebene neben gewinn- und nutzenmaximierenden Zielen auch soziale und kulturelle Aspekte berücksichtigt werden müssen.
   - das Kundenbindungsargument: Die Zielgruppen einer Region verfügen in der Regel nicht über unbegrenzte Mobilität, sodass die Kundenbindung von vornherein enger ist als bei einem Unternehmen, das sich im vollständigen Wettbewerb befindet.
   - Das Führungsargument: Auch die Form der Führung ist verschieden von der eines Unternehmens. So nimmt eine Vielzahl von Akteuren Einfluss auf den kommunalen oder regionalen Entscheidungsfindungsprozess. Anders als in Unternehmen sind deshalb sogenannte Konsenslösungen zwischen den verschiedenen Interessengruppen nötig.

Gleichwohl können auf der kommunalen Ebene soziale und kulturelle Ziele durchaus monetär erfasst werden, nämlich von der Kostenseite des Angebots und bei Betrachtung von Opportunitätskosten (z. B. bei Ausschluss privater Anbieter). Das Kundenbindungsargument mag für eine Reihe von lokalen öffentlichen Gütern (z. B. Bereitstellung eines Personalausweises durch das zuständige Bürgeramt) gegeben sein. Viele Unternehmen wie auch private Haushalte sind aber durchaus in der Lage, mittelfristig ihren Standort zu wechseln. Auch bei der Versorgung mit zentralen Gütern verschiedener Bedarfsstufen besteht heute mehr Wahlfreiheit als früher, durch E-Business-Aktivitäten und Automobilisierung.

3. Hinweise zur Lösung

Stadt- und Regionalmarketing sind der Versuch, eine Stadt oder eine Region als ein Gut oder ein Güterbündel zu verstehen, das entwicklungsbezogen einer Marktbearbeitung bedarf. Ziele sind dabei z. B. die Zunahme des regionalen Bruttoinlandsprodukts, der Abbau von innerregionalen und überregionalen Disparitäten oder die Anwerbung von Investoren. Meist können nur Einzelaspekte des betriebswirtschaftlichen Marketingansatzes zu Anwendung kommen, weil Kommunen und Regionen auch Elemente der Daseinsvorsorge beachten müssen, die außerhalb eines wettbewerblich orientierten Ansatzes stehen. Dennoch: Zumindest zentrale Grundprinzipien lassen sich potenziell in und auf Städte und Regionen anwenden:

– Generelle Marktorientierung
– Erforschung von Markt bzw. Standort
– Formulierung von Strategien und operativen Maßnahmen
– Koordinierte Planung aller Aktivitäten

Darüber hinaus können betriebswirtschaftliche Steuerungsinstrumente Bedeutung haben, um:

– lokale Überregulierungen im Bereich der Planung zu überwinden;
– institutionelle Grenzen, die aus einem hoheitlichen Versorgungsauftrag heraus entstehen, leichter zu überwinden (z. B. durch Public-Private-Partnership-Modelle);
– erweiterte Kommunikationsnetzwerke zu etablieren;
– lokal-/regionalpolitisches Agieren aus der Region heraus erkennbarer werden zu lassen;
– eine vorhandene kulturräumliche Differenzierung als Standortvorteil weiterzuentwickeln.

Entscheidend für die Anwendbarkeit von Instrumenten des unternehmerischen Marketings ist die Zielsetzung der Strategie oder der operativen Einzelaktivitäten.

Das Zusammenspiel verschiedener Marketinginstrumente wird als Marketingmix bezeichnet. Dabei geht es vor allem um eine Integration und Gewichtung von Einzelmaßnahmen, mit denen man strategische oder operative Ziele erreichen möchte. Praktisch geschieht das v. a im Rahmen der 4P-Bereiche:

– Die Produktpolitik (Herstellungsweise, Sortiment, Service) beschäftigt sich mit der Frage, welche Leistungen den Kunden (hier: Bürger, Beschäftigte, Investoren, Besucher) angeboten werden sollen.

- Die Preispolitik (Kostendeckung, Gewinnerwartung, Konditionen) thematisiert die Finanzierung respektive die Frage, welches Entgelt für die Leistungen erwartet werden kann.
- Die Distributionspolitik (Vertriebswege, Organisation, Bevorratung, Bereitstellung) zielt auf die Frage ab, wie die Kunden die angebotenen Leistungen erhalten können.
- Die Kommunikationspolitik basiert auf Public Relations, Werbung und Verkaufsförderung und löst das Problem des wachsenden Informationsbedarfs von Kunden.

4. Literaturempfehlung

Beyer, Rolf/Kuron, Irene (1995). *Stadt- und Regionalmarketing – Irrweg oder Stein der Weisen?*, Bonn, S. 21 f.

Mensing, Mario/Rahn, Thomas (2000). Einführung in das Stadtmarketing; In Zerres, Michael/Zerres, Ingrid (Hrsg.), *Kooperatives Stadtmarketing, Konzepte, Strategien und Instrumente zur Erhöhung der Attraktivität einer Stadt*, Stuttgart, Berlin, Köln, S. 24 f.

Meyer, Jörn-Axel (2000). *Regionalmarketing*, München, S. 148–170.

Seidel, Michael Alexander (2016). *Regionalmarketing als räumliches Steuerungs- und Entwicklungsinstrument: Grundlagen – Konzepte – Fallbeispiele*, Wiesbaden, S. 7–29.

Spieß, Stefan (1998). *Marketing für Regionen*, Wiesbaden.

Aufgabe 51: Abgrenzung Stadt-, Standort- und Regionalmarketing

Wissen, Verstehen
7 Minuten

1. Fragestellung

Erläutern Sie die grundlegenden Züge von **Regional-, Stadt- und Standortmarketing**, grenzen Sie diese voneinander ab, zeigen Sie aber auch die Beziehungen untereinander auf.

2. Lösung

Regionalmarketing hat die Planung und Umsetzung eigens entwickelter Strategien zur Vermarktung von privat- oder öffentlich-rechtlichen Einrichtungen bzw. kommunaler oder regionaler Standorte zur Aufgabe. Die zu vermarktende Region ist hierbei ein meist historisch gewachsenes Territorium.

Standortmarketing hingegen hat vor allem die Gestaltung einer Beziehung zu den Investoren als Aufgabe und bezieht z. B. auch soziokulturelle oder infrastrukturelle

Merkmale ins Marketingkonzept ein. Der sich hier findende Unterschied zum Regionalmarketing besteht besonders darin, dass dieses eher Zielgruppen, wie z. B. Touristen, anspricht, und dennoch kann das Standortmarketing als sogenannte Teildisziplin des Regionalmarketings angesehen werden.

Stadtmarketing zielt vor allem auf die Moderation gesellschaftlicher Akteure ab und befasst sich somit nicht direkt mit der Steuerung und Planung von Aktivitäten im gesellschaftlichen Raum. Die Konzentration liegt hierbei also im Gegensatz zum Regionalmarketing auf der Stadt als solche und der Innenstadt. Dennoch ist auch das Stadtmarketing eine Teildisziplin des Regionalmarketings und keine der drei genannten Marketingrichtungen schließen sich gegenseitig aus.

3. Hinweise zur Lösung

Grundsätzlich kann beim Regionalmarketing vom klassischen (unternehmensorientierten) Marketingbegriff ausgegangen werden. Diese Definition wird auf die Besonderheiten des Betrachtungsgegenstands der Region angewendet. Daraus ergeben sich Besonderheiten im Marketingmix, die teilweise in den folgenden Aufgaben thematisiert werden.

Detaillierte Informationen zum Regionalmarketing finden Sie z. B. in Meyer (1999).

4. Literaturempfehlung

Meyer, Jörn-Axel (1999). *Regionalmarketing. Grundlagen, Konzepte, Anwendung*, München, S. 17–22.

Seidel, Michael Alexander (2016). *Regionalmarketing als räumliches Steuerungs- und Entwicklungsinstrument. Grundlagen – Konzepte – Fallbeispiele*, Wiesbaden, S. 12–15, S. 256 sowie S. 377–380.

Wesselmann, Stefanie/Hohn, Bettina (2012). *Public Marketing. Marketing-Management für den öffentlichen Sektor*, Wiesbaden, S. 12 f.

Aufgabe 52: Kommunikationspolitik im Marketing: Public Relations

Wissen, Verstehen
7 Minuten

1. Fragestellung

Definieren Sie den Begriff Public Relations (PR) im Zusammenhang mit Regionalmarketing. Erläutern Sie dazu PR-Beispiele aus dem Kontext des Regionalmarketings.

2. Lösung

PR ist ein Instrument der Kommunikationspolitik und zielt auf die Gestaltung und Steuerung der Beziehung zur Öffentlichkeit ab. Ziel ist es, ein positives Image nach außen zu vermitteln sowie Vertrauen aufzubauen. Dafür werden Informationen mit überwiegend positivem Anlass bzw. Inhalt vermittelt.

In Bezug auf das Regionalmarketing können solche Anlässe beispielsweise sportliche, kulturelle oder andere Veranstaltungen sein. Das bedeutet, dass sowohl im Vorhinein als Bekanntmachung und Einladung als auch im Nachhinein als rückblickender Bericht über Spiele bzw. Erfolge der regionalen Fußballmannschaft berichtet werden kann. Dazu bieten sich vor allem Presse, TV- oder Radio- oder Onlineberichterstattungen an. Dadurch vermittelt die Region Informationen und versucht gleichzeitig ein positives Images auszustrahlen, sodass z. B. Sportinteressierte die Region als Veranstaltungsort für Sportevents wahrnehmen. Weitere mögliche Anlässe sind kulturelle Veranstaltungen, z. B. Stadtfeste, politische Anlässe, z. B. Wahlen, oder neue Angebote, z. B. Studiengänge oder Kurse.

3. Hinweise zur Lösung

Der deutschsprachige Begriff von PR ist Öffentlichkeitsarbeit, der allerdings nicht so oft wie der englische Begriff Public Relations verwendet wird. Medienarbeit ist der klassische Kern des PR. In diesem Zusammenhang wird eine produktive Zusammenarbeit mit Journalisten angestrebt, um die oben genannten Beispiele zu veröffentlichen.

4. Literaturempfehlung

Meyer, Jörn-Axel (1999). *Regionalmarketing. Grundlagen, Konzepte, Anwendung*, München, S. 157–159, 170.

Seidel, Michael Alexander (2016). *Regionalmarketing als räumliches Steuerungs- und Entwicklungsinstrument. Grundlagen – Konzepte – Fallbeispiele*, Wiesbaden, S. 241–245.

Wesselmann, Stefanie/Hohn, Bettina (2012). *Public Marketing. Marketing-Management für den öffentlichen Sektor*, Wiesbaden, S. 162–171.

Aufgabe 53: Die Region als Produkt

Wissen, Verstehen, Anwenden
10 Minuten

---

1. Fragestellung

In welchen Bereichen hat das Regionalmarketing Grenzen in Bezug auf die Produktpolitik? Erläutern Sie zwei Beispiele.

2. Lösung

Das Produkt Region ist in einigen Aspekten nicht veränderlich. Beispielsweise können bestimmte Eigenschaften, wie Lage und Natur, nicht geändert werden und sind eine feste Größe. Dazu gehört beispielsweise die Landschaft. Ist eine Region von Seen oder Bergen umgeben? Daraus resultieren Unterschiede für alle Bereiche des Regionalmarketings.

Des Weiteren hat die Region begrenzt Einfluss auf weitere Produkteigenschaften, wie z. B. Sport-, Bildungs-, Kultur- oder Tourismusangebote. Oft sind diese Bereiche in der Hand von selbstständigen Institutionen oder Unternehmen, auf deren Entscheidungsfindung die Region keinen bzw. wenig Einfluss hat. Dem Regionalmarketing fehlen die finanziellen Mittel und die Kompetenz, solche genannten Einrichtungen selbst aufzubauen.

3. Hinweise zur Lösung

Im Rahmen der 4Ps des klassischen Marketingmix werden die Aspekte „product", „price", „placement" und „promotion" betrachtet. Das Produkt bzw. die Leistung ist im Zusammenhang mit dem Regionalmarketing die Region an sich. Im Vergleich zur Produktpolitik von klassischen Unternehmen treten in der Leistungspolitik des Regionalmarketings andere Herausforderungen auf.

4. Literaturempfehlung

Meyer, Jörn-Axel (1999). *Regionalmarketing. Grundlagen, Konzepte, Anwendung*, München, S. 150–154.

Wesselmann, Stefanie/Hohn, Bettina (2012). *Public Marketing. Marketing-Management für den öffentlichen Sektor*, Wiesbaden, S. 107–112.

Aufgabe 54: Die Grenzen der Preispolitik des Regionalmarketings

Wissen, Verstehen, Anwenden
10 Minuten

1. Fragestellung

Vergleichen Sie die Möglichkeiten der **Preisgestaltung** von klassischen Unternehmen und **Regionen**. Gehen Sie dabei auf die Grenzen der Preissetzung der Regionen ein.

2. Lösung

Im Vergleich zwischen klassischem Marketing und Regionalmarketing ist die Preisgestaltung von Unternehmen oftmals flexibler und eigenständiger. Unternehmen können nach verschiedenen Verfahren ihre Preise bestimmen. Dazu gehören z. B. nachfrageorientierte, kostenorientierte und wettbewerbsorientierte Preisbestimmung.

Im Gegensatz dazu hat die Region auf die Preisbildung nicht immer direkten Einfluss. Beispielsweise gehören Hotels als Übernachtungsmöglichkeiten für Touristen mit zum Leistungskatalog einer Region. Allerdings kann das Regionalmarketing nicht die Preise für die einzelnen Zimmer eines Hotels festlegen, da das in der unternehmerischen Entscheidung der Hotels liegt. Lediglich bei Veranstaltungen, die direkt von der Region durchgeführt werden, können beispielsweise Eintrittspreise etc. festgelegt werden. Das zeigt, dass die Region in enger Zusammenarbeit mit den ansässigen Unternehmen und Institutionen stehen muss, um indirekt Einfluss auf die Preisgestaltung zu haben.

3. Hinweise zur Lösung
Im Rahmen der 4Ps des klassischen Marketingmix werden die Aspekte „product", „price", „placement" und „promotion" betrachtet. Die Preispolitik legt die Konditionen für die Leistung, die sich in einem Produkt oder einer Dienstleistung äußern kann, fest.

4. Literaturempfehlung
Meyer, Jörn-Axel (1999). *Regionalmarketing. Grundlagen, Konzepte, Anwendung*, München, S. 172–174.
Homburg, Christian (2015). *Marketingmanagement. Strategie – Instrumente – Umsetzung – Unternehmensführung*, Wiesbaden, S. 712.
Wesselmann, Stefanie/Hohn, Bettina (2012). *Public Marketing. Marketing-Management für den öffentlichen Sektor*, Wiesbaden, S. 131–140.

Aufgabe 55: Hochschule in der Region/Hochschulbedeutung für Unternehmen

Wissen, Anwenden
20 Minuten

1. Fragestellungen
a) Was versteht man unter einer Kommunikationsstrategie einer Hochschule? Erläutern Sie exemplarisch.
b) Welche Ziele kann ein Unternehmen mithilfe von Hochschulmarketing verfolgen? Antworten Sie in Stichworten.

2. Lösung

a) Die Studieninteressierten und Studierenden einer Hochschule unterliegen einer differenzierten Flut intern und extern gerichteter Informationen über Bildungsangebote. Dabei wird es für die Hochschulen immer schwieriger, die Aufmerksamkeit auf sich zu richten. Da Hochschulen zunehmend nicht nur in Produktwettbewerb, sondern auch in Kommunikationswettbewerb miteinander treten, nimmt die Bedeutung einer modernen Kommunikationspolitik stetig zu. Die Außen- und Innendarstellung einer Hochschule, insbesondere ihrer Angebote, gehört daher zu den wichtigsten Faktoren, um (potenzielle) Studierende auf sich aufmerksam zu machen oder am Übergang zwischen einzelnen Studienabschnitten diese als Studierende zu behalten.

Die Kommunikationsstrategie regelt mit wem, mit welchem Ziel sowie mit welchen Produkten und wie die Hochschule in einen Dialog treten möchte, um nachfolgend das Studienangebot zu vermarkten.

Ein Beispiel: Eine Hochschule definiert und priorisiert auf Basis einer Analyse:

Positionierung der Hochschule

Die Hochschule xyz positioniert sich mit ihrem Angebot fast ausschließlich im Bereich berufsbegleitender Studiengänge.

Ziele

Bis in fünf Jahren sollen 20 berufsbegleitende Studiengänge aus dem ingenieurwissenschaftlichen Bereich ausgelastet sein.

Zielgruppen und Botschaften

Die Hochschule spricht vor allem Studieninteressierte an, die bereits einen Berufsabschluss haben und die aktiv im Arbeitsleben sind. Dabei wird das Versprechen gegeben, dass das Studium mit dem Beruf vereinbar sei.

Kommunikationsinstrumente und -mittel

- Public Relations
- E-Communication über Social-Media-Kanäle
- Event-Marketing
- Entsendung von Mitarbeitern auf Messen und Ausstellungen

Aufteilung des Gesamtkommunikationsbudgets

- Entsprechend der Kommunikationsinstrumente für die Außenkommunikation (80 %)
- Für die Innenkommunikation (20 %)

Controlling
- Definition von Erfolgskennziffern
- Studierendenzahlen
- Zufriedenheitsabfragen (Evaluationen)
- Unternehmensbefragungen (über den Lernerfolg)

b) - Schaffung und Sicherung eines positiven Arbeitgeberimages
- Steigerung des Arbeitgeberbekanntheitsgrads (besonders bei kleinen und mittelständischen Unternehmen)
- Erhöhung von Qualität und Passgenauigkeit von Initiativbewerbungen von Studenten der Universitäten und Hochschulen
- Sicherung der Nachwuchs-, Fach- und Führungskräfte für die Unternehmen

3. Hinweise zur Lösung

In den meisten europäischen Staaten sind der überwiegende Teil der Hochschulen sogenannte Non-Profit-Organisationen. Deren Marktbearbeitung ähnelt der von klassischen Aktivitäten der Unternehmen. Gleichwohl stehen sie immer mehr in einem (internationalen) Wettbewerb um Studierende und Forschungsgelder, die auch bei Unternehmen eingeworben werden.

Unter Hochschulmarketing versteht man zum einen das Marketing von Hochschulen selbst, wobei dies auch als Teilbereich des Stadt- und Regionalmarketings aufzufassen ist, denn die Hochschulen verursachen je nach Standort sehr hohe Spillover-Effekte auf die regionale Wirtschaft. Zum anderen versuchen Unternehmen in bestimmten Formaten, wie z. B. Unternehmenstage an Hochschulen, gezielt Bewerber anzusprechen, um auf ihr Unternehmen aufmerksam zu machen. Zudem ermöglicht das Angebot an Abschlussarbeiten, Studentenjobs und Praktika, potenzielle Bewerber frühzeitig kennenzulernen.

Das hochschulinterne Marketing basiert auf einer formulierten, gelebten und überprüfbaren Strategie einer Hochschule. Diese umfasst immer auch eine Kommunikationsstrategie, die in Abhängigkeit vom aktuellen Medienverhalten vor allem auf Basis des Onlinemarketings erfolgt; meist ergänzend noch mithilfe klassischer Kommunikationskanäle. Bei der Auswahl der Werbeträger finden vor allem das Internet und Werbemedien auf dem Campus Berücksichtigung. Printmedien haben, durch das geänderte Mediennutzungsverhalten von Studierenden, gegenüber digitalen Medien und Live-Kommunikation stark an Bedeutung verloren.

4. Literaturempfehlung

Hillenhagen, Janina (2014). *Instrumente des Hochschulmarketings: Handlungsempfehlungen für Unternehmen für das Rekrutieren von qualifizierten Fach- und Führungskräften Taschenbuch*, Hamburg.

Lehmann, Maika (2011). *Hochschulmarketing am Beispiel der Fachhochschule Stralsund: Grundlagen und Perspektiven*, Saarbrücken.

6 Internationales Marketing

Aufgabe 56: Definition und Charakteristika des internationalen Marketings

Wissen, Verstehen
3 Minuten

1. Fragestellung

Was versteht man unter dem Begriff des internationalen Marketings? Welche Merkmale charakterisieren das internationale Marketing?

2. Lösung

Unter dem Begriff des internationalen Marketings versteht man

> die Planung, Organisation, Koordination und Kontrolle aller auf die aktuellen und potenziellen internationalen Absatzmärkte bzw. den Weltmarkt gerichteten Unternehmensaktivitäten. (vgl. Hermanns, 1995, S. 25 f.)

Das internationale Marketing kann man mit den folgenden Merkmalen charakterisieren:

1. Im Rahmen einer Marktbearbeitung werden mindestens zwei Ländermärkte bearbeitet
2. Eine komplexe und besondere Bedeutung der Entscheidungsvorbereitung
3. Problematische Informationssammlung und die erschwerte Informationsvergleichbarkeit zwischen den Ländermärkten
4. Komplexe länderübergreifende Koordinationsentscheidungen unter der Berücksichtigung der Auswirkungen auf das Unternehmen
5. Komplexe Marketingentscheidungen aufgrund der Heterogenität der sehr unterschiedlichen Ländermärkte

3. Hinweise zur Lösung

Laut Hermanns (1995, S. 25) versteht man unter dem Begriff des internationalen Marketingmanagements

> die Planung, Organisation, Koordination und Kontrolle aller auf die aktuellen und potenziellen internationalen Absatzmärkte bzw. den Weltmarkt gerichteten Unternehmensaktivitäten.

Beschränkt man sich nur auf das internationale Marketing, dann kann es wie folgt definiert werden:

> als Planung und Gestaltung von Maßnahmen, durch welche Austauschprozesse zwischen einem Unternehmen und seinen Auslandsmärkten realisiert werden sollen, um vorgegebene Ziele zu erreichen. (Berndt et al., 2010, S. 6)

https://doi.org/10.1515/9783110516869-006

Laut Wißmeier (1992, S. 47 ff.) sind die folgenden Merkmale hervorzuheben, um das internationale Marketing vom nationalen Marketing abzugrenzen:

1. Bearbeitung von mindestens zwei Ländermärkten
2. Die Vorbereitung der Internationalisierungsentscheidung hat eine sehr wichtige Bedeutung
3. Erschwerte Informationssammlung und -vergleichbarkeit zwischen den Ländermärkten
4. Komplexe länderübergreifende Koordinationsentscheidungen unter der Berücksichtigung der Auswirkungen auf das Unternehmen
5. Komplexe Marketingentscheidungen aufgrund der Heterogenität der sehr unterschiedlichen Ländermärkte

4. Literaturempfehlung

Hermanns, Arnold (1995). Aufgaben des internationalen Marketing-Managements; In Hermanns, A./Wißmeier, U. K. (Hrsg.), *Internationales Marketing-Management – Grundlagen, Strategien, Instrumente, Kontrolle und Organisation*, München, S. 23–68.

Berndt, Ralph/Fantapié Altobelli, Claudia/Sander, Matthias (2010). *Internationales Marketing-Management*. Vol. 4, Berlin.

Wißmeier, Urban Kilian (1992). *Strategien im internationalen Marketing – Ein entscheidungsorientierter Ansatz*, Wiesbaden.

Aufgabe 57: Internationalisierungsentscheidung

Verstehen, Anwenden
10 Minuten

---

1. Fragestellung

Welche Faktoren sollte ein Unternehmen berücksichtigen, bevor es eine Internationalisierungsentscheidung trifft? Beschreiben Sie vier von Ihnen gewählte Faktoren. Unterstützen Sie Ihre Antwort mit praktischen Beispielen.

2. Lösung

Erstens sollte ein Unternehmen prüfen, welche kulturelle Unterschiede bzw. welche Einkaufsverhalten in den jeweiligen Zielmärkten herrschen. So ist zu prüfen, welche Einkaufsgewohnheiten die Kunden in dem jeweiligen Ländermarkt haben. Zum Beispiel: Das britische Unternehmen Tesco hat gravierende Fehler im Form von Missachtung der kulturellen Unterschiede bzw. des Einkaufsverhaltens der Konsumenten im US-Markt gemacht, die dann zum Marktaustritt geführt haben. Tesco hat das Kupon-Konzept, das im US-Markt von den Kunden sehr beliebt ist, nicht eingeführt. Des Weiteren waren die Ladenflächen zu klein. Amerikaner sind an große Einkaufsflächen mit weiten Gängen gewohnt.

Zweitens sollte ein Unternehmen prüfen, wie stark der Wettbewerb im potenziellen Auslandsmarkt ist. So hat z. B. Wallmarkt aus den USA die starke Konkurrenz von Discountern in Deutschland, wie Lidl und Aldi, unterschätzt. Wallmarkt hat fast eine Dekade versucht, die Treue der deutschen Kunden erfolglos zu gewinnen. Wallmarkt hat daraus gelernt, dass die Erfolgsstrategie, die in den USA so gut funktioniert hat, nicht unbedingt außerhalb der USA funktionieren wird, da die deutschen Kunden den Heimatdiscountern treu blieben.

Drittens sollte ein Unternehmen sicherstellen, ob die ausgewählte Lage der Filiale den Kunden auch passt. Deshalb sollte eine Marktforschung im Vorfeld des Markteintritts erfassen, ob die Konsumenten eher in Städten oder in Einkaufszentren einkaufen gehen. Ein positives Beispiel ist das Unternehmen Nordstrom aus den USA, das als erstes Filialen in Kanada eröffnet hat. Nordstrom hat ihre Standorte im Vorfeld sorgfältig ausgewählt.

Schließlich sollte ein Unternehmen prüfen, wie die Supply Chain im Zielmarkt sein sollte. Zum Beispiel: Die Carrefour-Erfolgsstrategie in China war, eine breite und tiefe Produktwahl anzubieten. Dies gelang durch die lokale Supply Chain. Dadurch konnte Carrefour von Anfang an die Kundenpräferenzen erfüllen und blieb somit erfolgreich im chinesischen Markt.

3. Hinweise zur Lösung

Es gibt viele verschiedene Faktoren, die ein Unternehmen im Voraus berücksichtigen sollte, bevor es eine Internationalisierungsentscheidung trifft. In der Regel werden die folgenden Faktoren berücksichtigt:

1. Kulturelle Faktoren. Viele Unternehmen haben viel Geld im Ausland investiert und es wieder verloren, da das Geschäft dort nicht erfolgreich war. Am häufigsten sind die kulturellen Unterschiede schuld oder Nuancen des jeweiligen Markts wurden nicht genügend erforscht (vgl. Yoder et al., 2016). Zu den kulturellen Faktoren zählen Sprache, Traditionen, Gewohnheiten oder Religion.

2. Marktfaktoren: Zu den Marktfaktoren zählen z. B. die Kundenbedürfnisse. Ein Unternehmen soll entsprechend prüfen, ob die Kunden in unterschiedlichen Ländern ähnliche oder unterschiedliche Bedürfnisse haben. Außerdem ist zu prüfen, ob internationale Kunden in unterschiedlichen Ländern dieselben oder unterschiedlichen Produkte oder Dienstleistungen verlangen. Ein Unternehmen sollte außerdem prüfen, ob sich die Marketingmaßnahmen in unterschiedliche Ländern übertragen lassen, wie z. B. Werbungen. Zu den Marktfaktoren zählen auch z. B. der Standort, Supply Chain, Logistik, Distributionskanäle und Handelspartner.

3. Wirtschaftsfaktoren: Zu den Wirtschaftsfaktoren zählt z. B. die Konkurrenz. Die Sättigung des Wettbewerbs kann bestimmen, ob ein Unternehmen internationa-

lisiert oder nicht. Auch die Kostenfaktoren können die Internationalisierungsentscheidung beeinflussen: Die Economies of Scale oder die Economies of Scope
können die Internationalisierungsentscheidung ebenfalls beeinflussen. Außerdem sollte ein Unternehmen prüfen, wie digitalisiert das Zielland ist. Die Digitalisierung, wie z. B. das virtuelle Shopping, ist die Zukunft vieler Branchen. Häufig
fangen die Unternehmen mit einem E-Commerce-Konzept an, ohne überhaupt
einen Fuß in das jeweilige Land gefasst zu haben.

4. Politische Faktoren: Zu den politischen Faktoren, die eine Internationalisierungsentscheidung beeinflussen können, zählen z. B. begünstigende Handelsabkom-
   men und passende technische Standards sowie Steuervorteile.

5. Schließlich kann einfach die ausgewählte Zeit, das sogenannte richtige Timing,
   die Internationalisierungsentscheidung beeinflussen.

4. Literaturempfehlung

Yoder, Samantha/Visich, John K./Rustambekov, Elzotbek (2016). Lessons Learned from International
    Expansion Failures and Successes; *Business Horizons*, Vol. 59, No. 2, S. 233–243.
Conick, Hal (2016). *5 Things To Do Before Marketing Your Business Overseas*, American Marketing
    Association. www.ama.org/publications/MarketingNews/Pages/using-market-research-
    market-overseas.aspx (letzter Zugriff am 01.06.2016).
Berndt, Ralph/Fantapié Altobelli, Claudia/Sander, Matthias (2010). *Internationales Marketing-
    Management*. Vol. 4, Berlin.
Hollensen, Svend (2011). *Global Marketing – A Decision-Oriented Approach*, Harlow.

Aufgabe 58: Analyse des Makroumfelds anhand der PEST-Analyse

Wissen, Verstehen, Anwenden
20 Minuten

---

1. Fragestellung

Fallstudie: Tesco[*]

Tesco ist eine britische Supermarktkette, die weltweit vertreten ist. Tesco betreibt
weltweit 6800 Supermärkte und beschäftigt mehr als 440.000 Mitarbeiter. Sie ist die
größte Handelskette in Großbritannien und die viertgrößte weltweit hinter Walmart
(USA), Carrefour (Frankreich) sowie der Schwarz Gruppe (Deutschland) und vor Metro
(Deutschland). Tesco erwägt neben den bisher bearbeiteten Märkten (Großbritanni-
en, Tschechische Republik, Ungarn, Irland, Polen und Slowakei) den Markteintritt in
weitere Auslandsmärkte. Insbesondere erhofft man sich, in den nächsten zwei Jah-

---

[*] Aus Lehrzwecken wurde die Fallstudie angepasst bzw. es handelt sich um hypothetische Inhalte.

ren einen Markteintritt noch in ein europäisches Land einzutreten. Insbesondere hat Tesco den deutschen und den spanischen Markt ins Visier genommen.

Analysieren Sie für den Markteintritt in Deutschland oder in Spanien, anhand der PEST-Analyse das Makroumfeld. In welchem Markt würden Sie den Markteintritt auf Basis Ihrer Analyse befürworten? Begründen Sie Ihre Antwort.

Sie können für Ihre Ausführungen in der folgenden Aufgabe Annahmen treffen.

2. Lösung

PEST ist ein Akronym für politisch (engl. „political"), ökonomisch (engl. „economical"), soziologisch (engl. „sociological") und technologisch (engl. „technological") und dient der Analyse des Makroumfelds. Im Folgenden wird jeder einzelne Faktor bzw. das Akronym PEST für Deutschland und Spanien analysiert; am Ende wird ein Fazit dargestellt. Die folgenden Begründungen sind als angenommen wichtigste Kriterien bei der Analyse zu verstehen.

Die politische Lage ist mit einer parlamentarischen Erbmonarchie in Spanien und einer parlamentarischen Bundesrepublik in Deutschland stabil einzustufen. Das Unabhängigkeitsreferendum Kataloniens in Spanien könnte eventuell einen Markteintritt von Tesco hemmen. Dennoch sollten die neuen EU-Richtlinien nach dem Brexit in beiden Ländern betrachtet werden. Außerdem sollten die wiederholten terroristischen Anschläge in beiden Ländern beobachtet werden, da diese oftmals aus politischen Gründen geschehen sind. Ein Unterscheidungsmerkmal zwischen den beiden Ländern ist der Korruptionsindex (Transparency International e. V., 2017). Deutschland ist im Korruptionsindex auf Platz 12 (mit 81 von 100 Punkten). Bei einem Markteinstieg muss Tesco nicht mit großen Hemmnissen bedingt durch Korruption rechnen. Im Gegensatz zu Deutschland ist Spanien im Korruptionsindex mit Platz 42 (mit 57 von 100 Punkten) im hinteren Abschnitt des Rankings. Es ist näher zu betrachten, um welche Korruptionsformen es sich in Spanien handelt und ob diese für den Markteintritt von Tesco relevant sind.

Die wirtschaftliche Lage ist in Deutschland und Spanien unterschiedlich. Im Jahr 2017 betrug das Bruttoinlandsprodukt pro Kopf in Deutschland fast 39.500 Euro und 25.000 Euro in Spanien. Die Kaufkraft pro Kopf für Konsumausgaben, Wohnen, Freizeit und Sparen liegt in Deutschland mit etwa 23.000 Euro höher als Spanien mit etwa 14.000 Euro (GfK AG, 2007). Für Tesco würde dies bedeuten, dass die Kaufkraft in Deutschland stärker wäre. Allerdings bietet Tesco Discounterprodukte an, was besonders für Spanien attraktiv sein könnte. Eine der wichtigsten Rollen beim Markteintritt von Tesco in Deutschland oder Spanien spielen die existierenden Discounter und Supermärkte in beiden Ländern. In Deutschland dominieren Aldi, Lidl, Rewe, Netto, Penny und EDEKA den Markt. Aldi und Lidl sind auch in Großbritannien als starke Konkurrenten von Tesco bekannt. Die Deutschen sind auch relativ treu diesen Discountern gegenüber, was bei einem Markteintritt natürlich schwierig für Tesco wäre. In Spanien sind es überwiegend spanische Hyper- und Supermärkte, wie z. B. Mercadona und Caprabo. Es gibt auch viele französische Hyper- und Supermärkte, wie z. B. Carrefour, da die Konsumprodukte in beiden Ländern ähnlich sind. Die Spanier respektieren und halten die spanischen Traditionen sehr, sind aber auch ganz offen für internationale Produkte. (Um eine genauere Marktsituation einschätzen zu können, wird eine Mikroanalyse im Nachhinein empfohlen.)

Soziokulturelle Faktoren, wie z. B. die Gesamtbevölkerung, ist in Deutschland ausgeprägter mit etwas mehr als 81 Millionen Einwohnern. In Spanien sind es etwas mehr als 46 Millionen Einwohner. Wenn man die Anzahl der Mitglieder in Religionsgemeinschaften betrachtet, ist Deutschland ein christlich geprägtes Land. Der Islam ist mit etwa 4,5 Millionen Muslimen in Deutschland vertreten. Ähnlich sieht es in Spanien aus. Tesco hat in Großbritannien bestimmte Produkte, die z. B. für Muslime erlaubt oder „halal" sind, längst eingeführt. Mit demselben Konzept sollte Tesco auch einen potenziellen Markteintritt in Deutschland und Spanien planen, um diese religiösen Gruppen zu locken. Ein anderer wichtiger Aspekt ist zu nennen: Nach Hofstede (1980) werden die Spanier als Kollektivisten bezeichnet. Das heißt, dass in Spanien vieles innerhalb des Familien- oder Freundeskreises mit vielen Traditionen gefeiert und gelebt wird. Die Deutschen werden im Gegensatz zu den Spaniern als Individualisten bezeichnet. Sie sind auch als Sparkonsumenten bekannt und werden sich nach den besten Angeboten orientieren. Die Spanier sind aber bereit, mehr Geld für feines Essen ausgeben. Das Bildungssystem ist in beiden Ländern sehr gut entwickelt. Allerdings wird in Deutschland viel mehr Wert auf die Studiengänge in der Handelsbranche gelegt. Tesco könnte z. B. in Deutschland viele Ausbildungsplätze mit der Aussicht auf eine spätere Festanstellung anbieten. Dadurch könnte Tesco zunächst die Löhne einsparen und gut ausgebildetes Personal für die Zukunft gewinnen.

Im Bereich der technologischen Faktoren sind Deutschland und Spanien relativ ähnlich entwickelt. Der Vorteil in Deutschland liegt in der Herstellung bestimmter Technologien und könnte bei der Beschaffung z. B. von Selbstbedienungskassensystemen günstiger als in Spanien sein. Die Infrastrukturen sind in beiden Ländern ähnlich und lassen keine Hindernisse vermuten. Tesco bietet auch per Mobile App seine Dienste an und benötigt dafür gute Internetverbindung. Die Internetverbindung ist in beiden Ländern ähnlich einzustufen. Die Straßeninfrastruktur ist allerdings in Deutschland besser ausgebaut, was eine sehr gute Logistik für Tesco gewährleisten könnte. Die Autobahn ermöglicht, dass Zulieferer die Ware schnell anliefern.

Fazit: Im Gesamtkontext betrachtet lässt sich festhalten, dass Deutschland zum aktuellen Zeitpunkt attraktive Seiten für einen Einstieg der Firma Tesco besitzt. Allerdings sollte die Konkurrenz in Deutschland im Hauptfokus von Tesco stehen. Die Marktsättigung in Deutschland spricht zwar gegen einen Markteintritt, jedoch gibt es in den übrigen PEST-Kategorien viele Vorteile, die Tesco für sich nutzen kann. Vor allem die Kaufkraft pro Person, die technologische Entwicklung bzw. die Hersteller verschiedener Ausstattungen für die Filialen und die große Einwohnerzahl stellen Potenzial für Tesco dar. Zusätzlich kann Tesco die Nachfrage nach Sparangeboten im deutschen Markt zufriedenstellen. Spanien hat auch viele Vorteile für einen Markteintritt, allerdings könnte die traditionelle Art und Weise, wie die Leute dort leben, viele Anpassungen für Tesco notwendig machen, insbesondere bei der Produktwahl. Dies würde viel mehr Kooperation mit den lokalen Händlern bedeuten, was wiederum mit der Korruption verbunden sein könnte. Generell ist die Korruption in Spanien ein Problem für Tesco, da Tesco sich als sozialverantwortliches Unternehmen positioniert und eine Eröffnung von neuen Filialen viele Spekulationen in Medien auslösen könnte. Aus oben genannten Gründen wird für Tesco ein Markteintritt in den deutschen Markt unter Berücksichtigung des Wettbewerbsumfelds empfohlen.

3. Hinweise zur Lösung

Damit ein Unternehmen einen erfolgreichen Markteintritt durchführt, ist es notwendig, dass eine Makroanalyse des Umfelds vorgenommen wird. Ein Makroumfeld lässt sich z. B. mit einer PEST-Analyse untersuchen. PEST steht für: **P**olitical, **E**conomical, **S**ociological und **T**echnological.

Im Rahmen einer PEST-Analyse sollten klar definierte Makroumfeldkriterien besonders analysiert werden, die für das Unternehmen oder für die Industrie eine hohe Bedeutung haben und dadurch eine Analyse und Bewertung deutlich erleichtern (vgl. Hollensen, 2011, S. 264 ff.). In der Regel werden für die Makroanalyse die folgenden Faktoren berücksichtigt.

1. Politische, rechtliche und ethische Faktoren: Hierfür können z. B. die folgenden Faktoren untersucht werden (vgl. Hollensen, 2013, S. 264 ff.; Berndt et al., 2010, S. 109 ff.; Johnson et al., 2008; Lewis & Housden, 1998, S. 17 ff.):
   - Regierungsreformen und Rolle des Militärs in der Regierung
   - Politische Konflikte, wie z. B. Kriege, Bürgerkriege, Cyberkriege
   - Regierungswechsel oder Verschiebungen im Parteigefüge, z. B. Links-Partei
   - Freihandelszonen, Steuern und/oder Embargos
   - Wirtschafts- und Rechtssystem
   - Korruption
   - Ökologische Initiativen und Bürgerinitiativen
2. Ökonomische Faktoren: Dazu zählen z. B. (vgl. Hollensen, 2013, S. 264 ff.; Berndt et al., 2010, S. 109 ff.; Johnson et al., 2008; Lewis & Housden, 1998, S. 17 ff.):
   - Wachstum des Bruttonationaleinkommens
   - Einkommensverteilung und Kaufkraft pro Kopf für Konsumausgaben, Wohnen, Freizeit und Sparen
   - Fluktuation des Wechselkurses
   - Arbeitslosenzahlen
   - Inflation oder Deflation
   - Wachstum bestimmter Industriezweige
   - Eventuell Zinsentwicklung
3. Soziokulturelle Faktoren: Diese sind z. B. (vgl. Hollensen, 2013, S. 264 ff.; Berndt et al., 2010, S. 109 ff.; Johnson et al., 2008; Lewis & Housden, 1998, S. 17 ff.):

- Bevölkerungsverteilung im Land, wie z. B. die durchschnittliche Haushaltsgröße
- Bevölkerungswachstum, z. B. Geburtenrate und Altersverteilung der Bevölkerung
- Soziale Gruppen und Bildungsniveau
- Sprache
- Religion
- Kultur
- Traditionen

4. Technologische Faktoren, wie z. B. (vgl. Hollensen, 2013, S. 264 ff.; Berndt et al., 2010, S. 109 ff.; Johnson et al., 2008; Lewis & Housden, 1998, S. 17 ff.):
   - Basistechnologien, z. B. IT für die Internetnutzung, Strom
   - Technologien für die Rohstoffbearbeitung
   - Infrastrukturen, z. B. Bahnstrecken, Straßen, Netzabdeckung im Mobilfunkbereich

Um die Subjektivität der Beurteilung einzelnen Kriterien zu reduzieren, sollte man immer die Argumentation mit Primärquellen belegen. Außerdem ist es zu empfehlen, entsprechende Punkte für die Beurteilung einzelnen Kriterien festzulegen (z. B. 0 als nicht genügend und 3 als sehr gut), um die ausgewählten Länder entsprechend vergleichen zu können. Diese Kriterien könnten dann in einem Linien oder Netzdiagramm abgebildet werden, um den Screeningprozess zu vereinfachen. Die Kriterien mit den besten Ergebnissen (Punkten) zeigen den attraktivsten Markt. Diese Vorgehensweise eliminiert in der Anfangsphase die Länder, die für das Unternehmen nicht attraktiv sind, um damit einem potenziellen Geldverlust zu minimieren.

4. Literaturempfehlung

Hofstede, Geert (1980). Culture and Organizations; *International Studies of Management & Organization*, Vol. 10, No. 4, S. 15–41.

Berndt, Ralph/Fantapié Altobelli, Claudia/Matthias, Sander (2010). *Internationales Marketing-Management*. Vol. 4, Berlin.

Hollensen, Svend (2011). *Global Marketing – A Decision-Oriented Approach*, Harlow.

Johnson, Gerry/Scholes, Kevan/Whittington, Richard (2008). *Exploring Corporate Strategy. Text & Cases*, London, Kapitel 3.

Lewis, Keith/Housden, Matthew (1998). *An Introduction to International Marketing: A Guide to Going Global*, London, S. 17 ff.

Tesco Annual Report (2018). *Serving shoppers a little better every day*. Annual Report and Financial Statements.

Transparency International e. V. (2017). *Research – CPI – Overview*.

Grundler, Jonas (2017). *Supermarkt-Ranking: So beliebt sind Aldi, Lidl, Rewe und Co. in Deutschland*. Business Insider Deutschland.

GfK AG (2007). *Lifestyle Research*. Datenbasis: Roper Reports Worldwide in Anlehnung an: Berndt, Ralph/Fantapié Altobelli, Claudia/Sander, Matthias (2010). Internationales Marketing-Management. Vol. 4, Berlin, S. 127 ff..

Aufgabe 59: Situationsanalyse anhand des Scoring-Modells

Wissen, Verstehen, Anwenden
25 Minuten

1. Fragestellung

Fallstudie: BMW ConnectedDrive*

Die Bayerische Motoren Werke Aktiengesellschaft (BMW AG) ist die Muttergesellschaft der BMW Group, des weltweit operierenden deutschen Automobil- und Motorradherstellers mit Hauptsitz in München.

BMW hat ein autonomes (fahrerloses bzw. ganz ohne Fahrer fahrendes) Auto namens BMW ConnectedDrive entwickelt. BMW ConnectedDrive ist auch ein Elektroauto. BMW prüft für sein ConnectedDrive-Auto Markteintritte in verschiedene Märkte mit einem Marktpreis von etwa 150.000 EUR. Man erhofft sich in den nächsten zwei Jahren einen Markteintritt in die Vereinigten Arabischen Emiraten (VAE) oder in Indien.

Führen Sie anhand des Scoring-Modells eine Situationsanalyse für den VAE-Markt sowie den indischen Markt durch. Wählen und begründen Sie für die Analyse vier Bewertungskriterien und deren entsprechende Gewichtungen. Welchen Markt würden Sie auf Basis Ihrer Analyse für BMW ConnectedDrive befürworten und warum? Skizzieren Sie das Scoring-Modell für BMW ConnectedDrive.

Für Ihre Begründungen können Sie in der folgenden Aufgabe Annahmen treffen.

2. Lösung

Im ersten Schritt werden die wichtigsten vier Bewertungskriterien für das Scoring-Modell von BMW ConnectedDrive festgelegt (Tab. 4). Im zweiten Schritt werden die

Tab. 4: Die Skizze des Scorring-Modells für den Vereinigte-Arabische-Emirate-Markt und den indischen Markt

Bewertungs-kriterien	Gewichtung (maximal 100)	Vereinigte Arabische Emirate		Indien	
		Punkte	gewichtete Punkte (maximal 500)	Punkte	gewichtete Punkte (maximal 500)
Infrastruktur	35	5	175	1	35
Kultur	20	4	80	4	80
Wettbewerb	10	3	30	4	40
Kaufkraft	35	4	140	2	70
$\sum$/Score	100		425/500		225/500

Legende (Punkte): 1 = sehr ungeeignet; 2 = ungeeignet; 3 = ausreichend; 4 = vorteilhaft; 5 = sehr vorteilhaft

---

* Aus Lehrzwecken wurde die Fallstudie angepasst bzw. es handelt sich um hypothetische Inhalte.

beiden Länder anhand der vier festgelegten Bewertungskriterien verglichen. Schließlich wird ein Fazit dargestellt.

Für den Vergleich beider Länder werden die folgenden Bewertungskriterien ausgewählt (die folgende Analyse ist häufig auf Annahmen basiert):

1. Die Infrastruktur wird als sehr hoch angesiedeltes Bewertungskriterium gesehen. Eine moderne und gut bestehende Infrastruktur ist für den Verkauf von BMW ConnectedDrive unabdingbar. Da für eine Verwendung des Fahrzeugs eine gute Verkehrsinfrastruktur mit z. B. Elektroladesäulen gegeben sein muss, wird dieses Kriterium als sehr wichtig angesehen und mit 35 Punkten gewichtet.

   Die Regierung der VAE plant, ähnlich wie die Regierung in Deutschland, bis zum Jahr 2020 den CO_2-Ausstoß deutlich zu reduzieren. In diesem Zusammenhang ist es sehr daran interessiert, die Infrastruktur für Elektrofahrzeuge voranzutreiben. Die Einwohner des Wüstenstaats legen auch einen hohen Wert auf die neuesten Technologien und Entwicklungen. Diese Haltung zeigt sich deutlich im Ausbau der Infrastruktur, mit dem Ziel eine optimale Umgebung für die Expo 2020 zu gestalten. Entsprechende Förderungen gibt die Regierung auch aus, um Mitarbeiter vermehrt zu Fachkräften auf entsprechenden Gebieten auszubilden. Der Strom wird zunehmend über Solarenergie generiert. Hierzu sind auch andere Akteure im VAE-Markt beteiligt, um die Infrastruktur für Elektromobilität zu stärken, wie z. B. „Grüne Bank Kredite" und „Grüne Versicherungspläne". Diesbezüglich wird der VAE-Markt in der Infrastruktur mit 5 Punkten, entsprechend 175 aus 175 gewichteten Punkten, bewertet.

   Auch die Regierung in Indien hat ein ähnliches Ziel mit der Reduzierung des CO_2-Ausstoßes bis zum Jahr 2030. Die nationalen und internationalen Autohersteller sind alle zwei Jahre auf der Delhi Auto Expo dabei. Diese sind z. B. Mahindra, Indiens führender Elektroautohersteller, Maruti Suzuki India, Indiens größter Autohersteller, Indiens Tata Motors sowie Renault, Kia und Hyundai als internationale Hersteller. Allerdings werden die Absatzmengen von Elektroautos durch die schlecht ausgebaute Infrastruktur stark gebremst. Eine Herausforderung stellen in Indien die täglichen Stromausfälle dar, da die Elektrizitätswerke den Bedarf längst nicht mehr decken können und das Netz marode ist. Auch die vielen ländlichen Regionen, die nicht richtig erreichbar sind, stellen ein Hindernis dar. Der Großteil der Straßen in Indien ist sehr veraltet und eine Modernisierung kommt sehr langsam voran. Da BMW ConnectedDrive den Markteintritt in den nächsten zwei Jahren geplant hat, wäre die vorhandene Infrastruktur in Indien eine Schwachstelle. Diesbezüglich wird der indische Markt in seiner Infrastruktur nur mit einem Punkt, entsprechend 35 aus 175 gewichteten Punkten, bewertet.

2. Als sehr wichtiges Kriterium ist zunächst die Kaufkraft der Kunden anzuführen. Da die Kaufkraft als Prämisse für den Erfolg einzuordnen ist, wird sie auch mit 35 gewichtet. Die Kaufkraft kann z. B. aus dem durchschnittlichen Einkommen pro Kopf abgeleitet werden.

Die VAE ist ein Land, das von Reichtum und Luxus geprägt ist. Das durchschnittliche monatliche Einkommen pro Kopf lag im Jahr 2017 bei fast 6000 US-Dollar. Es wird allerdings geschätzt, dass etwa 88 % der Bevölkerung in VAE Gastarbeiter sind, die die Löhne teilweise ins Ausland schicken. Die einheimischen Staatsbürger verfügen aufgrund staatlicher Zuwendung über ein überdurchschnittlich hohes Einkommen und eine deutlich höhere Kaufkraft. Diesbezüglich ist die Konsumfreudigkeit vor allem bei den einheimischen Einwohnern sehr groß und die Nachfrage nach Luxusprodukten, wie z. B. dem BMW ConnectedDrive, sehr hoch. Außerdem werden auch die westlichen Gastarbeiter besser als durchschnittlich bezahlt und stellen eine potenzielle Zielgruppe dar. Infolgedessen wird der VAE-Markt im Kriterium Kaufkraft mit 4 Punkten, entsprechend 140 aus 175 gewichteten Punkten, bewertet.

Durch die schiere Bevölkerungsmasse hat Indien das Potenzial, einer der größten Konsumgütermärkte zu werden. Die wachsende Mittelschicht macht den indischen Markt besonders attraktiv, da die Einwohner sehr konsumfreudig sind. Die Kaufkraft pro Kopf ist in den letzten Jahren durch höhere Löhne stark gewachsen und lag im Jahr 2017 leicht über 1000 US-Dollar. Durch moderne und attraktive Shopping Malls ist die Konsumfreude der Bevölkerung sehr hoch. Indien ist auch dadurch bekannt, dass wenn schon jemand reich sein sollte, dann sehr. Die Anzahl an Individuen, die sich ein Auto wie BMW ConnectedDrive leisten könnten, wird auf 400.000 geschätzt. Immerhin, 30 % der Bevölkerung leben unter der Armutsgrenze und der Großteil der privaten Haushalte verfügt über niedrige bis mittlere Einkommen, was für ein Luxusauto wie BMW ConnectedDrive nicht ausreichen würde. Infolgedessen wird der indische Markt im Kriterium Kaufkraft nur mit 2 Punkten, entsprechend 70 aus 175 gewichteten Punkten, bewertet.

3. Das dritte Bewertungskriterium ist die Kultur. Dieses wird auch für den BMW ConnectedDrive als wichtig gesehen und entsprechend mit 20 Punkte gewichtet. Unter der Kultur werden auch die Traditionen und der Lifestyle erfasst.

    Viel Luxus und Statussymbole sind für die Einheimischen der VAE sehr wichtig. Beim BMW ConnectedDrive handelt es sich um ein innovatives und luxuriöses Produkt, was das Statussymbol besonders betonen kann. Zudem sind die VAE ein stark maskulin ausgeprägtes Land (Hofstede, 1980). Schnelle und sportliche Autos mit einem einzigartigen Design wie der BMW ConnectedDrive sind beliebt. In der Altersklasse von 18 bis 30 Jahre sind sogar Straßenrennen ein beliebtes Hobby. In den Fahrzeugklassenkategorien präferieren die Einheimischen sportliche Kleinwagen und Limousinen, die natürlich einer bekannten Marke zugeordnet sein müssen und in guter Qualität und in einem hohen Preissegment vorliegen sollten. Ebenfalls legen die Einwohner der VAE einen hohen Wert auf technische Fortschritte und Entwicklungen der Fahrzeuge. Allerdings werden noch herkömmliche bzw. benzinbetriebene Autos bevorzugt, da z. B. die Benzinpreise sehr niedrig sind. Aus diesen Gründen punktet dieser Markt unter dem Kriterium Kultur mit 4 Punkten und 80 aus 100 gewichteten Punkten.

Indien zeigt durch mehrere Religionen und Sprachen eine kulturelle Mischung. Die wachsende junge Bevölkerung ist modern und noch immer maskulin ausgeprägt. Die junge Gesellschaft möchte ein höheres Statussymbol zeigen und etwas wohlhabender aussehen, als sie tatsächlich ist. Im Gegensatz zu den Einheimischen aus den VAE können die meisten Inder sich keine Luxusautos leisten. Indien ist von Region zu Region sehr unterschiedlich und dennoch gibt es eine sichtbare Präferenz für kleinere Fahrzeuge oder Motorroller. Nur die Milliardäre Indiens können mehrere Luxusautos mit sogar privaten Fahrern besitzen. Diese Schicht der Gesellschaft hält sich meist unter sich auf und mischt sich nicht mit armen Menschen oder Menschen aus der Mittelschicht. Trotzdem sind sie untereinander bescheiden, da diese Eigenschaft in der indischen Tradition und Kultur verankert ist. Zudem präferieren sie bekannte Luxusautomarken aus Europa. Aus diesen Gründen punktet auch der indische Markt unter dem Kriterium Kultur mit 4 Punkten und 80 aus 100 gewichteten Punkten.

4. Das vierte Kriterium ist der Wettbewerb und wird mit 10 Punkten gewichtet. BMW ConnectedDrive ist durch das autonome Fahren und als Elektroauto ein Sondermodell und könnte im Nischenmarkt als Pionier bezeichnet werden. Dennoch sind die herkömmlichen Fahrzeuge als Konkurrenten zu sehen. Der Wettbewerb soll deshalb im Betracht gezogen werden, um überhaupt Chancen eines Markteintritts aufweisen zu können.

Der Wettbewerb in VAE könnte die Schwachstelle für einen Markteintritt von BMW ConnectedDrive bedeuten, da dieses Land alle Luxusautos der Welt hat. Es gibt viele verschiedene Automobilanbieter und viele Kunden entscheiden sich häufig für ein Auto, was sie bereits kennen. Bei den Luxusfahrzeugen steht bei der Kaufentscheidung des Kunden nicht der Preis des Produkts an erster Stelle. Diesbezüglich werden sportliche Autos wie Ferrari, Maserati und ähnliche Fahrzeuge mit Verbrennungsmotor als Konkurrenten gesehen. Als Chancen bieten sich für den BMW ConnectedDrive die immer knapper werdenden Ölressourcen, die das Land zu einem Umdenken und langfristig zu alternativen Energien zwingen. Da BMW ConnectedDrive ein Sondermodell ist, wäre Tesla als Elektroauto ein direkter Konkurrent. Wenn die Kunden jedoch Innovationen präferieren und sich als Vorreiter zeigen möchten, werden sie ein BMW Modell wählen. In diesem Zusammenhang wird das Kriterium Wettbewerb mit knappen 3 Punkten und 30 aus 50 gewichteten Punkten bewertet.

Beim Kriterium Wettbewerb steht Indien etwas besser als die VAE dar, da in Indien die Hersteller, wie z. B. Tata, sich eher auf die Kleinwagenklasse fokussieren. Auch in Indien steht bei der Kaufentscheidung des kauffähigen Kunden der Preis bei den Luxusfahrzeugen nicht an erster Stelle. Allerdings, auch bei diesen Käufern gibt es viele andere Substitutionsfahrzeuge, die sie sich aussuchen können. Aufgrunddessen wird das Kriterium Wettbewerb in Indien als vorteilhaft gesehen und mit 4 Punkten und 40 aus 50 gewichteten Punkten bewertet.

Fazit: Für einen Markteintritt vom BMW ConnectedDrive schneiden die VAE mit 425 Punkten von möglichen 500 gewichteten Punkten besser als Indien mit 225 Punkten ab. Die VAE lösen sich vom Ölgeschäft und fördern verstärkt den Aufbau der Infrastruktur und den Ausbau erneuerbarer Energien. Die Förderungen der Regierung und die Beteiligung anderer Akteure garantieren, dass die Infrastruktur für Elektromobilität gestärkt wird. Die Kaufkraft, technische Neugier und der Luxuslifestyle der Einheimischen bieten viel Potenzial für BMW ConnectedDrive in den VAE.

3. Hinweise zur Lösung

Das Scoring-Modell ist ein Verfahren für die Länderselektion. Laut Schuh & Trefzger (1991, S. 111) hat das Scoring-Modell

> die Aufgabe, den Entscheidungsprozess bei der Ländermarktwahl zu strukturieren und zu systematisieren; in diesem Sinne handelt es sich um normiertes Entscheidungsverfahren, welches die Auswahl der zu bearbeitenden Auslandsmärkte einem logisch-rationalen Entscheidungskalkül unterzieht.

Es werden bestimmte Bewertungskriterien ermittelt und gemäß der relativen Bedeutung für das Unternehmen auf einer einheitlichen Skala durch Vergabe eines Punktwerts pro Land und Bewertungskriterium anschließend gewichtet. Die Gesamtgewichtung aller Kriterien muss sich zu 100 % aufsummieren. Die Gesamtbewertung (Score) eines Landes erfolgt mithilfe der gewichteten Gesamtpunktzahl mit folgender Formel:

$$Score_1 = \sum_{i=1}^{n} g_i \cdot w_{il}$$

mit

1   Länderindex bzw. die gewichtete Gesamtpunktzahl für das Land A ($1 =$ Land A: $\ldots, n$),

i Bewertungskriterium ($i = 1, \ldots, n$),

g_i Gewicht des Bewertungskriteriums i,

w_{il} Punktwert für das Bewertungskriterium i für das Land 1.

Die Analyse mithile eines Scoring-Modells hat folgende Vorteile:
1. Das Verfahren ist einfach auszuführen.
2. Die Bewertungskriterien sind anpassbar.
3. Die Punkte sind anpassbar (z. B. auf einer Skala von 1 bis 5 oder von 1 bis 10).
4. Das Verfahren ist strukturiert und überschaubar.
5. Das Verfahren erlaubt einen direkten Ländervergleich.

Anderseits gibt es folgende Nachteile bei der Analyse mit einem Scoring-Modell:
1. Die Bewertungskriterien können subjektiv festgelegt werden. Diesbezüglich sollten die Bewertungskriterien in einer größeren Arbeitsgruppe besprochen und fest-

gelegt werden. Die Arbeit in einer größeren Arbeitsgruppe kann das Verfahren komplexer und länger machen.

2. Es besteht die Gefahr, dass die Gewichtungen subjektiv ausfallen. Diesbezüglich sollten die Informationen mit Primär- bzw. vertrauenswürdigen Sekundärquellen belegt werden. Es besteht immer noch die Gefahr, dass die Informationsbeschaffung problematisch sein kann.

3. Es besteht die Gefahr, dass die ausgewählten Bewertungskriterien sich inhaltlich überschneiden.

4. Literaturempfehlung

Hofstede, Geert (1980). Culture and Organizations; *International Studies of Management & Organization*, Vol. 10, No. 4, S. 15–41.

Berndt, Ralph/Fantapié Altobelli, Claudia/Sander, Matthias (2010). *Internationales Marketing-Management*. Vol. 4, Berlin.

Schuh, Arnold/Trefzger, Detlef (1991). Internationale Marktwahl – Ein Vergleich von Länderselektionsmodellen in Wissenschaft und Praxis; *Journal für Betriebswirtschaft*, Vol. 41, No. 2/3, S. 111–129.

Johnson, Gerry/Scholes, Kevan/Whittington, Richard (2008). *Exploring Corporate Strategy: Text & Cases*, London, Kapitel 3.

Lewis, Keith/Housden, Matthew (1998). *An Introduction to International Marketing: A Guide to Going Global*, London, S. 17 ff.

AHK: Vereinigte Arabische Emirate und Katar (2017). *Mode, Schuhe, Koffer, Lederwaren: Zielmarktanalyse im Rahmen der Geschäftsanbahnungsreise für deutsche Hersteller im Bereich Mode, Schuhe, Koffer, Lederwaren in die Vereinigten Arabischen Emirate und nach Katar vom 13. bis 18.Mai 2017*, Bundesministerium für Wirtschaft und Energie (BMWi) Öffentlichkeitsarbeit, Berlin. www.ahk.de/fileadmin/AHK_Vae/03_Dienstleistungen/Marktberatung/Studien/ZMA_VAE_Katar_Mode_2017.pdf (letzter Zugriff am 25.01.2018).

GTAI (2017). *Kaufkraft und Konsumverhalten*, Indien. www.gtai.de/GTAI/Navigation/DE/Trade/Maerkte/Geschaeftspraxis/kaufkraft-und-konsumverhalten,t=kaufkraft-und-konsumverhalten--indien,did=1739304.html (letzter Zugriff am 25.01.2018).

Aufgabe 60: Internationale Markteintrittsformen

Wissen, Verstehen Anwenden
10 Minuten

---

1. Fragestellung

Im Rahmen einer Situationsanalyse haben Sie sich für den Markteintritt in die Vereinigten Arabischen Emirate (VAE) entschieden (siehe die vorherige Aufgabe und die Fallstudie BMW ConnectedDrive). Nun sollten Sie sich für eine Markteintrittsform entscheiden. Welche Markteintrittsform würden Sie BMW ConnectedDrive empfehlen und warum? Erläutern Sie jeweils zwei Vorteile und zwei Nachteile der von Ihnen gewählten Markteintrittsform.

2. Lösung

Eine hierarchische Markteintrittsform mit einer Tochtergesellschaft mit eigener Niederlassung in den VAE wird für den BMW ConnectedDrive bezweckt. Das Unternehmen ist ein Großkonzern und sollte möglichst viel Kontrolle behalten. Zum Beispiel: Da das Sondermodell BMW ConnectedDrive nicht nur ein Elektroauto, sondern auch ein autonomes Auto ist, sollten das Know-how und die Kenntnisse beschützt werden. Außerdem sollte das Unternehmen in den VAE den Absatz und die damit einhergehenden Tätigkeiten sowie die Kundennähe unter Kontrolle behalten. Das deutsche Image der BMW Marke verspricht Qualität genauso wie „Made in Germany". Der BMW ConnectedDrive ist ein erklärungsbedürftiges Auto. Deshalb ist eine detaillierte Beratung der Kunden durch speziell ausgebildete Mitarbeiter sehr wichtig. Es ist empfehlenswert, dass die Mitarbeiter nicht nur aus Deutschland, sondern auch aus den VAE kommen und eine langfristige Produktausbildung in Deutschland erhalten. Außerdem sollten die deutschen Mitarbeiter eine Schulung in den VAE absolvieren, um die lokalen soziokulturellen Aspekte besser kennenzulernen und zu verstehen. Bei solch einem Auto ist eine Top-Beratung zwingend. Durch die einheimischen und in Deutschland ausgebildeten Mitarbeiter werden die sprachlichen und soziokulturellen Barrieren überwunden. Bei dem Auto sollte immer der beste Service sowie After-Sales-Service angeboten werden. Außerdem wäre eine zukunftsorientierte Expansion in anderen Golfstaaten leichter mit einer Tochtergesellschaft in den VAE.

Die beiden Vorteile:
1. Das Unternehmen verfügt über eine eigenständige Präsenz im Ausland. Somit erhält das Unternehmen viel Kontrolle über den Vertrieb, das Marketing, die verschiedenen Aktivitäten sowie das Know-how und tritt einheitlich auf. Somit wird beispielsweise das Image geschützt.
2. Durch die eigenen Mitarbeiter kann das Unternehmen eine direkte Kundenbindung, Kontakte und Netzwerke aufbauen. Mit der Kundennähe kann das Unternehmen schneller auf Kundenbelange reagieren.

Die beiden Nachteile:
1. Die Einrichtung einer eigenen ausländischen Tochtergesellschaft birgt aufgrund hoher Investitionen ein großes Risiko. Auch nach der Gründung eines eigenen Tochterunternehmens bestehen hohe Fixkosten im Vergleich zu anderen Markteintrittsformen, z. B. Export.
2. Außerdem wäre der BMW mit einer Tochtergesellschaft in den VAE nicht so flexibel wie mit anderen Markteintrittsformen. Im Fall von Misserfolgen kann BMW sich deswegen nicht so schnell und günstig aus den VAE zurückziehen.

Da die Kosten jedoch als Großkonzern getragen werden können und eigene Ressourcen internalisiert werden können, sollten die Nachteile durch die Vorteile für den BMW ConnectedDrive mit einer Tochtergesellschaft in den VAE überdeckt werden.

3. Hinweise zur Lösung

Nachdem ein Unternehmen sich entschieden hat, auf einem Auslandsmarkt aktiv zu werden, sollte es eine internationale Markteintrittsform auswählen. In der Regel unterscheidet man zwischen Export, hybride und hierarchische Formen des internationalen Markteintritts. Im Folgenden werden die einzelnen internationalen Markteintrittsformen kurz erläutert. Die Abb. 6 zeigt die internationalen Markteintrittsformen anhand des Ausmaßes an Investitionen und Risiko (*y*-Achse) und des Ausmaßes an Eigentum und Kontrolle (*x*-Achse). Je höher das Risiko und die Kontrolle ist, desto höher ist der Grad der Internalisierung.

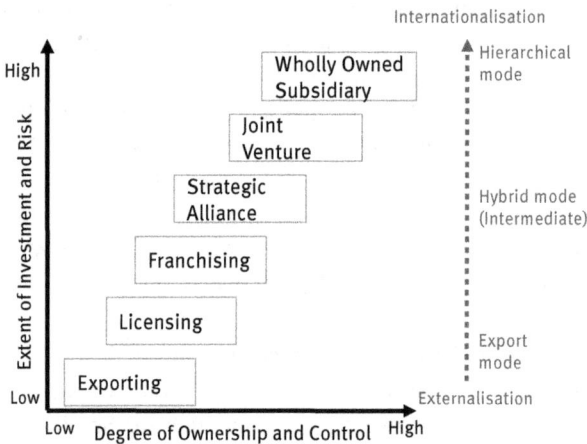

Abb. 6: Internationale Markteintrittsformen (nach Dess et al., 2013, S. 138 f.)

Export als Form des internationalen Markteintritts unterscheidet sich in direkten und indirekten Export. Der Unterschied zwischen direktem und indirektem Export liegt darin, ob die Einschaltung eines Zwischenhändlers im Inland erfolgt oder nicht. Wenn im Inland kein Zwischenhändler eingeschaltet ist und das Unternehmen direkt ins Ausland verkauft, handelt es sich um einen direkten Export. Wenn ein Zwischenhändler im Inland eingeschaltet wird und das Unternehmen nicht direkt ins Ausland verkauft, handelt es sich um einem indirekten Export (vgl. Zentes et al., 2013, S. 231 ff.). In der Regel ist der Export die einfachste Möglichkeit, mit wenig Risiko und Investitionen Beziehungen zu einem Auslandsmarkt anzuknüpfen. Diese internationale Markteintrittsform ist mit wenig Veränderungen der Produkte und der Unternehmensorganisation verbunden und erzielt einen sofortigen Umsatz.

Hybride Formen des internationalen Markteintritts lassen sich in
- Lizenzvergabe,
- Franchising,
- strategische Allianzen und
- Joint Ventures unterteilen.

Im Rahmen einer Lizenzvergabe bekommt der Vertragspartner das Recht, eine Erfindung, Patente oder ein spezielles Know-how des Lizenzgebers zu nutzen. Zentes et al. (2013, S. 242) definieren eine Lizenz als

> [...] das Nutzungsrecht an einer rechtlich geschützten oder ungeschützten Erfindung bzw. Technologie, das einem Unternehmen vertraglich gegen Entgelt oder andere Kompensationsleistungen gewährt wird. Lizenzverhältnisse stellen dabei meist enge, längerfristige Kooperationen dar und unterscheiden sich gerade dadurch vom reinen Technologieverkauf.

Die Vorteile einer Lizenzvergabe sind beispielsweise die Einsparungen von Ressourcen durch einen begrenzten personellen und finanziellen Aufwand. Die dadurch entstehende Möglichkeit lässt sich eventuell nur auf die Forschung und Entwicklung konzentrieren. Das Ausmaß an Risiko ist ebenfalls gering. Zu den Nachteilen einer Lizenzvergabe zählen beispielsweise die mangelhafte Kontrolle des Lizenznehmers, Imagebeschädigung sowie die Gefahr, dass der Lizenznehmer zum Konkurrenten wechselt und die damit verbundene Wissensverluste (vgl. Hollensen, 2011, S. 358 ff.).

Eine ähnliche Form zur Lizenzvergabe ist das Franchising:

> Franchising ist ein vertikal-kooperativ organisiertes Absatzsystem rechtlich selbstständiger Unternehmen auf der Basis eines verträglichen Dauerschuldverhältnisses. Dieses System tritt am Markt einheitlich auf [...]. (Skaupy, 1995, S. 6)

Beim Franchising sind ein international einheitliches Auftreten mit Corporate Identity und Corporate Design und ein gemeinsames Unternehmenskonzept vorgesehen. Die Vorteile dieser internationalen Markteintrittsform sind beispielsweise eine rasche Expansion über größere Gebiete und Länder mit niedrigen Fixkosten. Außerdem nutzt man beim Franchising die Kompetenzen und Marktkenntnisse des Partners. Nachteile sind beispielsweise die geringe Kontrolle über die Aktivitäten des Franchise-Nehmers und das damit verbundene Risiko, dass das Unternehmensimage und die Marke beschädigt werden. Außerdem besteht die Gefahr des Know-how-Abflusses.

Joint Ventures sind von zwei oder mehreren rechtlich und wirtschaftlich selbstständigen Unternehmen gegründet, geführt und zusammen kontrolliert, haben jedoch einen autonomen Status. Auf Basis eines Vertrags setzen die beteiligten Unternehmen ihre Ressourcen, Know-how, Kapital und Erfahrungen ein. Im Rahmen eines internationalen Joint Venture ist wichtig, dass ein oder mehrere Unternehmen einen Sitz im Ausland haben (vgl. Berndt et al., 2010, S. 152 f.; Hellwig, 1989, S. 1064 ff.). Vertraglich wird auch festgelegt, wie das Risiko sowie die Entscheidungsbefugnisse auf die anderen Unternehmen und wie der Gewinn verteilt werden. Die Vorteile des Joint Venture sind beispielsweise der Informationsgewinn bezüglich des Auslandsmarkts, der Kontakte zu Behörden, des Kunden- und Partnernetzwerks. Außerdem sinkt das Risiko durch die finanzielle Beteiligung des ausländischen Unternehmens. Zudem ist die Flexibilität des Marktaustritts oder des selbstständigen Markteintritts im Rahmen eines internationalen Joint Ventures ziemlich hoch. Die Nachteile sind beispielsweise die Gewinnteilung und aufgrund unterschiedlicher Organisationsstrukturen, Prozesse und Zielerreichungsvorstellungen besteht ein hohes Konfliktpotenzial zwischen den Partnerunternehmen.

Die strategische Allianz ist sehr ähnlich zu der eben erläuterten Joint-Ventures-Form. Der Unterschied ist, dass ein Joint Venture eine eigenständige rechtliche Einheit ist und eine strategische Allianz eine strategische Partnerschaft als Kooperation verschiedener Geschäftsaktivitäten zu verstehen ist. Im Rahmen einer strategischen Allianz profitiert jedes Partnerunternehmen von den Stärken des anderen und erlangt Wettbewerbsvorteile (vgl. Hollensen, 2011, S. 366). Auch hier besteht ein hohes Konfliktpotenzial zwischen den Partnerunternehmen.

Hierarchische Formen des internationalen Markteintritts „beinhalten uneingeschränktes Eigentum des inländischen Produzenten an dem ausländischen Betrieb" (Berndt et al., 2010, S. 153). Die hierarchische Markteintrittsform gilt in der Regel als sehr unflexibel, behält allerdings die vollständige Kontrolle über Auslandsaktivitäten und Entscheidungen. Die hierarchische Markteintrittsform ist auch die investitions und risikoreichste Markteintrittsform. Die hierarchische Markteintrittsform kann man in zwei weitere Formen einteilen: Akquisition (engl. Mergers & Acquisition) und Tochtergesellschaft (engl. Greenfield Investment).

Eine internationale Akquisition entsteht durch die Übernahme bestehender ausländischer Unternehmen aus der gleichen Branche (horizontale Übernahme). Die Vorteile der Akquisition sind beispielsweise schneller Markteintritt und Marktdurchdringung durch die bereits bestehenden Kontakte, technisches Know-how, qualifizierte Mitarbeiter und ein allgemein etabliertes Unternehmen im Auslandsmarkt. Durch internationale Akquisition existierender Unternehmen können auch zahlreiche Nachteile auftreten. Eine andere Unternehmenskultur kann ein Hindernis sein. Insbesondere die Mitarbeiter, die langfristig bei dem übernommenen Unternehmen gearbeitet haben, können meist die Gewohnheiten und die alte Unternehmenskultur nicht ändern. Sie hindern damit die Maßnahmen einer Umstrukturierung. Eine Akquise ist auch sehr kostenintensiv.

Die Tochtergesellschaft ist die internationale Markteintrittsform mit höchstem Risiko, da es sich um eine Neugründung eines Tochterunternehmens im Ausland handelt.

Unter Tochtergesellschaften werden rechtlich verselbstständigte Engagements von Unternehmen im Ausland verstanden; hinsichtlich des Eigentums wird der Begriff auf vollbeherrschte ausländische Einheit, d. h. 100 % des Kapitals [...] eingeengt. (Zentes et al., 2013, S. 261)

Die Vorteile dieser Markteintrittsform sind beispielsweise in einer unmittelbaren und eigenständigen Präsenz zu sehen, die vor allem das Image sichert und Kundennähe schafft. Die Tochtergesellschaften haben die volle Kontrolle über die Unternehmensaktivitäten und -entscheidungen und eine Unabhängigkeit in der Marktbearbeitung. Außerdem werden somit das technische Know-how und die Kompetenzen beschützt. Die Nachteile sind hingegen die hohen Investitionskosten und die Anpassung des Unternehmens an die Auslandskultur. Außerdem trägt das Unternehmen im Ausland allein alle Risiken.

Je höher die Produktkomplexität ist, wie z. B. das BMW-Sondermodell ConnectedDrive, desto höher sollte der Grad der Internationalisierung bzw. der eigenen Kontrolle sein (vgl. Hollensen, 2011, S. 317 ff.). Diesbezüglich wäre eher eine hierarchische internationale Markteintrittsform für den BMW ConnectedDrive in die VAE zu empfehlen.

4. Literaturempfehlung

Berndt, Ralph/Fantapié Altobelli, Claudia/Sander, Matthias (2010). *Internationales Marketing-Management.* Vol. 4, Berlin, S. 150 ff.

Hollensen, Svend (2011). *Global Marketing – A Decision-Oriented Approach*, Harlow, S. 317 ff.

Johanson, Jan/Finn, Wiedersheim-Paul (1975). The internationalization of the firm – four swedish cases; *Journal of Management Studies*, Vol. 12., No. 3, S. 305–323.

Dess, Gregory/Lumpkin, Tom G. T./Eisner, Alan/McNamara, Gerry (2013). *Strategic Management: Text and Cases*, New York, S. 816.

Kutschker, Michael/Schmid, Stefan (2008). *Internationales Management*, München.

Zentes, Joachim/Swoboda, Bernhard/Schramm-Klein, Hanna (2013). *Internationales Marketing*, München, S. 230 ff.

Skaupy, Walther (1995). *Franchising: Handbuch für die Betriebs- und Rechtspraxis*, Vahlen.

Hellwig, Hans-Jürgen (1989). *Joint Venture Verträge, internationale. Handwörterbuch Export und internationale Unternehmung*, Stuttgart, S. 1063–1072.

Aufgabe 61: Internationale Marktsegmentierung

Wissen, Verstehen, Anwenden
15 Minuten

1. Fragestellung

Wie sollte BMW ConnectedDrive den Markt in den Vereinigten Arabischen Emiraten (VAE) segmentieren (siehe die vorherigen Aufgaben und die Fallstudie BMW ConnectedDrive)? Begründen Sie Ihre Wahl mittels mindestens vier internationaler Segmentierungskriterien.

2. Lösung

Im Folgenden sind die internationalen Segmentierungskriterien vorgeschlagen, die BMW in den VAE mit dem Modell ConnectedDrive wählen sollte. Internationale Segmentierung in der Automobilbranche benötigt zuerst objektive bzw. demografische und soziografische Segmentierungskriterien, wie z. B. das Alter, das Geschlecht und das Einkommen. Rund 85 % der erwerbsfähigen Bevölkerung der VAE sind im Alter von 15 bis 64 Jahre. Der Medianwert des Alters liegt bei 30 Jahren, was für den BMW ConnectedDrive eine positive Rolle spielt, da ab 30 Jahren sich die meisten Menschen beruflich und privat etabliert haben. Die Konsumenten aus den VAE sind jung und wohlhabend. Da davon ausgegangen wird, dass die Einheimischen finanzielle Sicherheit ab der Geburt von der Regierung bekommen, sollte BMW mit dem Modell ConnectedDrive junge Leute zwischen 25 und 45 Jahre segmentieren. Zudem dominiert das männliche Geschlecht die gesamte Bevölkerung mit rund 68 %. Zwar dürfen Frauen in den VAE Autos fahren; es wird allerdings bevorzugt, dass die Damen eigene Fahrerinnen oder eher mit den Lady-Fahrer-Taxis fahren. Da das BMW-Modell den USP auf das autonome und ökologische Fahren, aber auch auf die Sportlichkeit legt, wird das männliche Geschlecht eher angesprochen. Die einheimischen Staatsbürger verfügen aufgrund staatlicher Zuwendung sowie die westlichen Gastarbeiter aufgrund ihres überdurchschnittlichen hohen Einkommens über eine deutlich höhere Kaufkraft als der Rest der Bevölkerung. BMW ConnectedDrive ist mit dem Anfangspreis von 150.000 EUR ein Modell, das in die Luxusautopreisklasse gehört und nur das Segment mit hohen Einkommen interessiert. Aufgrund der Besonderheit des Modells sind verschiedene Finanzierungsmöglichkeiten von den Banken erhältlich. Diesbezüglich sollte das deutsche Unternehmen die potenziellen Kunden in den VAE mit einem Haushaltseinkommen ab 60.000 US-Dollar im Jahr ins Visier nehmen. Allerdings sollte das Kriterium bei starken Wechselkursschwankungen eventuell neu definiert werden.

Im Rahmen einer internationalen Segmentierung sollte das Unternehmen die Kriterien von Lifestyletypologien (vgl. Kramer, 1991, S. 41 ff.) wählen. Zum einem spricht der BMW ConnectedDrive besonders die Kunden an, die einen hohen Wert auf sportliche Fahrzeuge mit hochwertigem Design und gehobenem Lifestyle legen. Zudem hat das Bewusstsein bezüglich der Umwelt sowie der knapp werdenden Ölressourcen und der CO_2-Belastung im Rahmen der Lifestylesegmentierung eine besondere Bedeutung. Nach GfK-Ropper-Consumer-Styles-Beschreibung wären die Abenteurer („adventurers"), die Kritischen („organics") und die Realisten („rational realists") als potenzielle Kunden zu segmentieren (vgl. GfK Lifestyle Research Worldwide, 2007; in Anlehnung nach Berndt et al., 2010, S. 127 ff.). Die Abenteurer sind junge, dynamische, erfolgsorientierte Leute mit finanzieller Unabhängigkeit. Sie schätzen Freiheit und Innovationen und sind Vorreiter bei Trendangeboten. Die Kritischen sind die umwelt- und gesellschaftsbewussten Familien, die etwas luxuriösen und hochqualitativen Konsumstil genießen. Letztendlich sind die Realisten kritische Intellektuelle, die viel Wert auf Marken und eine lebenswerte Zukunft legen (GfK Ropper Consumer Styles in Anlehnung an Berndt et al., 2010, S. 127 ff.). Diese Konsumentengruppen würden eher aufgrund der Innovations- bzw. Technologieneugier sowie Umweltbewusstsein bereit sein, einen BMW ConnectedDrive zu erwerben, als Personen aus traditionellen und konservativen sozialen Schichten. Das Segmentierungsprofil lässt sich abschließend wie folgt zusammenfassen:

- Alter: 25–45 Jahre
- Geschlecht: männlich
- Einkommen: ab 60.000 US-Dollar im Jahr
- Lifestyletypologien: Luxusorientierte, Abenteurer, Kritische und Realisten.

3. Hinweise zur Lösung

Aufgabe einer internationalen Marktsegmentierung ist, für die anvisierten Ländermärkte homogene Clusters (Segmente) zu bilden; d. h. internationale Segmentierung setzt sich zusammen aus Konsumenten mit ähnlichen Bedürfnissen und ähnlichem Kaufverhalten, selbst wenn sie aus verschiedenen Regionen stammen. Die Zielgruppen mit ähnlichen Charakteristika werden identifiziert und entsprechend ausgewählt.

Die grundsätzliche Aufgabe der internationalen Marktsegmentierung unterscheidet sich von der nationalen Vorgehensweise nicht. Allerdings sind die Anforderungen an die Segmentierungskriterien (Kaufverhaltensrelevanz, Messbarkeit, Erreichbarkeit, Handlungsfähigkeit, Wirtschaftlichkeit und die zeitliche Stabilität) im Vergleich zu der rein nationalen Vorgehensweise komplexer zu erfüllen bzw. steigt die Komplexität des Untersuchungsdesigns (vgl. Stegmüller, 1995, S. 378 ff.). Darüber hinaus besteht das Problem der Vergleichbarkeit der einzelnen Segmentierungskriterien in den einzelnen Ländern. Die Vergleichbarkeit der Kriterien ist ein zentraler Bestandteil der länderübergreifenden strategischen Marketingplanung und dient der Entwicklung erfolgreicher Marketingstrategien (vgl. Stegmüller, 1995, S. 377 ff.). Im Rahmen einer internationalen Segmentierung kommt es häufig vor, dass verschiedene Methoden angewendet werden, um ein vergleichbares Ergebnis zu erzielen. Diese Vorgehensweise ist allerdings mit Äquivalenzproblemen verbunden (vgl. Craig & Douglas, 2005, S. 179 ff.).

In Tab. 5 sind Beispiele für Segmentierungskriterien abgebildet, die man im Rahmen einer internationalen Segmentierung wählen könnte.

Die soziodemografischen Merkmale und Mediennutzungsmerkmale erfüllen alle Anforderungen an die Segmentierungskriterien außer der Kaufverhaltensrelevanz. Die Kaufverhaltensrelevanz ist wiederum mit psychografischen Merkmalen zu erfüllen. Diesbezüglich ist eine Kombination dieser Merkmale empfehlenswert (vgl. Hollensen, 2011, S. 264 f.).

Tab. 5: Internationale Segmentierungskriterien (nach Berndt et al., 2010, S. 123 ff.; Kramer, 1991, S. 41; Kotler et al., 2007, S. 368 ff.)

Segmentierungsmerkmale	Segmentierungskriterien
Soziodemografische Merkmale	
Demografische Merkmale	Alter; Geschlecht; Familienstand; Phase im Familienlebenszyklus, Haushaltsgröße
Soziografische Merkmale	Einkommen; Beruf; Bildung; soziale Schicht; Haushaltseinkommen; Industrie
Geografische Merkmale	Kontinent; Land; Stadt; Wohnort; Kaufkraftbezirk; Kaufzone
Psychografische Merkmale	
Allgemeine Persönlichkeitsmerkmale	Interessen; Meinungen; Einstellungen; Aktivitäten; Lifestyle; Kultur; Religion; soziale Orientierung; Intelligenz; Selbstständigkeit; Innovationsorientierung; Hobbies
Produktbezogene Merkmale	Interessen; Wahrnehmungen; Motive; Einstellungen gegenüber Produkt; Präferenzen; Bekanntheit; Wissen; Meinungen; Markentreue; Kaufabsicht; Weiterempfehlungen
Medianutzungsmerkmale	Fernseh-, Internet-, und Handygewohnheiten; bevorzugte Offline- und Online-Medien; Häufigkeit der Nutzung; Interesse an Werbungen

4. Literaturempfehlung

Hollensen, Svend (2011). *Global Marketing – A Decision-Oriented Approach*, Harlow, S. 260 ff.

Craig, C. Samuel/Douglas, Susan P. (2005). *International marketing research*, Chichester.

Berndt, Ralph/Fantapié Altobelli, Claudia/Sander, Matthias (2010). *Internationales Marketing-Management*. Vol. 4, Berlin, S. 150 ff.

Stegmüller, Bruno (1995). *Internationale Marktsegmentierung als Grundlage für internationale Marketing-Konzeptionen*, Gladbach.

Kramer, Sabine (1991). *Europäische Life-Style-Analysen zur Verhaltensprognose von Konsumenten*, Hamburg.

Kotler, Philip/Keller, Kevin Lane/Bliemel, Friedhelm (2007). *Marketing-Management: Strategien für wertschaffendes Handeln*, München.

GfK AG (2007). *Lifestyle Research*. Datenbasis: Roper Reports Worldwide in Anlehnung an: Berndt, Ralph/Fantapié Altobelli, Claudia/Sander, Matthias (2010). Internationales Marketing-Management. Vol. 4, Berlin, S. 127 ff.

Aufgabe 62: Internationale Produktpositionierung anhand des Perceptual Mapping

Wissen, Verstehen, Anwenden
10 Minuten

1. Fragestellung

Erstellen Sie ein Perceptual Mapping für BMW ConnectedDrive (siehe die vorherigen Aufgaben und die Fallstudie BMW ConnectedDrive) mit mindestens vier Konkurrenten für den von Ihnen definierten relevanten Markt. Erläutern und begründen Sie kurz Ihre Antwort.

2. Lösung

In Abb. 7 wird die abstrakte Skizze eines Perceptual Mapping für BMW ConnectedDrive in den Vereinigten Arabischen Emiraten (VAE) vorgeschlagen.

Die folgende Begründung ist auf Annahmen gestützt. Für die Erstellung des Perceptual Mapping für das BMW Modell ConnectedDrive in den VAE sind folgende zwei Dimensionen der Produktmerkmale als sehr relevant und wichtig festgelegt:
–   *y*-Achse: Umweltfreundlichkeit (von niedrig bis hoch)
–   *x*-Achse: Preis (von billig bis teuer)

Bei der Erstellung des Perceptual Mapping mit Konkurrenten wird darauf geachtet, dass die Konkurrenten der benzinbetriebenen Fahrzeuge und Elektrofahrzeuge in

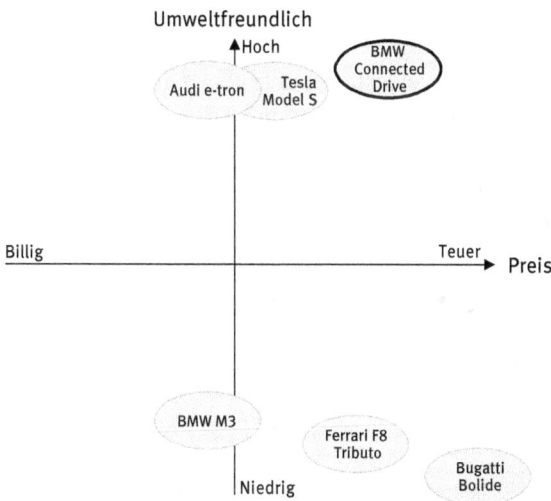

Abb. 7: Skizze eines Perceptual Mapping für BMW ConnectedDrive in den Vereinigten Arabischen Emiraten

Betracht gezogen werden. Der Grund ist, dass Fahrzeuge mit einem herkömmlichen Verbrennungsmotor durch Substitution eine Gefahr darstellen. Insbesondere sind die sportlichen Luxusautos, wie z. B. Ferrari, Bugatti und Maybach, durch die billigen Benzinpreise in den VAE sehr beliebt und somit eine potenzielle Gefahr für das BMW-ConnectedDrive-Modell. Außerdem stellen sportliche Elektrofahrzeuge, wie z. B. Tesla Model S oder Audi e-tron, durch die hohe Umweltfreundlichkeit und Bekanntheit der Marke eine Gefahr für den BMW ConnectedDrive dar. Die kleinen bzw. bezahlbaren Elektrofahrzeuge, wie z. B. von Toyota, Nissan Leaf oder Peugeot, wurden bei der Erstellung dieses Perceptual Mapping nicht berücksichtigt, da diese Fahrzeugkategorie für die potenziellen BMW-ConnectedDrive-Käufern nicht interessant ist.

3. Hinweise zur Lösung

Der internationale Markterfolg ist stark von der internationalen Produktpositionierung abhängig. Die internationale Produktpositionierung kann man als eine aktive Gestaltung der relativen und durch die Konsumenten wahrgenommenen Imageposition des Produkts im Umfeld konkurrierender Angebote verstehen (vgl., Berndt et al. 2010, S. 242 ff.; Sauter 2001, S. 141 ff.). Im internationalen Kontext ist es wichtig, zu entscheiden, ob eine weltweit einheitliche bzw. standardisierte Produktpositionierung oder eine länderspezifische bzw. differenzierte Produktpositionierung anzustreben ist.

Eine häufig verwendete Methode der Informationsbeschaffung für die internationale Produktpositionierung ist die Anwendung des Perceptual Mapping (vgl. Ganesh & Oakenfull, 1999). Das Perceptual Mapping basiert auf der Datensammlung subjektiver Wahrnehmungen eines Produkts durch die Konsumenten. Insbesondere wird eine Vielzahl verschiedener Produktmerkmale abgefragt und mithilfe beispielsweise der Faktorenanalyse (vgl. McDaniel & Gates, 2013, S. 560 ff.) auf die wichtigsten Produktmerkmale reduziert und in wenigen Dimensionen abgebildet. Im Rahmen der Datensammlung werden in der Regel die Produktmerkmale für das eigene sowie das konkurrierende Produkt abgefragt. Dies ermöglicht die Erstellung des Perceptual Mapping. Je näher die eigenen und konkurrierenden Produkte auf dem Perceptual Mapping zueinander liegen, desto ähnlicher sind die Produktmerkmale und die Konkurrenz ist entsprechend stärker.

4. Literaturempfehlung

Berndt, Ralph/Fantapié Altobelli, Claudia/Sander, Matthias (2010). *Internationales Marketing-Management*. Vol. 4, Berlin, S. 242.

Sauter, Michael (2001). *Internationale Markteinführung technologischer Innovationen: Eine Management-Konzeption*, Herzogenrath.

Ganesh, Jaishankar/Oakenfull, Gillian (1999). International Product Positioning: An Illustration Using Perceptual Mapping Techniques; *Journal of Global Marketing*, Vol. 13, No. 2, S. 85–111.

McDaniel, Carl/Gates, Roger (2013). *Marketing research*, Singapore.

Hollensen, Svend (2011). *Global Marketing – A Decision-Oriented Approach*, Harlow, S. 260 ff.

Aufgabe 63: Wasserfallstrategie vs. Sprinklerstrategie

Wissen, Verstehen
10 Minuten

1. Fragestellung

Im Rahmen einer länderübergreifenden Timing-Strategie kommen in der Regel zwei unterschiedliche Idealstrategien infrage, die Wasserfallstrategie und die Sprinklerstrategie.

a) Skizzieren und erläutern Sie die Wasserfallstrategie und die Sprinklerstrategie. Geben Sie dazu passende Beispiele.

b) Beschreiben Sie jeweils drei Vorteile und drei Nachteile der beiden Strategien.

2. Lösung

a) Der Hauptunterschied zwischen der Wasserfallstrategie und der Sprinklerstrategie liegt im Zeitpunkt des Eintritts eines Unternehmens in internationale Märkte. Bei der Wasserfallstrategie handelt es sich um eine schrittweite sukzessive Ausweitung der bearbeiteten Ländermärkte (Abb. 8). Nachdem die Produkte beispielsweise im Heimatmarkt erfolgreich eingeführt sind und Erfahrungen gesammelt sind (z. B. $t_0 - t_1$), führt das Unternehmen die Produkte in den nächsten Ländermarkt (z. B. Land A; $t_1 - t_2$) ein, somit wirkt es wie ein Wasserfall. In der Regel werden Länder mit Ähnlichkeiten zum Heimatmarkt zuerst von den Unternehmen bearbeitet. Zum Beispiel erschließen die deutschen Handelsunternehmen erst die benachbarten westeuropäischen Länder und mit der Zeit weiten sie sich auch in osteuropäische Ländermärkte aus. Damit kann das Unternehmen, die im Heimatmarkt gesammelten Erfahrungen erfolgreich umsetzen. Mit einem jeweils weiteren Ländermarkt (z. B. mit Land B) steigt der Grad der Heterogenität des zusätz-

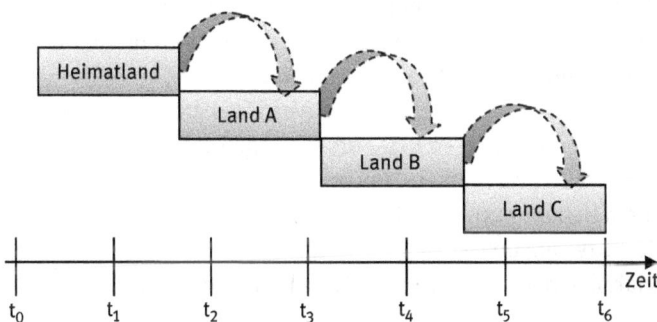

Abb. 8: Wasserfallstrategie (nach Backhaus & Voeth, 2010, S. 106 f.)

lich aufgenommenen Markts (z. B. im Land C), was beispielsweise die kulturelle Distanz minimieren kann.

Beispiel: Das schwedische Möbelhaus IKEA hat durch die langfristige Planung des Auslandmarkteintritts eine Wasserfallstrategie für sich gewählt und damit das Risiko minimiert. Somit ist die Profitabilität des gesamten Unternehmens nicht gefährdet.

Die Sprinklerstrategie steht im Gegensatz zur Wasserfallstrategie. Statt schrittweise und sukzessive den internationalen Ländermarkt zunächst zu analysieren und dann einzutreten, werden die einzelnen Ländermärkte (Abb. 9) Land A, Land B, Land C und Land D) mit einem beispielsweise länderübergreifenden Produkt innerhalb einer kurzen Zeit (z. B. ein bis zwei Jahre) gleichzeitig bearbeitet. Die Ressourcen eines Unternehmens werden in allen Ländermärkten gleichzeitig eingesetzt. Dies ermöglicht, das Risiko auf mehrere Ländermärkte zu verteilen und vermeidet damit die Abhängigkeit von einem Ländermarkt. Im Rahmen einer Sprinklerstrategie wird eine schnelle Internationalisierung ermöglicht.

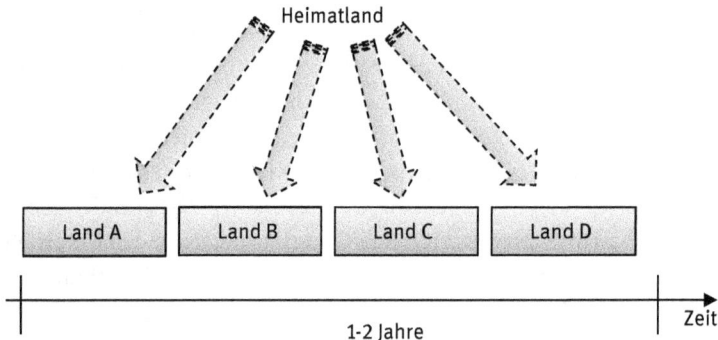

Abb. 9: Sprinklerstrategie (nach Backhaus & Voeth, 2010, S. 111 f.)

Beispiel: Die Otto Group, ein deutscher Handels- und Dienstleistungskonzern, hat in Asien eine Sprinklerstrategie ausgewählt und simultan Produkte und Dienstleistungen in China, Südkorea und Taiwan eingeführt.

b) **Vorteile** einer Wasserfallstrategie sind zum einen, dass die Expansion systematisch passiert, d. h. die notwendigen Ressourcen werden gezielter und kontrollierter eine nach der anderen verwendet. Zum anderen können die gesammelten Erfahrungen aus dem Heimatmarkt utilisiert werden; z. B. können die Produkte oder Services geändert bzw. angepasst werden. Schließlich ist es vorteilhaft, dass die Marketingmaßnahmen nach Bedarf und in längerem Zeitraum eingeführt werden können.

Die **Nachteile** einer Wasserfallstrategie sind vor allem die verpassten Chancen zum Eintritt in andere, noch nicht erschlossene Ländermärkte, da das Produkt auf dem erschlossenen Markt über die Zeit nicht ankommt, obwohl das Produkt auf einem anderen Markt durchaus erfolgreicher sein könnte. Ein weiterer Nachteil ist, dass durch die langfristige Bearbeitung des jeweiligen Landes das Risiko Graumarktentwicklung mit einem günstigeren Imitat steigt. Schließlich können die langfristig gesammelten Erfahrungen und das Produktkonzept eines Unternehmens von Konkurrenten in anderen Ländermärkten angeboten werden.

Die Sprinklerstrategie hat den **Vorteil**, dass die Strategie eines Produktkonzepts gleichzeitig in mehreren Ländermärkten umgesetzt wird und somit die Gefahr schnellerer Markterschließung durch Konkurrenten sinkt. Der weitere Vorteil ist, dass die Sprinklerstrategie einen Vorreitervorteil im jeweiligen Ländermarkt schafft, was in einem schnell wechselnden Markt mit beispielsweise einem Hightech-Produkt sehr notwendig ist. Der Vorreitervorteil kann z. B. einen erhöhten Bekanntheitsgrad des Produkts, einen Imagevorteil des Unternehmens sowie einen etablierten Kundenstamm bedeuten. Schließlich ist es vorteilhaft, dem Markteintritt in mehreren Auslandsmärkten mit einem Standard zu unterlegen, was einen Netzwerkeffekt mit anderen Akteuren im Markt oder mit anderen Ländern ermöglicht.

Die **Nachteile** einer Sprinklerstrategie liegen in der erschwerten Koordination und der fehlenden Zeit, um die notwendigen Anpassungsinstrumente zu entwickeln. Ein weiterer Nachteil einer Sprinklerstrategie liegt in der relativ standardisierten Vorgehensweise, die Auslandsmärkte zu bearbeiten, was wiederum dazu führt, dass die Besonderheiten einzelner Auslandsmärkte ignoriert und entsprechende Chancen verpasst werden. Zudem ist diese Strategie mit einem gleichzeitigen hohen Ressourcenbedarf verbunden.

3. Hinweise zur Lösung

Zusätzlich zur oben gegebenen Antwort kann ein anderer Ansatz im Rahmen der länderübergreifenden Wasserfallstrategie und Sprinklerstrategie angewendet werden. Hollensen (2011, S. 277 ff.) erläutert die Wasserfallstrategie und die Sprinklerstrategie anhand des Produktlebenszyklus und des Ländertyps, wie die Industrieländer („advanced countries"), Entwicklungsländer („developing countries") und wenig entwickelte Länder („less developing countries").

Im Rahmen einer länderübergreifenden Timing-Strategie kann zusätzlich zur Wasserfallstrategie und Sprinklerstrategie eine kombinierte Wasserfall-Sprinkler-Strategie zum Einsatz kommen (Abb. 10). Somit werden die Vor- und Nachteile beider Strategien geschwächt bzw. ausbalanciert. Der Einsatz der kombinierten Wasserfall-Sprinkler-Strategie lässt sich in der Praxis häufig beobachten. Somit wird nicht die Vorgehensweise eines ausschließlich sukzessiven oder eines ausschließlich simultanen Vorgehens verfolgt. Mit dieser Strategie kann ein Unternehmen die Ressourcen auf die Erschließung und die intensive Bearbeitung einzelner Auslandsmärkte konzentrieren, während die weiteren Auslandsmärkte in bestimmter Situation sukzessiv

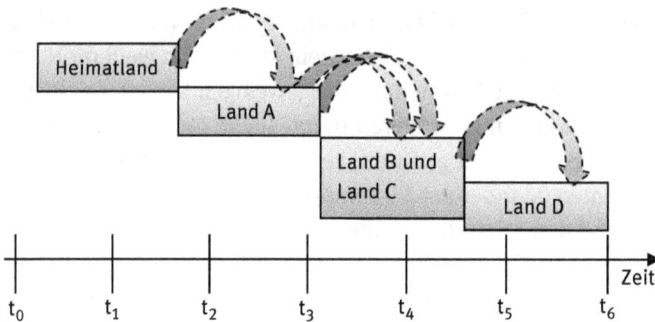

Abb. 10: Kombinierte Wasserfall-Sprinkler-Strategie (nach Zentes et al., 2013, S. 119 f.)

oder gleichzeitig erschlossen und bearbeitet werden (vgl. Zentes et al., 2013, S. 120 ff.). Damit kann eine gewisse Flexibilität erlangt und bei unerwarteten Marktveränderungen entsprechend reagiert werden.

Ein Beispiel einer kombinierten Wasserfall-Sprinkler-Strategie ist bei der Metro Group erkennbar (vgl. Backhaus & Voeth, 2010, S. 113 f.). In den ersten Jahren zwischen 1964 und 1970 hat Metro AG eine Wasserfallstrategie in niederländischen und belgischen Märkten eingesetzt. Im Jahr 1971 erfolgte eine simultane Markterschließung der Ländermärkte in Spanien, Dänemark, Frankreich, Österreich, Großbritannien und Italien, was sich wiederum einer Sprinklerstrategie zuordnen lässt.

4. Literaturempfehlung

Backhaus, Klaus/Voeth, Markus (2010). *Internationales Marketing*, Stuttgart.

Zentes, Joachim/Swoboda, Bernhard/Schramm-Klein, Hanna (2013). *Internationales Marketing*, München.

Lingenfelder, Michael/Loevenich, Peter/Wilke, Marcus (1998). *Internationale Markteintrittsstrategien im Versandhandel*, Marburg, S. 20 ff.

Hollensen, Svend (2011). *Global Marketing – A Decision-Oriented Approach*, Harlow, S. 260 ff.

Berndt, Ralph/Fantapié Altobelli, Claudia/Sander, Matthias (2010). *Internationales Marketing-Management*. Vol. 4, Berlin.

Aufgabe 64: Besonderheiten internationaler Marktforschung

Wissen

5 Minuten

---

1. Fragestellung

Beschreiben Sie zwei Besonderheiten einer internationalen Marktforschung im Vergleich zu nationalen Untersuchungen.

2. Lösung

Im Folgenden sind zwei Besonderheiten einer internationalen Marktforschung im Vergleich zu nationalen Untersuchungen vorgestellt:

1. Eine internationale Marktforschung ist im Vergleich zur nationalen Marktforschung beispielsweise mit neuer Kultur konfrontiert. Zum Beispiel: Bei der Verwendung von Ratingskalen im Rahmen einer internationalen Marktforschung muss auf die Skalenäquivalenz geachtet werden. Es gibt Länder, wie z. B. Brasilien oder Mexiko, die bei einer Befragung mit Ratingskalen tendenziell die besten Bewertungen angeben. Andersrum gibt es Länder, wie Japan oder Taiwan, die eher die schlechtesten Bewertungen angeben. Bei solchen Fällen sollten andere Methoden der Datensammlung überlegt werden, wenn z. B. die Daten für einen Ländervergleich bestimmt sind. Ein anderes Problem könnte ein vorhandener Analphabetismus eines Auslandsmarkts sein, wo die Befragungen anhand einer Ratingskala nicht umsetzbar sind. Dort wäre es sinnvoll, die Befragung anhand einer Emoji-Skala zu gestalten.

2. Viele Unternehmen greifen auf Sekundärdaten eines Auslandsmarkts aufgrund der hohen Kosten einer Primärforschung zu. Die Sekundärdaten können veraltet oder falsch sein. Wenn ein Unternehmen die Entscheidungen auf falsche oder veraltete Daten legt, kann es im schlimmsten Fall zu einem Marktaustritt führen.

3. Hinweise zur Lösung

Im Rahmen einer internationalen Marktforschung müssen zusätzliche Kriterien, z. B. Wechselkurse, berücksichtigt werden. Zudem unterscheidet sich das internationale Umfeld durch Kultur, Religion, Bildungsniveau, lokale Trends, Gesetze sowie regionale Neigung zu einer politischen Partei. Zudem sind ein breiterer Wettbewerb und völlig unterschiedliche Wettbewerbsstrukturen zu berücksichtigen. Es können auch Probleme auftreten, wenn das Untersuchungsland eine nicht entwickelte Marktforschungsinfrastruktur besitzt.

> Gerade in weniger entwickelten Länder fehlt eine Erfassung der Grundgesamtheit als Grundlage für die Stichprobenbildung, ganze Bevölkerungsgruppen sind nicht erreichbar, qualifizierte Marktforschungsinstitute fehlen. (Berndt et al., 2010, S. 48 f.)

4. Literaturempfehlung
Berndt, Ralph/Fantapié Altobelli, Claudia/Sander, Matthias (2010). *Internationales Marketing-Management*. Vol. 4, Berlin, S. 242 ff.

McDaniel, Carl/Gates, Roger (2013). *Marketing research*, Singapore, S. 305 ff.

Aufgabe 65: Gestaltung eines Leitfadens für eine internationale persönliche Befragung

Wissen, Verstehen
5 Minuten

1. Fragestellung

Im Rahmen einer internationalen Marktforschung werden persönliche Befragungen (Face-to-face-Interviews) mit einem standardisierten Leitfaden konzipiert. Bei der Gestaltung eines Leitfadens müssen verschiedene Kriterien berücksichtigt werden, um die Qualität des Leitfadens sicherzustellen. Nennen Sie die wichtigsten Kriterien.

2. Lösung

Bei der Gestaltung eines Leitfadens einer persönlichen Befragung sollten folgenden Kriterien berücksichtigt werden:
– Verständlichkeit und Einfachheit der Frage
– Formulierung der Frage
– Eindeutigkeit der Frage
– Neutralität der Frage
– Sensibilität der Frage
– Logik der Frage
– Vollständigkeit des Fragenkatalogs in Bezug zur Forschungsfrage
– Aufbau des Interviewablaufs
– Bestimmung der Dauer des Interviews

3. Hinweise zur Lösung

„Ein Leitfaden ist eine hilfreiche Stütze für den Interviewer, um sicherzustellen, dass die Fragen vollständig und hinreichend spezifisch im Gespräch behandelt werden" (vgl. Mieg & Brunner, 2001, S. 9 f.). In der Regel werden die folgenden Kriterien bei der Gestaltung eines Leitfadens einer persönlichen Befragung berücksichtigt, um die Qualität sicherzustellen:

1. Verständlichkeit und Einfachheit der Frage (vgl. Aaker et al., 2013, S. 265; Herrmann et al., 2008, S. 45; Malhotra, 2010, S. 355): Eine Frage wie „Wie viel Liter Limonade haben Sie im vergangenen Jahr konsumiert?" ist wahrscheinlich fast unmöglich für die meisten Befragten zu beantworten. Zudem werden sie wahrscheinlich nicht die Gesamtsumme über ihren Konsum von Limonade in Literangaben beantworten können. Eine Frage sollte so gestaltet werden, dass sie möglichst ohne Schwierigkeiten verstanden und beantwortet werden kann. So sollten z. B. komplexe Sätze und für die Zielgruppe unbekannte Fachausdrücke vermieden werden. Einfache alltägliche Wörter sollten verwendet werden. Die ausge-

wählten Wörter sollten dem Niveau der Befragtenzielgruppe angepasst werden. Insbesondere im internationalen Kontext sollte das Bildungsniveau der Zielgruppe berücksichtigt werden.

2. Formulierung der Frage (vgl. Herrmann et al., 2008, S. 827; Malhotra, 2010, S. 355). Die Fragen können folgendermaßen gestaltet werden:
   - Die sogenannten sechs W (wer, was, wo, wann, wie, warum) sollten verwendet werden, um die Informationstiefe und -breite aus der persönlichen Befragung zu erhalten. Beispielsweise könnte folgende Fragen mit der Sechs-W-Fragentechnik gestaltet werden:
     - Wo haben Sie die Werbung X gesehen?
     - Wann haben Sie die Werbung X gesehen?
     - Wie haben Sie die Werbung X empfunden?
     - Warum haben Sie sie so empfunden?
     - Was haben Sie nach der Werbung X gemacht?
     - Wer hat die Werbung X mit Ihnen gesehen?

     So können verschiedene Dimensionen zum Thema Werbung X abgefragt werden. Allerdings sollten die Fragen mit warum und wieso mit Vorsicht verwendet werden, da diese Fragestellungen den Rechtfertigungsreflex reizen können.
   - Einfache alltägliche Wörter sollten verwendet werden. Die Wörter sollten zum Niveau der befragten Zielgruppe passen.
   - Wörter, die eine zweideutige Antwort liefern können, sollten vermieden werden. Zum Beispiel: gewöhnlich, normalerweise, häufig, oft, regelmäßig, gelegentlich, manchmal usw. Zusätzlich sollte nur ein Verb im Satz stehen.
   - Indirekte Annahmen oder Alternativen, die das Thema der Befragung nicht betrifft, sollten vermieden werden.
   - Befragte sollten keine generellen Annahmen oder Schätzungen machen müssen.
   - Positive statt negative Fragestellung oder Aussage sollte verwendet werden.

3. Eindeutigkeit der Frage (Herrmann et al., 2008, S. 45; Malhotra, 2010, S. 355): Die Fragen sollten so eindeutig formuliert werden, dass die Befragten direkt erkennen, welche Information verlangt wird.

4. Die Neutralität der Frage (Herrmann et al., 2008, S. 45): Die Fragen sollten explizite und implizite Hinweise auf eine bestimmte bzw. erwartete Antwort vermeiden, sonst gilt es als Interviewer-Bias (ausführlicher in McDaniel & Gates, 2013). Zudem sollte der Interviewer keine Position des Interesses einnehmen oder zeigen, z. B. dass er ein bestimmtes Produkt bevorzugt.

5. Die Sensibilität der Frage (Aaker et al., 2013, S. 262; Malhotra, 2010, S. 355): Die Sensibilität der Frage ist ein sehr wichtiger Punkt im internationalen Kontext und ist deshalb zu berücksichtigen. Insbesondere sollten sensible Themen, wie Religion, Traditionen, kulturelle oder politische Meinungsunterschiede innerhalb eines Landes (z. B. bei Befragungen in Palästina und Israel), als auch direkte Fragen

nach Einkommen oder Vermögen oder gar dem Alter mit Vorsicht angesprochen werden. Die folgenden Hinweise im Umgang mit sensiblen Fragen können berücksichtigt werden:

- Die sensiblen Fragen sollten eher zu einem späteren Zeitpunkt vorgestellt werden, wo der Befragte etwas Vertrauen und Zuversicht in den Interviewer und die Studie entwickelt hat.
- In kurzen Befragungen können die sensiblen Fragen bis zum Ende der Befragung aufgeschoben werden.
- Außerdem könnte die Dritte-Person-Technik beim Stellen der Frage verwendet werden.
- Eine andere Möglichkeit wäre, Antworten auf sensible Fragen zu erhalten, verschiedene Beantwortungskategorien mit spezifischen Zahlen oder Angaben bereitzustellen – ähnlich wie bei schriftlichen Befragungen.
- Sensible Fragen können mit einer generellen Aussage eingeleitet werden.

6. Vollständigkeit des Fragenkatalogs in Bezug zur Forschungsfrage (Herrmann et al., 2008, S. 44): Nachdem der erste Entwurf des Leitfadens erstellt wurde, sollten die Frageninhalte mit dem Untersuchungsproblem bzw. der Forschungsfrage abgeglichen werden. Eine fokussierte Erstellung des Fragenkatalogs kann die festgelegte Forschungsfrage beantworten.

7. Logik der Frage (Aaker et al., 2013, S. 262; Herrmann et al., 2008, S. 827; Malhotra, 2010, S. 355). Die Fragen sollten nach relevanten Themen sortiert sein, damit die Befragung von einem zum anderen Thema reibungslos und logisch abläuft. Die zusammengehörigen Fragen bzw. mehrere Themen sollten in einer logischen Struktur dargestellt werden. Zudem sollte eine gleiche Formulierungsart verwendet werden. Bei mehreren Themen sollte sich jedes neue Thema von den generellen zu den mehr spezifischeren Fragen entwickeln.

8. Aufbau des Interviewablaufs (Aaker et al., 2013, S. 262; Malhotra, 2010): In der Regel werden die Leitfäden in folgender Form aufgebaut:

- Zuerst sollte das Interview mit sogenannten Icebreaker-Fragen (Aufwärmfragen) eröffnet werden. Die Eröffnungsfragen sollten interessant, einfach sowie nicht bedrohlich sein.
- Die nächsten Fragen sollten immer noch einfach, dürfen aber direkt sein. Das können beispielsweise die Fragen zur Person (z. B. Hobbies, Interessen usw.) sein.
- Der Hauptteil der Befragung sollte Wert auf fokussierte schwierige und etwas kompliziertere Fragen legen.
- Die letzten Fragen sollten eher persönlicher Natur oder die sensiblen Fragen sein.

9. Bestimmung der Länge bzw. der Dauer der persönlichen Befragung (Aaker et al., 2013, S. 265): Die Dauer der Befragung sollte mit einem Prätest zeitlich bestimmt werden. Beispielsweise könnte im Rahmen eines Prätests die Durchschnittszeit der Befragungen als Maßstab berücksichtigt werden. Eine mit einem Prätest defi-

nierte Dauer ist vor allem hilfreich, um Probleme mit Ermüdung oder Langeweile des Befragten und einen Abbruch des Interviews zu vermeiden. Außerdem sollten die Befragten die Dauer der Befragung im Voraus wissen.

4. Literaturempfehlung

Aaker, David A./Kumar, V./Day, George S./Leone, Robert (2013). *Marketing Research, International Student Version*, New York.

Herrmann, Andreas/Homburg, Christian/Klarmann, Martin (2008). *Handbuch Marktforschung. Methoden, Anwendungen, Praxisbeispiele*, 3. Auflage, Wiesbaden.

Malhotra, Naresh K. (2010). *Marketing Research: An Applied Orientation*, 6. Auflage, Pearson Education, Upper Sadler River.

McDaniel, Carl/Gates, Roger (2013). *Marketing research*, Singapore.

Mieg, Harald A./Brunner, Beat (2001). Experteninterviews: Eine Einführung und Anleitung; *Working Paper/MUB, Professur für Mensch-Umwelt-Beziehungen. Zürich.*, 6, S. 9.

7 Konsumentenverhalten

Aufgabe 66: Themenfelder des Konsumentenverhaltens

Wissen, Verstehen
5 Minuten

1. Fragestellung

Unterscheiden Sie die beiden grundlegenden Themenfelder des **Konsumentenverhaltens** und ordnen diesen jeweils zwei unterschiedliche Forschungsgebiete zu.

2. Lösung

Das Forschungsfeld des Konsumentenverhaltens lässt sich in zwei unterschiedliche Themenfelder untergliedern. Je nach Autor finden sich für diese Komplexe unterschiedliche Bezeichnungen.

Auf der einen Seite stehen die intraindividuellen Prozesse (Hoffmann/Akbar) – oder auch interne Einflüsse (Solomon) bzw. psychische Determinanten (Kröber-Riel/Gröppel-Klein). Auf der anderen Seite finden sich interindividuelle Einflüsse (Hoffmann/Akbar) – oder hier externe Einflüsse (Solomon) bzw. Umweltdeterminanten (Kröber-Riel/Gröppel-Klein).

Diesen Themenfeldern wiederum sind zahlreiche weitere Prozesse bzw. Forschungsgebiete zugeordnet. So werden zu den intraindividuellen Prozessen Motivation, Emotion, Kognition oder auch Einstellung gezählt, während die interindividuellen Einflüsse beispielsweise in physische, soziale oder mediale Umwelt unterschieden werden können.

3. Hinweise zur Lösung

Die Themenfelder lassen sich vereinfacht darin unterscheiden, was sich im Inneren des Konsumenten abspielt bzw. welche Einflüsse von außen sein Verhalten beeinflussen. Das Forschungsfeld des Konsumentenverhaltens hat hierbei zahlreiche Anknüpfungspunkte zu anderen Forschungsdisziplinen wie etwa Psychologie, Soziologie oder Mikroökonomie.

4. Literaturempfehlung

Hoffmann, Stefan/Akbar, Payam (2016). *Konsumentenverhalten: Konsumenten verstehen – Marketingmaßnahmen gestalten*, Wiesbaden, S. 11–17.
Kröber-Riel, Werner/Gröppel-Klein, Andrea (2013). *Konsumentenverhalten*, München, S. 51–54 und S. 499–503.
Solomon, Michael R. (2016). *Konsumentenverhalten*, Hallbergmoos, S. 1–3.

https://doi.org/10.1515/9783110516869-007

Aufgabe 67: Inhaltstheorien der Motivation

Wissen, Verstehen, Anwenden
10 Minuten

---

1. Fragestellung

Erklären Sie die **Bedürfnispyramide** nach **Maslow** sowie die **Zwei-Faktoren-Theorie** nach **Herzberg** und erläutern Sie, welche strukturelle Gemeinsamkeit zwischen diesen Ansätzen existiert.

2. Lösung

Die Bedürfnispyramide nach Maslow zählt zu den bekanntesten Klassifikationen von Bedürfnissen. Sie bringt die Bedürfnisse von Menschen in eine fünfstufige, hierarchische Struktur in Form einer Pyramide. Von unten nach oben sind dies physiologische Bedürfnisse (z. B. Überleben, Essen, Wärme), Sicherheitsbedürfnisse (z. B. materielle und berufliche Sicherheit), soziale Bedürfnisse (z. B. Partnerschaft, Liebe, Freundschaft), Individualbedürfnisse (z. B. Anerkennung, Unabhängigkeit, Freiheit) und Selbstverwirklichung (z. B. Individualität, Gerechtigkeit). Der Grundgedanke des Modells ist, dass zuerst die Bedürfnisse der unteren Stufen erfüllt werden müssen, bevor das Individuum nach der Erfüllung der nächsthöheren Stufe strebt. In der Literatur wird trotz der häufigen Nutzung eine mangelnde theoretische Fundierung kritisiert.

Die Zwei-Faktoren-Theorie nach Herzberg unterscheidet in Hygienefaktoren und Motivatoren. Hierbei sollen die Hygienefaktoren die Arbeitsunzufriedenheit verhindern – hierzu zählen etwa das Gehalt sowie die Beziehung zu Kollegen und Vorgesetzten. Die Motivatoren beeinflussen die Leistung positiv, wie etwa Anerkennung oder die Übertragung von Verantwortung. Die Grundidee ist hierbei der Wunsch nach Selbstverwirklichung. Diese Aspekte sind wieder auch in der Konsumforschung interessant, da viele Konsumenten Produkte kaufen, um sich selbst zu verwirklichen.

Hier findet sich auch die strukturelle Gemeinsamkeit zwischen den Ansätzen. In der Bedürfnispyramide nach Maslow werden die ersten vier Stufen als Defizitbedürfnisse angesehen, während die oberste Stufe als Wachstumsziel bezeichnet wird. Diese Struktur findet sich auch in der Unterscheidung in Hygienefaktoren und Motivatoren. Darüber hinaus ist in beiden Modellen die Selbstverwirklichung als oberste Stufe definiert.

3. Hinweise zur Lösung

Die Bedürfnispyramide nach Maslow sowie die Zwei-Faktoren-Theorie nach Herzberg gehören zu den gängigsten Inhaltstheorien der Motivation in der Konsumentenforschung. In der Literatur finden sich zahlreiche weitere Themenfelder im Rahmen der

Motivationsforschung, wie etwa die Unterscheidung zwischen Personen- und Situationsfaktoren, Prozesstheorien oder Ansätzen zur Messung von Motivation.

4. Literaturempfehlung

Hoffmann, Stefan/Akbar, Payam (2016). *Konsumentenverhalten: Konsumenten verstehen – Marketingmaßnahmen gestalten*, Wiesbaden, S. 34–51.
Kröber-Riel, Werner/Gröppel-Klein, Andrea (2013). *Konsumentenverhalten*, München, S. 178–231.
Solomon, Michael R. (2016). *Konsumentenverhalten*, Hallbergmoos, S. 241–243.

Aufgabe 68: Messung von Emotionen

Wissen
5 Minuten

1. Fragestellung

Nennen Sie zwei grundlegende Ansätze zur **Messung** von **Emotionen** und erläutern Sie diese kurz.

2. Lösung

In der Literatur existieren zahlreiche Verfahren zur Messung von Emotionen. Als zwei grundlegende Ansätze können hier verbale und apparative Verfahren unterschieden werden. Zu den verbalen Verfahren zählen etwa der Einsatz von Befragungen (z. B. unter Verwendung von Ratingskalen) als quantitatives Verfahren oder die Nutzung von „Protokollen lauten Denkens" und Tagebüchern als qualitative Verfahren. Ein kritischer Aspekt sind hierbei etwa unbewusste Emotionen, die unerforscht bleiben.

Zu den apparativen Verfahren zählt etwa die Hautwiderstandsmessung, das Elektroenzephalogramm oder auch die Nutzung von non-verbalen Skalen. Sie haben den Vorteil, dass sie verbale Verfahren validieren können, gelten jedoch häufig als kostenintensiv.

3. Hinweise zur Lösung

Die genannten Verfahren eignen sich auch in anderen Forschungsbereichen des Marketings. Für die Besonderheiten der Emotionsforschung wird eine vertiefende Recherche in der Literatur empfohlen.

4. Literaturempfehlung

Hoffmann, Stefan/Akbar, Payam (2016). *Konsumentenverhalten: Konsumenten verstehen – Marketingmaßnahmen gestalten*, Wiesbaden, S. 53–68.
Kröber-Riel, Werner/Gröppel-Klein, Andrea (2013). *Konsumentenverhalten*, München, S. 100–177.

Aufgabe 69: Klassische Konditionierung im Marketing

Wissen, Verstehen, Anwenden
10 Minuten

1. Fragestellung

Erläutern Sie, wie im Marketing die **klassische Konditionierung** genutzt wird, um eine **Marke** mit **Emotionen** oder Assoziationen aufzuladen. Ziehen Sie dazu ein selbstgewähltes Beispiel heran.

2. Lösung

Die klassische Konditionierung umfasst das Lernen einer neuen Assoziation zwischen zwei Reizen. Im Marketing wird die klassische Konditionierung genutzt, um Marken oder Produkte mit Emotionen oder Assoziationen aufzuladen. Beispielsweise wird in der Landliebe-Werbung mit frischen Früchten, Natur, ländlicher Umgebung und „mit Liebe zubereiteten" Milchprodukten geworben. Die genannten Aspekte wie frisches Obst, Natur etc. lösen im Konsumenten unabhängig des Produkts ein Gefühl bzw. eine Assoziation von Frische, Qualität und natürlichem Geschmack aus. Durch die wiederkehrende Kombination dieses natürlichen Reizes (frisches Obst, Natur etc.) mit dem zunächst unkonditionierten Reiz, in Form des Landliebe-Logos, erfolgt ein Lernprozess beim Konsumenten. Nach einiger Zeit verbindet der Konsument das Landliebe-Logo allein mit Frische, Qualität und natürlichem Geschmack.

3. Hinweise zur Lösung

Die klassische Konditionierung wurde von Iwan Pawlow (1928) entdeckt. In einem Experiment mit einem Schäferhund kombinierte er einen zunächst neutralen Reiz in Form eines Geräuschs (Klingel) mit einem unkonditionierten Reiz, das Futter. Durch die wiederholende Kombination der Klingel und des Futters lernte der Hund, dass das Geräusch der Klingel das Futter ankündigt. Als Reaktion war der Speichelfluss zu erkennen.

4. Literaturempfehlung

Hoffmann, Stefan/Akbar, Payam (2016). *Konsumentenverhalten: Konsumenten verstehen – Marketingmaßnahmen gestalten*, Wiesbaden, S. 80 f.
Kröber-Riel, Werner/Gröppel-Klein, Andrea (2013). *Konsumentenverhalten*, München, S. 424–426.
Solomon, Michael R. (2016). *Konsumentenverhalten*, Hallbergmoos, S. 194–197.
Felser, Georg (2015). *Werbe- und Konsumentenpsychologie*, Berlin, S. 50, 59–62.

Aufgabe 70: Drei Komponenten der Einstellung

Wissen, Verstehen, Anwenden
10 Minuten

---

1. Fragestellung

Definieren Sie den Begriff der **Einstellung** in allgemeiner Hinsicht. Erläutern Sie, aus welchen drei Komponenten Einstellungen nach dem Modell von **Rosenberg** und **Hovland** (1960) bestehen und stellen Sie dies in Zusammenhang mit einem selbstgewählten Beispiel dar.

2. Lösung

Einstellungen sind allgemeine, überdauernde Wertungen in Bezug auf Personen, Objekte oder Sachverhalte. Rosenberg & Hovland (1960) unterscheiden die kognitive, affektive und konative Komponente der Einstellung. Die **kognitive** Einstellung beschreibt das Wissen über eine Person, ein Objekt oder einen Sachverhalt. Zum Beispiel könnte ein Verbraucher wissen, dass Bioprodukte qualitativ hochwertiger sind und nicht mithilfe von Chemikalien und Pestiziden angebaut oder hergestellt wurden. Die **affektive** Einstellungskomponente umfasst die emotionale Bewertung des Konsumenten. In Bezug auf das Beispiel der Biolebensmittel würde das bedeuten, inwieweit der Konsument Bioprodukte gut findet. Zuletzt beschreibt die **konative** Komponente die Handlung bzw. das Verhalten in Bezug auf den Gegenstand, die Person oder den Sachverhalt. Dies steht im engen Zusammenhang mit der Kaufbereitschaft. Die Kaufbereitschaft drückt aus, ob der Kunde gewillt ist, ein Produkt zu erwerben. Die konative Komponente resultiert folglich aus dem Zusammenspiel von kognitiver und affektiver Einstellungskomponente. Als Folge des Wissens über die Vorteile von Bioprodukten (kognitive Komponente) und die positive eigene Meinung (affektive Komponente) kann eine Kaufbereitschaft (konative Komponente) von Bioprodukten erzeugt werden.

3. Hinweise zur Lösung

Eine andere affektive Einstellungskomponente im oben genannten Beispiel kann den Einfluss auf die konative Komponente verändern. Wenn der Konsument beispielsweise Bioprodukte nicht gut findet, kann das zu einer nicht vorhandenen Kaufbereitschaft führen, obwohl das Wissen über die Vorteile vorhanden ist.

Der Begriff konativ bedeutet strebend bzw. antriebhaft, womit beschrieben wird, wie intensiv der Konsument auf die Handlung des Kaufs abzielt.

4. Literaturempfehlung

Hoffmann, Stefan/Akbar, Payam (2016). *Konsumentenverhalten: Konsumenten verstehen – Marketingmaßnahmen gestalten*, Wiesbaden, S. 90 f. und 90–102.
Kröber-Riel, Werner/Gröppel-Klein, Andrea (2013). *Konsumentenverhalten*, München, S. 232–303.
Solomon, Michael R. (2016). *Konsumentenverhalten*, Hallbergmoos, S. 281–323.
Felser, Georg (2015). *Werbe- und Konsumentenpsychologie*, Berlin, S. 253–272.
Rosenberg, Milton J./Hovland, Carl I. (1960). Cognitive, Affective and Behavioral Components of Attitudes.; In Rosenberg, Milton J./Hovland, Carl I. (Hrsg.), *Attitude Organization and Change: An Analysis of Consistency among Attitude Components*, Yale University Press, New Haven.

Aufgabe 71: Entscheidungsfindung: Prospect-Theorem

Wissen, Verstehen, Anwenden, Transfer
15 Minuten

1. Fragestellung

Erläutern Sie das **Prospect-Theorem** und beziehen Sie Ihre Erklärungen auf das folgende Beispiel.

Schon seit Jahren besuchen Sie regelmäßig eine Bar. Dort bekamen Sie vom Besitzer der Bar immer Freigetränke. Auch für Familienfeiern oder andere Anlässe buchten Sie die ganze Bar, um dort zu feiern. Das ging auch immer kurzfristig. Für den Service und die Getränke zahlten Sie oft weniger als andere Kunden und das bar auf die Hand. Nun fordert Sie der Besitzer der Bar beim nächsten Besuch auf, ihre Getränke zu bezahlen und kündigt an, dass er für die nächste Feier definitiv eine Rechnung schreiben muss. Sie zeigen sich verärgert, schließlich hatten Sie sich an seine Kulanz gewöhnt. Sie begeben sich auf die Suche nach einer neuen Location, wo sie zukünftig ihre Feiern ausrichten können.

2. Lösung

Die Prospect-Theorie drückt aus, wie Menschen Nutzen bewerten. Nutzen wird als positive oder negative Abweichung von einem Referenzpunkt ausgedrückt. Menschen handeln nach einer Verlustaversion. Das bedeutet, dass sie einen Gewinn in bestimmter Höhe weniger stark positiv bewerten, als dass sie einen gleich hohen Verlust negativ bewerten. Daraus folgt, dass Gewinne weniger wertgeschätzt werden, als dass Verluste gefürchtet werden.

Die andauernde Kulanz des Barbesitzers hat eine Verschiebung des Referenzpunkts der Nutzenbewertung der Leistung hervorgerufen, an dem zukünftige Leistungen gemessen werden. Mittlerweile war es selbstverständlich, dass der Barbesitzer solche Zugeständnisse gemacht hat. Die Rücknahme der kulanten Leistung wie Freigetränke, spontane Buchungen und die unkomplizierte Bezahlung wird deshalb als Verlust wahrgenommen und negativ bewertet, auch wenn es einer dritten Partei gegenüber eher eine Gleichstellung ist.

3. Hinweise zur Lösung

Die Prospect-Theorie wurde von Kahneman und Tversky im Jahr 1979 veröffentlicht. Diese Erkenntnisse sind nicht nur in ökonomischer, sondern auch in psychologischer Hinsicht über die Entscheidungsfindung von Menschen aufklärend. Das Konzept erhielt 2002 den Nobelpreis für Wirtschaftswissenschaften.

4. Literaturempfehlung

Homburg, Christian (2015). *Marketingmanagement. Strategie – Instrumente – Umsetzung – Unternehmensführung*, Wiesbaden, S. 97.

Hoffmann, Stefan/Akbar, Payam (2016). *Konsumentenverhalten: Konsumenten verstehen – Marketingmaßnahmen gestalten*, Wiesbaden, S. 110–114.

Kröber-Riel, Werner/Gröppel-Klein, Andrea (2013). *Konsumentenverhalten*, München, S. 21 f.

Felser, Georg (2015). *Werbe- und Konsumentenpsychologie*, Berlin, S. 166–170.

Aufgabe 72: Sozialisierung und Rollentheorie

Wissen, Verstehen, Anwenden, Transfer
15 Minuten

1. Fragestellung

Erläutern Sie den Begriff **Sozialisierung** und die **Rollentheorie**. Beziehen Sie Ihre Ausführungen auf das folgende Beispiel und machen Sie den Bezug zum Konsumentenverhalten deutlich.

Lisa ernährt sich seit einer Weile vegan. Ihr Freund Paul isst im Gegensatz dazu Fleisch. Paul hat einen neuen Job angefangen. Der Chef lädt die Mitarbeiter und deren Partner bzw. Partnerin zum Essen in ein Steak House als Dankeschön für die großartige Mitarbeit beim Projektabschluss ein. Lisa möchte nicht mitkommen. Was sollen ihre Freundinnen denken, wenn sie sich als Veganerin in einem Steak-Restaurant aufhält? Paul möchte seine Freundin Lisa gern dabei haben, sie hat ihn in der Bewerbungsphase so sehr unterstützt. Außerdem möchte er einen guten Eindruck bei seinem Chef hinterlassen.

2. Lösung

Sozialisation ist ein Prozess, in dem den Menschen soziale Normen und Werte vermittelt werden. Jeder Mensch spielt verschiedene Rollen je nach Kontext in seinem Leben. Jede dieser Rollen erfordert die Anpassung an bestimmte Erwartungen in Bezug auf das Verhalten. Wenn diese Erwartungen an die verschiedenen Rollen im Gegensatz stehen, kann es zu einem Konflikt führen. Lisa hat in diesem Beispiel die Rolle der Veganerin, die sich nicht von Fleisch- und Milchprodukten ernährt, und die Rolle als Partnerin von Paul, die ihn auch beruflich unterstützt. Da das Essen in einem Steak

House stattfinden soll, stehen die Erwartungen an die beiden Rollen im Gegensatz, sodass es zu einem Konflikt kommt.

3. Hinweise zur Lösung

Die Rollentheorie wurde von Dahrendorf im Jahr 1967 entwickelt. Sie hat in verschiedenen Forschungsbereichen eine große Bedeutung. Dazu gehört neben der Soziologie auch das Marketing. Der oben erläuterte Konflikt, der zwischen zwei Rollen entsteht, wird als Interrollenkonflikt bezeichnet. Im Gegensatz dazu gibt es beim Intrarollenkonflikt ein Problem innerhalb der Rollen. Die Erwartungen von Außenstehenden an diese bestimmte Rolle sind zu unterschiedlich und können nicht alle gleichzeitig erfüllt werden.

4. Literaturempfehlung

Hoffmann, Stefan/Akbar, Payam (2016). *Konsumentenverhalten: Konsumenten verstehen – Marketingmaßnahmen gestalten*, Wiesbaden, S. 144 f.
Solomon, Michael R. (2016). *Konsumentenverhalten*, Hallbergmoos, S. 20.

Aufgabe 73: S-O-R-Schema

Wissen, Verstehen, Anwenden
7 Minuten

---

1. Fragestellung

Erläutern Sie das **S-O-R-Schema** und führen Sie ein selbstgewähltes Beispiel an.

2. Lösung

Das S-O-R-Schema beschreibt die Wirkung bestimmter Reize aus der Umwelt auf den Menschen und das dadurch verursachte Verhalten. Der Reiz bzw. der **Stimulus** (S) in der Umwelt kann von ganz unterschiedlicher Natur sein. Visuelle, auditive oder haptische Reize etc. wirken auf den Menschen ein. Der Mensch als **Organismus** (O) verarbeitet diese Reize. Dieser Prozess kann von außen nicht beobachtet werden und wird durch Persönlichkeitsfaktoren und Emotionen der entsprechenden Person beeinflusst. In Anschluss erfolgt eine **Reaktion** (R) als Folge. Aufgrund der Individualität des Organismus kann die Reaktion nur bedingt hervorgesagt werden.

Als Beispiel lässt sich das Design von Werbeplakaten nennen. Durch eine bestimmte visuelle Gestaltung soll ein visueller Reiz (Stimulus) geschaffen werden, der den Käufer (Organismus) im Bestfall zu einem Kaufverhalten (Reaktion) bewegt.

3. Hinweise zur Lösung

In diesem Konstrukt ist zu beachten, dass nicht alle Reize vom Menschen aufgenommen und verarbeitet werden können. Viele Stimuli werden erst gar nicht wahrgenommen. Damit ein Reiz auf den Organismus wirkt, muss er entsprechend stark genug sein. Außerdem muss der Mensch eine gewisse Aufmerksamkeit haben, um Reize wahrzunehmen und zu verarbeiten.

4. Literaturempfehlung

Hoffmann, Stefan/Akbar, Payam (2016). *Konsumentenverhalten: Konsumenten verstehen – Marketingmaßnahmen gestalten*, Wiesbaden, S. 157–160.
Felser, Georg (2015). *Werbe- und Konsumentenpsychologie*, Berlin, S. 9.
Kröber-Riel, Werner/Gröppel-Klein, Andrea (2013). *Konsumentenverhalten*, München, S. 18.

Aufgabe 74: Medienzuwendung

Wissen, Verstehen, Anwenden, Transfer
12 Minuten

1. Fragestellung

Analysieren Sie folgendes Beispiel und ordnen Sie die Begriffe der **rationalen Medienzuwendung** und der **habitualisierten Mediennutzung** zu.

Lisa ist Studentin. Wie viele ihrer Kommilitonen besitzt sie einen Netflix Account und nutzt diesen sehr intensiv. Es gehört dabei zum routinierten Tagesablauf, dass sie vor dem Schlafengehen eine Folge ihrer Lieblingsserie „New Girl" schaut. Doch irgendwann hat sie die letzte Folge der Serie gesehen. Damit nun keine Lücke in ihrem Tagesablauf entsteht, begibt sie sich auf die Suche nach einer neuen Serie. Diese soll bestimmte Kriterien erfüllen, wie z. B. Länge von etwa 20 bis 30 Minuten pro Folge, englischsprachig und witzig. Sie möchte keine langandauernde, nervenaufreibende Serie vor dem Schlafengehen sehen. Auf der Suche liest sie verschiedene Rezessionen im Internet, macht sich einen Überblick über die Netflix-Empfehlungen und fragt in der Studenten-App Jodel nach Empfehlungen. Am Ende ihrer Recherche hat sie sich für die Serie „Apartment 23" entschieden, die die geforderten Kategorien erfüllen. Nun muss sie sich abends keine Gedanken mehr über die Auswahl machen und schaut einfach eine Folge nach der anderen.

2. Lösung

Lisa nutzt den Streaming-Dienst Netflix als Medium, um sich Serien anzuschauen. Überwiegend zeigt sie eine habitualisierte Mediennutzung, die eine Gewohnheit beschreibt. Die Aufmerksamkeit und die kognitive Anstrengung im Entscheidungsprozess sind gering, da einem festen Muster (Heuristik) gefolgt wird. Es gehört zu ihrer Routine, dass sie abends vor dem Einschlafen eine Folge der Serie „New Girl" schaut. Nun kann sie ihrer Routine nicht mehr folgen, da sie die Serie durchgeschaut hat.

Nun muss sie erhöhte Aufmerksamkeit und kognitive Anstrengung aufbringen, um sich für eine neue Serie zu entscheiden. Dies erfolgt im Rahmen der rationalen Mediennutzung. Hierbei geht es darum, spezifische Informationen zu recherchieren. Ihr Ziel ist es, eine Serie zu finden, die ihren Erwartungen entspricht. Dafür nutzt sie verschiedene internetbasierte Medien. Nachdem Lisa die rationale Entscheidung getroffen hat, „Apartment 23" zu schauen, kann sie mit ihrer habitualisierten Mediennutzung fortfahren.

3. Hinweise zur Lösung

Die Unterteilung in rational bzw. kognitiv, emotional und habitualisiert spielen auch in der Theorie der Entscheidungsfindung eine wichtige Rolle. Diese Kategorisierung kann auch auf die Mediennutzung bzw. -zuwendung übertragen werden.

Jodel ist eine App, in der überwiegend Studenten anonym Nachrichten und Fotos veröffentlichen können. Dabei sind die Nachrichten von anderen Usern aus der näheren Umgebung sichtbar. Häufig wird diese dazu verwendet, um nach Empfehlungen zu fragen.

4. Literaturempfehlung

Hoffmann, Stefan/Akbar, Payam (2016). *Konsumentenverhalten: Konsumenten verstehen – Marketingmaßnahmen gestalten*, Wiesbaden, S. 180–184.

Aufgabe 75: Megatrends im Konsumentenverhalten

Wissen, Verstehen, Anwenden, Transfer
12 Minuten

---

1. Fragestellung

Analysieren Sie das **Konsumentenverhalten** von Anna und beziehen Sie in Ihre Beobachtungen die **Maslowsche Bedürfnispyramide** mit ein.

Wie würde ein typisches Konsumentenverhalten von Annas Großvater, der in Nachkriegszeiten aufgewachsen ist, aussehen? Wo sind Unterschiede zu sehen?

Anna arbeitet nun seit etwa zwei Jahren nach ihrem Studienabschluss bei einer bekannten Unternehmensberatung in einer deutschen Großstadt. Sie hat eine schön eingerichtete Mietwohnung. Eine Immobilie zu kaufen ist für sie noch kein Thema. Wer weiß, wo sie die nächsten Jahre arbeiten wird? Ebenfalls besitzt Anna kein Auto. Durch öffentliche Verkehrsmittel ist sie ausreichend mobil und zur Not leiht sie sich ein Auto mit Carsharing. In ihrer Freizeit trifft sie sich gern mit Freunden und probiert angesagte Bars, Cafés und Theater aus. Einen beachtlichen Teil ihres Gehalts gibt sie für Reisen aus. Dabei sind exotische Länder für sie von besonderem Reiz, ob Safari in Afrika, Tauchen im Great Barrier Reef, Wandern im Himalaya oder die Besichtigung von alten Tempeln in Asien, Anna ist für alles zu haben. Somit gilt Anna in ihrem Freundeskreis mittlerweile als Reiseberaterin. Im nächsten Jahr hat Anna ein Sabbatical mit ihrem Arbeitgeber vereinbart. In dieser Zeit wird sie freigestellt und möchte in Südamerika eine gemeinnützige Hilfsorganisation unterstützen.

2. Lösung

Anna, die vermutlich Mitte bis Ende 20 ist, hat einen gutbezahlten Job, wodurch sie sich alle physiologischen Bedürfnisse wie Nahrung erfüllen kann. Bei den Sicherheitsbedürfnissen reicht ihr eine Mietswohnung. An ein Eigenheim denkt sie noch nicht. Ihre sozialen Bedürfnisse lebt sie mit ihren Freunden aus, wenn sie mit ihnen unterwegs ist. Ein luxuriöses Auto, das als Statussymbol gilt, um von Freunden Anerkennung zu erhalten, hat sie nicht. Sie verwendet die flexible und preiswerte Variante des Carsharings. Stattdessen bekommt Anna von ihren Freunden sehr viel Anerkennung durch ihre Reiseerfahrungen. Für Urlaub gibt sie gern Geld aus. Durch ihr Sabbatical und die Arbeit bei einer gemeinnützigen Hilfsorganisation verwirklicht sich Anna selbst.

Annas Großvater, der in der Nachkriegszeit aufgewachsen ist, wird vermutlich andere Prioritäten in seinem Leben setzen. Da er Mangel an Nahrung und Wohnraum erlebt hat, wird er sich eher auf Materielles konzentrieren. Ein Eigenheim als Altersvorsorge, ein Auto, um auf dem Lande von A nach B zu kommen, sind ein Muss. Da darf es auch schon mal im Alter ein schöner Mercedes-Oldtimer sein.

Zusammenfassend kann herausgestellt werden, dass Annas Generation im Vergleich zur Generation ihres Großvaters in wirtschaftlichem Reichtum und Sicherheit aufwächst. Dadurch sind Grundbedürfnisse auf jeden Fall gesichert, so verschieben sich die Interessen auf das Immaterielle. Annas Großvater kennt es, Mangel zu erleiden. Dementsprechend fokussiert er sich auf materiellen Wohlstand. Im Vergleich zwischen Anna und ihrem Großvater ist ein Wertewandel erkennbar.

3. Hinweise zur Lösung

Das beschriebene Phänomen wird auch als Postmaterialismushypothese beschrieben. Diese besagt, dass Menschen, die heutzutage in einem wohlhabenden Staat leben, sodass die Grundbedürfnisse grundsätzlich gedeckt sind, ihren Fokus auf Immaterielles legen, um sich selbst zu verwirklichen.

Zur Vertiefung der Maslowschen Bedürfnispyramide lesen Sie Frage 2 dieses Kapitels.

4. Literaturempfehlung

Hoffmann, Stefan/Akbar, Payam (2016). *Konsumentenverhalten: Konsumenten verstehen – Marketingmaßnahmen gestalten*, Wiesbaden, S. 191–195.

8 Customer Relationship Management

Aufgabe 76: Definition des Customer Relationship Management

Wissen
10 Minuten

1. Fragestellung

Geben Sie eine Definition von Customer Relationship Management (CRM) und beschreiben Sie die wichtigsten Elemente dieser Definition.

2. Lösung

> CRM charakterisiert eine Managementphilosophie, die eine komplette Ausrichtung des Unternehmens auf vorhandene und potenzielle Kundenbeziehungen vorsieht. Der Kunde steht dabei im Mittelpunkt aller unternehmerischer Überlegungen. Ziel ist das Management dauerhafter und profitabler Kundenbeziehungen. (Raab & Werner, 2009, S. 11)

Diese Definition von Raab und Werner stellt CRM als ein unternehmensübergreifendes und der Organisation übergeordnetes Konstrukt dar, das die Kundschaft in den Fokus des Denkens und Handelns eines Unternehmens stellt. Damit strebt das Unternehmen eine gewisse Nachhaltigkeit und Profitabilität in ihren Kundenbeziehungen an und bezieht zudem die Potenzialdimension mit ein, in dem auch zukünftige, noch nicht bestehende Kundenbeziehungen in die Betrachtung hineinfließen. Diese Erläuterung des Begriffs ist jedoch sehr umfassend definiert, ohne genaue Aussagen darüber zu machen, wie diese Philosophie in der Unternehmenspraxis umgesetzt werden kann.

> Customer Relationship Management (CRM) is a holistic approach to identifying, attracting, and retaining customers. CRM deals with creating a customer-centric enterprise. This involves two major aspects: Customer centricity and customer responsiveness. All activities must eventually add value to the customer [...]; nonvalue adding elements should be excised swiftly in Internet-time since customers have numerous other choices. (Kale, 2016, S. 109)

Die Definition von Kale im Vergleich beinhaltet bereits konkretere Aussagen. Kale hebt ebenfalls den Aspekt hervor, dass es sich bei CRM um ein holistisches Konzept handelt, nimmt jedoch zusätzlich noch Bezug auf die konkreten Absichten des CRM namentlich die Identifikation, Gewinnung sowie den Erhalt der Kundenbeziehung. Als zentrale Erfolgsfaktoren des CRM legt Kale dabei die Kundenorientierung sowie die Kundennähe fest. Gemäß Kale muss das Unternehmen anhand der Anwendung von CRM gewährleisten können, dass sämtliche Aktivitäten der Organisation für die Kundschaft einen Nutzen stiften, da sonst das Risiko besteht, die Kundin oder den Kunden an die Konkurrenz zu verlieren.

https://doi.org/10.1515/9783110516869-008

> CRM muss als Management-Konzept verstanden werden, das unter Einsatz betriebswirtschaftlicher Konzepte und moderner Informationstechnologie zur Entwicklung von Kundenbeziehungsstrategien dient, die es Unternehmen ermöglichen, langfristige und profitable Kundenbeziehungen aufzubauen und zu erhalten. Entsprechend sind die Kunden für den Aufbau und die Pflege der Geschäftsbeziehungen an ökonomischen Zielen zu messen und entsprechend ihrem Erfolgspotenzial durch das Marketingmix-Instrumentarium differenziert zu behandeln. Daher liegt die eigentliche Herausforderung des CRM darin, geeignete Strategien und Prozesse für einzelne Kunden und Kundensegmente erfolgreich zu implementieren. (Götz & Krafft, 2013, S. 581)

Die Betrachtung der Begriffsdefinition von Götz und Krafft zeichnet sich dadurch aus, dass sie im Vergleich zu den restlichen aufgeführten Definitionen bereits konkrete Ideen vermittelt, wie das CRM-Konzept umgesetzt werden kann. Die Autoren schreiben von einer Symbiose der ökonomischen Konzepte mit den dazu passenden IT-Systemen und heben hervor, dass dazu komplementär die entsprechenden Strategien und Prozesse benötigt werden. Dies alles ebenfalls mit dem Ziel, langfristige und gewinnbringende Kundenbeziehungen zwischen Unternehmen und der Klientel zu etablieren.

3. Hinweise zur Lösung

Essenziell ist, dass der Begriff CRM nicht zu einseitig definiert oder betrachtet wird, sei es nur aus der technologischen Perspektive oder nur aus prozessualer bzw. strategischer Sicht. Denn es ist die Kombination der beiden Aspekte, die schlussendlich das CRM zu einem wirkungsvollen Managementansatz und -instrument werden lassen. Ohne die technologische Unterstützung wird ein agiles und konzentriertes Kundenbeziehungsmanagement nicht möglich sein; genauso kann das Unternehmen aus einer unterstützenden Software keinen Nutzen ziehen, sofern keine Strategie dahinter definiert ist. Grundlegende Erfolgsfaktoren zur erfolgreichen Umsetzung eines ganzheitlichen CRM-Ansatzes im Unternehmen sind die Kontrolle sowie Adaptierbarkeit der Strukturen und Prozesse im Unternehmen an die CRM-Strategie. Das CRM an sich muss deshalb als interaktiver sowie unternehmensübergreifender Denkansatz verstanden werden, an dem sich sämtliche Unternehmenselemente ausrichten (Aichele, 2012, S. 179 f.; Raab & Werner, 2009, S. 13).

4. Literaturempfehlung

Aichele, Christian (2012). *Smart Energy. Von der reaktiven Kundenverwaltung zum proaktiven Kundenmanagement*, Wiesbaden.

Götz, Oliver/Krafft, Manfred (2013). Erfolgreiche Implementierung von CRM-Strategien; In Bruhn, Manfred/Homburg, Christian (Hrsg.), *Handbuch Kundenbindungsmanagement. Strategien und Instrumente für ein erfolgreiches CRM*, Wiesbaden, S. 579–616.

Kale, Vivek (2016). *Enhancing Enterprise Intelligence: Leveraging ERP, CRM, SCM, PLM, BPM, and BI*, Taylor & Francis, Boca Raton.

Raab, Gerhard/Werner, Nicole (2009). *Customer Relationship Management. Aufbau dauerhafter und profitabler Kundenbeziehungen*, Frankfurt am Main.

Aufgabe 77: Erfolgsmessung im Customer Relationship Management

Wissen, Verstehen, Anwenden
6 Minuten

1. Fragestellung

Welche Möglichkeiten der Erfolgsmessung der Kundenorientierung kennen Sie und welches Instrument würden Sie einsetzen?

2. Lösung

In der Praxis hat sich die Kennzahl des Net Promotor Score (NPS) in den letzten Jahren zu einem weltweiten Standard entwickelt. Organisationen wie beispielsweise die Allianz Versicherung oder Sunrise steuern inzwischen ihr gesamtes Geschäftsmodell nach diesem Score. Dahinter steht die Frage: Würden Sie uns weiterempfehlen? Der Kunde antwortet auf einer Elfer-Skala von 0 bis 10. Die Gruppe derjenigen, welche mit 9 oder 10 geantwortet haben, nennt man die Promotoren. Diese empfehlen auf jeden Fall das Unternehmen weiter und sind langfristig emotional gebunden. Von dieser Gruppe zieht man die Gruppe der sogenannten Detraktoren ab. Diese haben die Frage mit 0 bis 6 beantwortet. Die Gruppe der Neutralen mit der Bewertung 7 und 8 lässt man bei der Betrachtung außen vor. Sie ist momentan zufrieden, aber nicht speziell emotional verbunden. Der NPS ist also eine Kennzahl, die sich zwischen −100 (100 % der befragten Kunden sind Detraktoren) und +100 (100 % der befragten Kunden sind Promotoren) bewegt. Die Anzahl der Promotoren ist also eine Art gemeinsame Währung für die Qualität der Kundenbeziehung.

Jedoch zeigen sich bei dieser Art der Messung vor allem langfristige Einschätzungen der gesamten Kundenbeziehungen. Auch ist nicht gesagt, dass der befragte Kunde überhaupt in letzter Zeit Kontakt mit einem Touchpoint hatte. Darüber hinaus existiert mit der Messung der Kundenzufriedenheit ein zweiter Erfolgsindikator, der (zumindest) wissenschaftlich weit besser erforscht ist. Hinzu kommt mit dem Customer Effort Score eine Kennzahl, die den gefühlten Aufwand des Kunden, sein Anliegen zu erledigen bzw. durch das Unternehmen erledigt zu bekommen, widerspiegelt.

3. Hinweise zur Lösung

Akademische Publikationen und die Diskussion mit Praktikern zeigen, dass es sinnvoll ist, für die optimale Beeinflussung der Kundenerfahrung mit einem Unternehmen eine Kombination dieser Kennzahlen zu wählen. Wichtig ist hier also, eine Kombination von zwei oder mehr Kennzahlen vorzuschlagen und diese detailliert zu beschreiben.

4. Literaturempfehlung

Reichheld, Fred/Markey, Rob (2011). *The Ultimate Question 2.0 (Revised and Expanded Edition). How Net Promoter Companies Thrive in a Customer-Driven World*, Harvard.

Hafner, Nils (2018). Customer Experience Management – Revisited!; *acquisa*, 1/18, S. 52–62.

Lemon, Katherine N./Verhoef, Peter C. (2016). Understanding Customer Experience Throughout the Customer Journey; *Journal of marketing: AMA/MSI Special Issue*, Vol. 80, November, S. 69–96.

Aufgabe 78: Customer Experience Management

Wissen, Verstehen, Anwenden
7 Minuten

1. Fragestellung

Erläutern Sie kurz den Begriff Customer Experience Management und zeigen Sie auf, welche unterschiedlichen Interpretationen dieses Begriffs sich für die Praxis ergeben.

2. Lösung

Beginnt man, sich mit dem Thema Customer Experience Management zu beschäftigen, muss man sich als erstes die Frage stellen, was unter Customer Experience zu verstehen ist. Hier gibt es verschiedene Definitionen.

So definieren die Forscher Lemon & Verhoef (2016) beispielsweise die Gestaltung der umfassenden Gesamtkundenerfahrung als

> multidimensionales Konstrukt, welches auf die kognitiven, emotionalen, sensorischen, verhaltensbezogenen und sozialen Reaktionen eines Kunden über die gesamte Journey hinweg fokussiert.

Im Unterricht an der Hochschule Luzern versuchen wir, die atomistischen Kundenerlebnisse beispielsweise über deren Merkmale zu beschreiben. So stellen wir fest, dass Kundenerlebnisse sich als den Kunden involvierende, erinnerungswürdige, emotionale Wahrnehmungen der direkten und indirekten Unternehmenskontakte aus Kundensicht darstellen. All diesen Definitionen ist gemein, dass sie
- die Sicht auf die Kundenbeziehung aus der Perspektive des Kunden einnehmen und
- primär auf emotionale und erinnerungswürdige Aspekte abzielen.

Diese zwei Aspekte sollen damit als wichtigste Kriterien gelten. Im übrigen kann man sich bei der Betrachtung der Steuerung der CX unter Managementgesichtspunkten der Forderung meines kanadischen Kollegen Stan Maklan anschließen. Er macht deutlich, dass in der Praxis einzelne „atomistische" Erlebnisse wesentlich leichter zu managen sind, als die gesamte „holistische" Kundenerfahrung mit allen Touchpoints an jedem Punkt der Kundenbeziehung.

3. Hinweise zur Lösung

Ein großes Problem dabei ist, dass das englische „experience" zwei grundlegende Bedeutungen hat. Zum einen bedeutet es Erfahrung, zum anderen Erlebnis. Und da steckt schon für die meisten Praktiker die erste Fußfalle: Während ein Erlebnis oft eine kurze Episode innerhalb der Customer Journey darstellt, also quasi ein „Atom", ist unter der Gesamterfahrung die Gestaltung sämtlicher Episoden zu verstehen, also das große Ganze. Dies gilt gerade beim Lesen und Verstehen von akademischen Fachbeiträgen aus dem englischsprachigen Raum als Herausforderung.

4. Literaturempfehlung

Maklan, Stan/Antonetti, Paolo/Whitty, Steve (2017). A Better Way to Manage Customer Experience – Lessons from the Royal Bank of Scotland; *California Management Review*, Vol. 59, Issue 2, March.

Lemon, Katherine N./Verhoef, Peter C. (2016). Understanding Customer Experience Throughout the Customer Journey; *Journal of marketing: AMA/MSI Special Issue*, Vol. 80, November, S. 69–96.

Aufgabe 79: Touchpoints: Definition und Systematisierungsmöglichkeiten

---

Wissen, Verstehen
5 Minuten

---

1. Fragestellung

Was sind Touchpoints und wie kann man diese systematisieren?

2. Lösung

Touchpoints sind Berührungspunkte zwischen Kunde und Unternehmen, sowohl in örtlicher als auch in zeitlicher Hinsicht. Menschen können sich nur dann berühren, wenn Sie zur gleichen Zeit am gleichen Ort sind.

Es gibt eine Fülle von Ansätzen, diese Touchpoints zu klassifizieren, um die Erlebnisgestaltung handhabbar zu machen. Auch hier gilt es, möglichst die Komplexität des Customer Experience Management zu reduzieren, um den Fokus nicht zu verlieren. Es hat sich herausgestellt, dass die klassische Einteilung der Medien aus dem Marketing nach „owned", „paid" (Werbung) und „earned" (beispielsweise Social Media) sich für das Customer Experience Management nicht durchgesetzt hat, da es auch Touchpoints zwischen Unternehmen und Kunde gibt, die sich rein zwischen Kunden abspielen, und von denen das Unternehmen auch nichts erfährt (beispielweise eine Empfehlung beim Kaffeetrinken).

Eine weitere Möglichkeit ist die IMPACt-Methodik für die Klassifikation der Customer Touchpoints nach den jeweiligen Interaktionsmöglichkeiten. Dieses Akronym von fünf Möglichkeiten des unternehmerischen Umgangs mit einem Touchpoint umfasst die taktischen Alternativen des **Ignorierens**, des **Monitorens** (Beobachtens), des **Partizipierens** (Mitmachen auf öffentlichen Touchpoints wie Facebook oder Twitter oder öffentlichen physischen Veranstaltungen als Sponsor), des **Aktivierens** von Kunden (mithilfe eigener Plattformen wie beispielsweise Blogs mit Social-Funktionen wie Kommentieren, Bewerten oder Weiterempfehlen, die jedoch intensiv beworben werden müssen) und den klassischen **kontrollierbaren Touchpoint** wie das Call Center, die Filiale oder den Vertriebsmitarbeiter. In der praktischen Anwendung und in der akademischen Literatur hat sich dabei herausgestellt, dass diese Klassifikation durch die Integration von partnerkontrollierten Touchpoints (wie Handelsniederlassungen, Partnerwebseiten etc.) ergänzt werden muss.

3. Hinweise zur Lösung

Wichtig ist, darauf hinzuweisen, dass Unternehmen ihr eigenes Touchpoint-Universum kennen und erfassen müssen, um Erlebnisse des Kunden systematisch gestalten zu können. Bei entsprechenden Analysen kann immer wieder festgestellt werden, dass viele Unternehmen die Customer-Touchpoints nicht kennen. Außerdem wird die Anzahl der aus Kundensicht relevanten Touchpoints regelmäßig deutlich unterschätzt. Das zeigt eine Studie von Esch et al. (2012, S. 3), zu der 106 Marketingentscheider befragt wurden. Etwa die Hälfte der Befragten ging von weniger als 50 Touchpoints aus. Die Studie identifizierte dagegen für die meisten Unternehmen mehr als 100 Touchpoints. Doch wie soll ein zielorientiertes Management der Touchpoints erfolgen, wenn noch nicht einmal die Anzahl dieser Touchpoints – geschweige denn die Inhalte und deren Relevanz für die Kunden – bekannt ist? (vgl. Kreutzer, 2018)

4. Literaturempfehlung

Esch, Franz-Rudolf/Kochann, Daniel/Kanitz, Rouven (2012). *Customer-Touchpoint Management – In Berührung mit dem Kunden*. www.esch-brand.com/publikationen/studien/esch-customer-touchpoint-management-studie/ (Letzter Zugriff am 29.10.2020).

Hafner, Nils/Winters, Phil (2012). Die Customer Impact Agenda; In Lengwiler, Christoph/Nadig, Linard/Pedergnana, Maurice (Hrsg.), *Management in der Finanzbranche – Finanzmanagement im Unternehmen*, Verlag IFZ, Luzern.

Kreutzer, Ralf (2018). Customer Experience Management – wie man Kunden begeistern kann; In Rusnjak, Andreas/Schallmo, Daniel (Hrsg.), *Customer Experience im Zeitalter des Kunden*, Wiesbaden.

Aufgabe 80: Prozessgestaltung im Customer Relationship Management

Wissen, Verstehen
7 Minuten

1. Fragestellung

Warum sollten Customer-Relationship-Management(CRM)-Prozesse standardisiert werden? Zeigen Sie auf, aus welchen vier Schritten der CRM-Metaprozess im Sinn eines Closed Loop besteht.

2. Lösung

Die Gestaltung der Unternehmensprozesse im Kundendialog ist ein wichtiges Werkzeug, um den Mitarbeiter angemessen unterstützen zu können. Durchgehende Prozesse und entsprechende Eskalationsautomatismen sind die Voraussetzungen, um den eminent wichtigen Zeitaspekt im Kundenmanagement handhaben zu können. In diesem Zusammenhang können auch Tätigkeiten im Kundenkontakt standardisiert und vereinfacht werden, um dem Kunden einen zeitlichen Vorteil liefern zu können.

In einem ersten Schritt geht es darum zu identifizieren, mit welchem Kunden man es zu tun hat. Dazu müssen grundlegende Informationen über den Kunden vorliegen und bereits so zusammengeführt sein, dass sich der Kundenbetreuer schnell einen umfassenden Überblick über die Ausgangssituation des Kunden machen kann. Dabei gilt: Weniger ist oft mehr. Es müssen die situativ relevanten Daten vorliegen, die der Kundenbetreuer braucht, um mit dem Kunden schnell ins Gespräch zu kommen. Gängige Tools des Wissensmanagements machen hier bereits eine Vorauswahl, die sich am Kontext der Kundenbeziehung orientiert.

Als zweites ist von Wichtigkeit, was den Kunden von anderen Kunden unterscheidet. Es ist notwendig aufzunehmen, was die Erwartungshaltung des Kunden ist. Auf der anderen Seite muss in diesem Moment entschieden werden, wie der Kunde zu behandeln ist. Dabei ist es wichtig, den Wert, die Zufriedenheit und das Potenzial der Beziehung des Kunden für unser Unternehmen zu kennen. Nur so können die wichtigsten Kunden ihrem Wert entsprechend behandelt werden.

Im dritten Schritt erfolgt die Interaktion mit dem Kunden. Hier kommt es auf das Personal an. Viele Großunternehmen können heute Wert, Verhalten und Bedürfnisse ihrer Kunden sehr gut analysieren. Jedoch macht sich der Einsatz von Prozessmanagement und IT-Infrastruktur erst dann bezahlt, wenn die eigenen Mitarbeiter diese umfangreichen Informationen nutzen und ihr Verhalten entsprechend anpassen. Hier gilt es, eine kundenorientierte Kultur zu entwickeln, in der Mitarbeiter die notwendigen Fähigkeiten zum Kundendialog schnell erlernen können und ideal unterstützt werden.

Bis hierhin kann der Kunde zwar operativ schnell zufriedengestellt werden. Der Nutzen für eine Unternehmung aus einem professionellen Kundenbeziehungsmanagement ergibt sich jedoch erst, wenn das Unternehmen aus den Beschwerden auch für die zukünftige Geschäftsentwicklung lernt. Durchgehende Informationssysteme und beispielsweise ein zielgruppenbezogenes Beschwerdereporting können helfen, wiederkehrende Fehler im Kundenkontakt zu vermeiden.

3. Hinweise zur Lösung

Die Lösung kann auch hier in Form einer Skizze erfolgen.

Wichtig ist dabei zu wissen, dass in den ersten beiden Schritten dieses sogenannten Closed-Loop-Modells lediglich investiert wird. Erst im dritten Schritt, bei der Interaktion, kann das Unternehmen diese Investitionen wieder einspielen. Investition und Ertrag, d. h. Aufbau und Nutzung von Kundenwissen, sollten jedoch immer in einem vernünftigen Verhältnis zueinander stehen.

4. Literaturempfehlung

Peppers, Don/Roger, Martha (2016). *Managing Customer Experience and Relationships: A Strategic Framework*, Wiley.

Hafner, Nils/Elsten, Rémon (2011). *CRM für Manager*, Rheinfelden.

Aufgabe 81: Kampagnenmanagement im Customer Relationship Management

Wissen, Verstehen, Anwenden
12 Minuten

1. Fragestellung

Skizzieren Sie die Ziele und Schritte des Kampagnenprozesses im Customer Relationship Management (CRM). Geben Sie Beispiele für ein gelungenes Vorgehen.

2. Lösung

Kundendialogmanagement im Marketing bedeutet vor allem Planung, Durchführung und die Steuerung von Kampagnen. Unter einer Kampagne versteht man einzelne Marketingaktionen, die das Ziel haben,

– den richtigen Kunden
– mit dem richtigen Produkt
– zum richtigen Zeitpunkt
– über den richtigen Touchpoint zu kontaktieren.

Die Kombination dieser vier Herausforderungen ist in der Praxis nur mithilfe von Prozessmanagement und IT-Infrastruktur zu bewältigen.

Die Basis dazu bildet in der Regel ein Vergleich von Kundengruppen. Besonders anschaulich macht das der Onlinehändler Amazon.com. Er zeigt „Kunden, die dieses Produkt gekauft haben, haben auch jenes Produkt gekauft". Damit findet nichts anderes statt als ein Vergleich auf der Basis von Verhaltensdaten. Hat man beispielsweise diverse Informationen über einen Kunden, wie Anzahl, Art und Reihenfolge der Produkte, die dieser gekauft hat, ergänzt mit einigen soziodemografischen Daten, kann man verhältnismäßig leicht nach ähnlichen Kunden suchen, die vielleicht ein weiteres Produkt gekauft haben und daraus die Wahrscheinlichkeit berechnen, dass sich der betrachtete Kunde für eben jenes Produkt interessiert. So ergeben sich unter Umständen diverse Zielgruppen für eine Kampagne.

Ebenso kann man Rückschlüsse auf den präferierten Touchpoint bzw. Kommunikationskanal des Kunden ziehen. Im Fall von Amazon.com ist das natürlich besonders einfach, da sich dieses Handelshaus vor allem auf den Onlinekanal beschränkt. Es ist wichtig zu planen, welchen Kunden man über welchen Kanal mit welcher Botschaft kontaktieren soll. Gerade bei mehrstufigen Kampagnen, die aufeinander aufbauen, empfiehlt es sich, hier mit dem Instrument eines Kampagnenbaums zu arbeiten.

Jetzt geht es bei der Durchführung darum, den Kunden zum richtigen Zeitpunkt zu kontaktieren. Dies fällt insbesondere dann schwer, wenn nicht auf asynchrone Medien wie Brief oder E-Mail zurückgegriffen werden kann, bei denen sich der Kunde aussucht, wann er sich mit der Botschaft des Anbieters beschäftigt. Insbesondere Outbound-Anrufe sind diesbezüglich heikel. Jeder, der schon einmal einen Werbeanruf zur Unzeit bekommen hat, kann davon ein Lied singen.

Wenn die Daten bezüglich Zielgruppen, Produkten und geeigneter Medien vergangenheitsbezogen ermittelt wurden, dann müssen nach der theoretischen Planungsphase die einzelnen Schritte und Teile der Kampagne erfasst werden (Medien, Auflagen, Kosten, Sollkontakte usw.). Die wichtigsten Schritte dabei sind (Reinartz & Kumar, 2018):

- Planen der Kampagnenschritte und -elemente
- Abbilden der Kampagne im System
- Testen der Kampagne
- Durchführen der einzelnen Aktionen
- Verfeinern der Maßnahmen bei zukünftigen Kampagnen

Zugleich werden diese Bestandteile der Kampagne mit einem eindeutigen Responsecode versehen, der eine eindeutige Erfassung der Rückläufer ermöglicht. Erst damit ist z. B. eine spätere Werbewirksamkeitsanalyse der eingesetzten Werbemittel bzw. Medien in aussagekräftiger Form möglich. Die kontinuierliche Optimierung von Folgekampagnen ist der logische nächste Schritt. Vollständig ist solch ein Kampagnenmanagementprozess also erst dann, wenn er einen Closed Loop darstellt. Dabei fließen die

Erfahrungen aus den vorangegangenen Kampagnen in der Kontrollphase in die zukünftigen ein, um diese zu optimieren.

3. Hinweise zur Lösung
Ein weiterer Nutzen eines systematischen Kampagnenmanagements ist das Erfassen und Sammeln von Kundenverhaltensdaten, um den Closed Loop erst zu ermöglichen. So kann später ein industrialisiertes Leadmanagement betrieben werden.

4. Literaturempfehlung
Reinartz, Werner/Kumar, V. (2018). *Customer Relationship Management, Concept, Strategy and Tools*, Wiesbaden.

Maklan, Stan/Buttle, Francis (2015). *Customer Relationship Management: Concepts and Technologies*, New York.

Hafner, Nils/Elsten, Rémon (2016). *Kundendialogmanagement*, Rheinfelden.

Aufgabe 82: Kundenwertmanagement

Wissen, Verstehen, Anwenden
12 Minuten

---

1. Fragestellung
Um die Ressourcen eines Unternehmens im Bereich Customer Relationship Management (CRM; Marketing, Vertrieb und Kundenservice) effizient einsetzen zu können, hat sich die Geschäftsleitung dazu entschieden, zukünftig die Kundenbasis nach dem Wert jedes Kunden für das Unternehmen zu segmentieren. Welche drei Dimensionen schlagen Sie für eine solche Bewertung vor? Begründen Sie Ihre Wahl und geben Sie für jede Dimension drei Beispiele für Kundenmerkmale, die in eine solche Bewertung einfließen könnten.

2. Lösung
Einen ersten Schritt zum Kundenwertmanagement stellt demnach die Analyse der bestehenden Kundendaten im Unternehmen dar. Entscheidend für den Erfolg von Cross-Selling-Anstrengungen sind dabei die Datenquantität (Welche Daten liegen vor?) und die Datenqualität (Wie vollständig, richtig und wie aktuell sind die vorliegenden Kundendaten?). Grundsätzlich gilt es aber nicht, jeden noch so detaillierten Aspekt des Kundenverhaltens zu erfassen und mehrfach zu überprüfen, sondern pragmatisch zu schauen, welche Daten vorhanden sind und welche Informationen daraus abgeleitet werden können.

Dabei ist darauf zu achten, dass man diejenigen Informationen evaluiert, die dafür sprechen, dass

- ein Kunde bis heute profitabel für das Unternehmen ist,
- ein Kunde in der Zukunft Cross- oder Up-Selling-Potenzial hat und
- ein Kunde eine erhöhte Absprungs- oder Wechselwahrscheinlichkeit aufweist.

Bringt man diese drei Arten von Informationen zusammen in ein Kundenportfolio, ist ein Mitarbeiter im Kundenkontakt in der Lage, einen der wichtigsten Grundsätze im kundenwertorientierten Management zu befolgen: „Treat different customers differently!" (Peppers & Roger, 2016). Das Kundenportfolio ist ein Hilfsmittel, um die bestehenden Kunden eines Unternehmens pragmatisch so zu segmentieren, dass einfachste Handlungsanweisungen für das Cross- und Up-Selling, die Kundenbindung und auch die eventuelle Trennung von nicht profitablen Kunden möglich sind. Dabei dient das Kundenportfolio lediglich als konzeptionelle Grundlage.

Das Kundenportfolio ist eine dreidimensionale Zusammenstellung nach folgenden Dimensionen: Attraktivität (monetärer heutiger Kundenwert), Potenzial (nichtmonetäres Cross-Selling-Potenzial) und Wechselwahrscheinlichkeit (negatives Loyalitätspotenzial). Jede dieser Dimensionen „momentane Attraktivität", „Wechselwahrscheinlichkeit" und „Potenzial des Kunden" setzt sich aus verschiedenen einzelnen Kundeninformationen zusammen. So kann die Dimension „momentane Attraktivität" beispielsweise als die Summe aus verschieden gewichteten Merkmalen gesehen werden:

- Anzahl der einzeln abgeschlossenen Verträge oder Transaktionen
- Umsatz bzw. Vertrag oder Transaktion
- Kosten bzw. Vertrag oder Transaktion

Die Dimension „Wechselwahrscheinlichkeit" umfasst beispielsweise die Summe der gewichteten Merkmale:

- Kundenzufriedenheit
- Vertragsbindungsdauer
- Kunde bei unserem Unternehmen seit …

Die Dimension „Potenzial der Kundenbeziehung" resultiert beispielsweise aus:

- Lebenszyklusdaten (Single, verheiratet, Vater/Mutter, selbstständig/angestellt, Pensionär usw.) sowie demografische Daten
- Mikrogeografischen Informationen und Bedürfnisinformationen (Ausmaß des Bedürfnisses, Anforderungen an das Unternehmen usw.)
- Informationen über bereits bei der Konkurrenz gekaufte Produkte oder abgeschlossene Verträge (sofern diese Information verfügbar ist).

3. Hinweise zur Lösung

Wichtig dabei ist, dass das zugrunde liegende Scoring statistisch überprüft wird und gegebenenfalls mit Erkenntnissen aus den Kundendatenbanken angereichert wird. Die Lösung kann in Form einer Skizze bestehen.

4. Literaturempfehlung

Hennig, Thurau Thorsten (1999). Die Klassifikation von Geschäftsbeziehungen mittels Kundenportfolios; In Rapp, Reinhold (Hrsg.), *Handbuch Relationship Marketing*, Wiesbaden.

Hafner, Nils/Elsten, Rémon (2011). *CRM für Manager*, Rheinfelden.

Peppers, Don/Roger, Martha (2016). *Managing Customer Experience and Relationships: A Strategic Framework*, Wiley.

Aufgabe 83: Gegenseitigkeitsprinzipien bei der Datensammlung

Wissen, Verstehen, Anwenden
10 Minuten

1. Fragestellung

Erläutern Sie mindestens drei Gegenseitigkeitsprinzipien der Datensammlung und nennen Sie jeweils mindestens ein Beispiel.

2. Lösung

1. **Bekommen**: Im einfachsten Fall muss der Kunde eine Information nicht aktiv mitteilen, um an einen – mitunter unerwarteten – Vorteil zu gelangen. Die britische Supermarktkette Sainbury's ist ein Meister im Verteilen personalisierter Rabattcoupons. Die Daten, die Sainsbury's aus ihrem NECTAR-Bonuspunktprogramm herausliest, erlauben Rückschlüsse auf Bedürfnisse und Einkaufsgewohnheiten selbst jener Kunden, die an NECTAR nicht teilnehmen. Basierend auf dem Vergleich mit ähnlichen Warenkörben von NECTAR-Kunden **bekommt** man im Augenblick des Bezahlens an der Kasse namhafte Rabatte oder auf die eigenen Bedürfnisse zugeschnittene Sonderangebote, selbst wenn man nicht Teilnehmer ist. Dieses **Bekommen** ist nicht das Gleiche wie bei Promotion-Aktionen für den Massenmarkt, etwa wenn Coca Cola die neueste Limonade an jeden verteilt, der am Bahnhof zur richtigen Zeit am richtigen Platz steht. Beim **Bekommen**prinzip nutzt ein Unternehmen Informationen, die es im Lauf der Kundenerlebniskette gesammelt hat (der Warenkorb, die Klicks im Internet), um einem spezifischen, wenn auch nicht namentlich bekannten Individuum im Austausch einen Vorteil zu verschaffen.

2. **Auswählen**: Manchmal reicht es schon, die einfachsten Vorlieben abzufragen, um dem Kunden das Gefühl zu geben, **auswählen** zu können. Dafür muss man

das Individuum nicht eindeutig identifizieren. Das unabhängige deutsche Webportal Verivox, das die Preise von Energie und Telekommunikation vergleicht, hat dieses Level der Geben-und-Nehmen-Prinzipien gemeistert. Nachdem die User sich als Privatperson oder als Geschäftskunde geoutet haben, werden sie automatisch zum richtigen Startpunkt für ihre Recherche weitergeleitet. Gibt eine Privatperson dann noch zusätzliche Fakten an – seine Postleitzahl und die ungefähre Menge an benötigtem Strom – bekommt er eine Liste mit den Top-Angeboten für diese Spezifikation. Er kann noch mehr **auswählen,** wenn er kaufentscheidende Vorlieben angibt, etwa den Wunsch nach erneuerbarer Energien oder nach einer kurzen Vertragslaufzeit. Verivox nutzt diese Vorgaben, um eine passende **Auswahl** von Angeboten zu präsentieren – und das, ohne eine große Menge an persönlichen Angaben abgefragt zu haben. Erst wenn sich der Kunde für ein Angebot entschieden hat, braucht Verivox Daten für den Vertragsabschluss. In diesem späten Stadium der Kundenerlebniskette ist man aber auch eher geneigt, etwas von sich preiszugeben, jedenfalls wenn man als Gegenleistung Verivox' Service bekommt.

3. **Austauschen:** Das Austauschprinzip kommt zur Geltung, sobald ein Kunde oder User beginnt, Auskunft über sich selbst zu geben und er davon ausgeht, dass diese Informationen aufgenommen und benutzt werden. Normalerweise beginnt der **Austausch** damit, sich zu identifizieren, sei es mit einer E-Mail-Adresse, einem – gegebenenfalls falschen – Namen oder einer Adresse. Wichtig ist nur, dass das Unternehmen damit den Kunden eindeutig zuordnen und als bekanntes Individuum ansprechen kann.

   Die schweizerische Großbank UBS bietet mit ihrem Portal UBS Immo Check ein hervorragendes Beispiel dafür: Rein über die Eingabe einer beliebigen Immobilienadresse liefert die Bank eine Bewertung der Lage des Objekts und eine komplette Einschätzung der politischen und steuerlichen Gemeinde, in der sich die Liegenschaft befindet. Meldet man sich mit seiner E-Mail-Adresse an, bekommt man beispielsweise eine Kostenschätzung für die Renovierung sowie eine Kaufpreisschätzung der Immobilie. Mit einem weiteren Klick kann man einen Beratungstermin mit der UBS vereinbaren, muss man aber nicht. Das Unternehmen hat gut verstanden, worum es bei Touchpoints und dem fairen Umgang mit Kundendaten geht.

   Ganz selbstverständlich läuft dieser **Austausch** von persönlichen Daten und einer Dienstleistung ab, wenn ein Kunde ein Produkt bestellt und der Verkäufer es liefern soll. Gleiches gilt bei Interaktionen in sozialen Medien. Noch mehr Angaben als auf Facebook werden beispielsweise bei der Partnersuche gemacht. Im **Austausch** für die Chance, einen passenden Partner zu treffen, geben Nutzer sehr viele persönliche Fakten und Vorlieben an. Offensichtlich erwarten sie einen hohen Gegenwert.

4. **Konvertieren:** Diese Grundregel wird für Kundenbindungs- oder Bonuspunktprogramme genutzt. Im Tausch für alle Arten persönlicher Daten und für Infor-

mationen zu Vorlieben bekommt der Kunde Punkte. Üblicherweise fallen diese Punkte bei einem Kauf an. Sie haben einen Wert, weil sie später in Güter oder Dienstleistungen **konvertiert** werden können. Dieser künftige Wert gilt als angemessene Gegenleistung dafür, an unzähligen Touchpoints Informationen sammeln zu dürfen. Sobald ein Kunde seine Kundenkarte nutzt – sei es um seinen Punktekontostand online zu checken, um im Internet nach Rabattcoupons zu suchen oder beim Einkaufen bei der Partnerorganisation des Kartenherausgebers – hinterlässt er seine Daten. Diese tauscht er wissentlich und freiwillig gegen einen wahrgenommenen künftigen Wert ein.

Das **Konvertieren**prinzip muss nicht immer mit Einkäufen zu tun haben. Kunden-helfen-Kunden-Webseiten von Unternehmen wie Dell oder Swisscom ermöglichen Mitgliedern der Community jenen Ratgebern, die ihnen am besten geholfen haben, Punkte zu geben. Diese Punkte sind nicht eintauschbar, sie sorgen aber für ein gewisses Renommee, zeigen also Anerkennung. Die Dienstleistung Helfen wird über die Punkte in Respekt **konvertiert**.

3. Hinweise zur Lösung:

Insgesamt formulieren Hafner und Winters sieben Gegenseitigkeitsprinzipien und nennen dazu Beispiele. Auch können eigene Beispiele genannt werden. Wichtig ist dabei die Zuordnung zu einem dieser Prinzipien.

4. Literaturempfehlung

Winters, Phil/Hafner, Nils (2011). *Ein Geben und Nehmen*, Whitepaper.

Aufgabe 84: Business-Apps als Touchpoints

Wissen, Verstehen, Anwenden
9 Minuten

1. Fragestellung

Welchen Nachteil bringt die Arbeit mit Business-Apps zum Produktvertrieb oder Kundenservice auf dem Smartphone mit sich? Wie kann diesem Nachteil begegnet werden?

2. Lösung

Beim Vertrieb oder Kundenservice über Business-Apps gilt es zu beachten, dass die App auch adäquat an den Kunden gebracht werden muss. Denn ohne dass der Kunde weiß, dass es die App gibt, wird er sie nicht nutzen. Apps erfordern also ein spezifisches Vermarktungs- und Verteilungssystem. Das ist in der Regel aufwendig und damit teuer.

Es ergeben sich in diesem Zusammenhang für das Marketing diverse Fragen:
- Wie finden Kunden die für sie relevante App?
- Was trägt dazu bei, dass Kunden eine mobile App herunterladen und installieren?
- Was trägt dazu bei, dass Kunden eine relevante App nutzen?
- Was trägt zur nachhaltigen Nutzung einer relevanten App bei?

Zunächst geht es darum, es dem Kunden zu ermöglichen, die für ihn relevante App aufzufinden. Dazu gehört die Platzierung in den relevanten App-Stores. Dafür muss man die Richtlinien der App-Store-Betreiber kennen und befolgen. Im Anschluss ist es wichtig, gezielt über die Unternehmenskommunikation die mobile App auch in zielgruppenrelevanten Medien zu promoten. Dazu gehören unter anderem:
- Hinweise in Anzeigen oder auf Plakaten
- Verweise auf der Website des Unternehmens
- Berichte in Fachmagazinen
- die Präsentation der App auf Veranstaltungen mit der Zielgruppe

Ist der Kunde und potenzielle User der App erst einmal im richtigen Store (iTunes oder Google Play) angekommen, muss er dazu gebracht werden, die App zu laden und zu installieren. Dazu tragen stark die Bewertungen und Rezensionen anderer Nutzer im jeweiligen App-Store bei. Sind diese nicht gut, wird der Kunde von einem Download abgehalten und die Mühe des Konzepts, des Designs und der Erstellung waren vergebens. Als Negativbeispiel dafür gilt die amerikanische Kaffeehauskette Starbucks, die ihre Kundentreuekarte über eine Smartphone-App abbilden wollte. Es stellte sich jedoch heraus, dass Kunden davon abgeschreckt wurden, die App zu installieren, da jedes Mal, wenn man sich in einiger Entfernung zu einem Starbucks-Kaffeehaus befand, sich die App meldete, und darauf hinwies, dass man sich in der Nähe eines Starbucks-Kaffeehauses befände. Da die Kunden dies in der Regel selbst wahrgenommen hatten, waren sie von den Push-Meldungen der App genervt und die App selbst wurde als Störfaktor eingeschätzt. Auch wurden die Loyalitätspunkte der App mehrfach inkorrekt verarbeitet, sodass sich kein direkter Mehrwert ergab.

Selbst wenn aber alles korrekt funktioniert und die App den gewünschten Mehrwert liefert, ist es wichtig, Kunden dazu zu bewegen, die mobile App zu bewerten und zu kommentieren. Kommt es zum Download und zur Installation, ist es wichtig, dass der Kunde umgehend die Funktionsweise der App versteht, um sie zu nutzen. Es bietet sich an, hier stark mit Video-Tutorials zu arbeiten, um den Kunden audiovisuell die Nutzung der App näherzubringen und deren einfache Handhabung zu vermitteln.

Ist die App erst installiert und das eine oder andere Mal genutzt worden, steht im Vordergrund der Vermarktung die Anstrengung, die App als nützliches oder spannendes Tool im Gedächtnis des Kunden nachhaltig zu verankern. Dazu ist es wichtig, den Nutzen der App immer wieder zu betonen. Daher gilt es, die Aufmerksamkeit des Kunden durch neue Inhalte oder Funktionen hoch zu halten. Hugo Boss gelingt dies durch eine saisonal neue Darstellung der jeweils aktuellen Kollektion. Der neue Content ist hier sozusagen bereits im Geschäftsmodell der Modeindustrie verankert.

3. Hinweise zur Lösung

Da die Beantwortung dieser Fragen logisch aufeinander aufbaut, bietet sich die Darstellung in Form eines Konversionstrichters an. Jede der Stufen des Konversionstrichters baut auf der vorhergehenden auf. Ein Unternehmen ist jedoch nur dann erfolgreich, wenn es gelingt, die Kunden mit den beschriebenen Marketinginstrumenten durch die einzelnen Stufen bis zur nachhaltigen Nutzung zu führen.

4. Literaturempfehlung

Egle, Ulrich/Hafner, Nils (2017). Digitale Medien. Die Mobile-App; In Hermes, Vera (Hrsg.), *Innovatives Direktmarketing, Praxishandbuch für effektive Kundenansprache*, Freiburg.

Aufgabe 85: Kundenentscheidungskette und Customer Journey

Wissen, Verstehen, Anwenden
10 Minuten

---

1. Fragestellung

Welche Methoden tragen zu Entdeckung, Analyse und Darstellung der Phasen einer Kundenentscheidungskette und damit der Grundlage einer Customer Journey bei?

2. Lösung

Hierbei geht es darum, herauszufinden, in welchen Phasen der Kunde von der Wahrnehmung seines Bedürfnisses über die Evaluation von Kaufoptionen bis hin zum Kauf und im Anschluss über Vertragsgestaltung bzw. Lieferung, Nutzung der Produkte oder Services bis hin zur Inanspruchnahme des Kundenservice oder einer Beschwerde über den Fortgang der Beziehung entscheidet. In den letzten Jahren ist auch in der Praxis viel über die abschließenden Phasen der Kundenentscheidungskette (Customer Decision Making Chain) diskutiert worden. Grundlegend hat der Kunde hier drei Möglichkeiten, die zum Teil in Kombination miteinander ablaufen können. Zum einen hat er bei einer generell nicht zufriedenstellenden Erfahrung ja jederzeit die Möglichkeit, die Beziehung zum Unternehmen abzubrechen. Dennoch sollte auch die Phase eines eventuellen Wechsels zur Konkurrenz durchdacht werden. Idealerweise kommt es jedoch zu einem erneuten Kauf des Kunden. Dies zeigt die Customer Journey der TUI auf, die als Kreislauf gestaltet ist, da man hier herausgefunden hat, dass Erinnerungen an einen schönen Urlaub dazu führen, wieder über die Gestaltung der nächsten Ferien nachzudenken.

Methodisch gesehen gibt es mehrere Möglichkeiten, sich den oben beschriebenen Phasen zu nähern. So versuchen Unternehmen einerseits in Workshops in einer Inside-out-Überlegung beispielsweise aus der Erfahrung, Phasen zu definieren und zu definieren, was der Kunde in den einzelnen Schritten nun erleben soll. Ein große Rolle spielt in diesem Zusammenhang das sogenannte Service Blueprinting. Hier kann beispielsweise überlegt werden, was der Kunde von den Tätigkeiten des Unternehmens mitbekommt, welches die Interaktionen mit den Mitarbeitern des Unternehmens sind oder welche Infrastruktur für das Kundenerlebnis notwendig ist. Eine wesentlich sinnvollere Methodik, sich in die Erlebniswelt des Kunden einzufühlen, ist jedoch die seit Jahrzehnten bekannte Befragungsmethodik der sequenziellen Ereignismethode („sequential incident technique"), da hier Kunden in selbstgewählten Phasen ihre konkreten Erlebnisse schildern. Hier kann man sehen, wie der Kunde entscheidet und welche Wahrnehmungen diese Entscheidungen beeinflussen.

3. Hinweise zur Lösung
Wichtig bei der Anwendung der „sequential incident technique" ist, dass die befragten Kunden möglichst der Zielperson entsprechen und dass sie konkrete Erlebnisse mit dem Unternehmen hatten.

4. Literaturempfehlung
Hafner, Nils (2018). Customer Experience Management – Revisited!; *acquisa*, 1/18, S. 52–62.

Hafner, Nils (2016). Stammkunden und Fans – das Rückgrat der Tourismusindustrie; In Ratajczak, Oliver/Jockwer, Axel (Hrsg.), *Kundenorientierung und Kundenservice in der Touristik*, Wiesbaden.

Jüttner, Uta/Schaffner, Dorothea/Windler, Katharina/Maklan, Stan (2013). Customer Service Experiences: Applying a Sequential Incident Laddering Technique; *European Journal of Marketing*, 47, 5, 6, S. 738–768.

Lemon, Katherine N./Verhoef, Peter C. (2016). Understanding Customer Experience Throughout the Customer Journey; *Journal of marketing: AMA/MSI Special Issue*, Vol. 80, November, S. 69–96.

9 Kundenservicemanagement

Aufgabe 86: Das Pareto-Prinzip des Kundenservice

Wissen, Verstehen, Anwenden
10 Minuten

1. Fragestellung

Warum kann in einem professionell konzipierten Kundenservicecenter nicht auf eine Weiterverbindung vom Generalisten zum Spezialisten verzichtet werden? Skizzieren Sie den Prozess anhand des Pareto-Prinzips.

2. Lösung

Viele Firmen nutzen heute ein Callcenter, das Touchpoint-übergreifend sämtliche Kontakte im Service abwickelt. Leider führt eine einseitig effizienzgetriebene Sichtweise auf den Kundenservice häufig dazu, dass hier Profilierungspotenzial für das Unternehmen verloren geht. Das hat in der Regel zwei Gründe.

Erstens ist der Kundenservice bislang eine persönliche Sache. Der Kontakt erfolgte in der Regel von Mensch zu Mensch und beide Gesprächspartner beeinflussen sich gegenseitig. Da liegt es nahe, dass eine gewisse Tagesformabhängigkeit auch in der professionellsten Kundenserviceabteilung vorliegt, insbesondere, wenn durch ein hohes Anrufvolumen oder dysfunktionale Technologie zusätzlicher Stress auf beiden Seiten entsteht.

Zweitens ist es daher nachweislich so, dass Kunden wenig von diesem Touchpoint erwarten. Wie sollten Sie auch? Die klassische Sichtweise des Top-Managements auf den Kundenservice ist halt effizienzorientiert. Es geht darum, haltbaren Service zu vernünftigen Kosten zu liefern. Gleichzeitig werden im Marketing jedoch teilweise unvernünftige Beträge ausgegeben, um Kunden von den Werten der Marke zu überzeugen oder um Kunden gar zu überraschen.

Grundlage eines kosteneffizienten Service ist die Pareto-Regel, die besagt, dass es sich bei 80 % des Volumens aller zahlenmäßig eingehenden Serviceanliegen an ein Unternehmen um Standardanliegen handelt, die etwa 20 % aller inhaltlich möglichen Anliegen umfassen. Das bedeutet nichts anderes als dass diese 80 % Anliegen von Generalisten (sogenannter erster Level) bearbeitet werden können, die auf gerade mal einen Fünftel aller möglichen Lösungen ausgebildet wurden. Jede Anfrage, die inhaltlich darüber hinaus geht, muss dann jedoch an entsprechend qualifizierte und damit teure Spezialisten (sogenannter zweiter Level) weitergegeben werden. Jedoch ist nur durch diese Aufgabenteilung ein kosteneffizienter Service überhaupt machbar.

https://doi.org/10.1515/9783110516869-009

3. Hinweise zur Lösung

Hier ist es wichtig, den Kundenserviceprozess als einen Prozess über mindestens zwei Level darzustellen. Im First-Level werden 80 % des Volumens mit 20 % aller möglichen Antworten durch Generalisten beantwortet. Hier spielt unter Umständen auch die Automatisierung des Kundendialogs eine große Rolle. Ab dem zweiten Level werden die verbleibenden Anfragen dann durch Spezialisten beantwortet.

4. Literaturempfehlung

Hafner, Nils/Elsten, Rémon (2016). *Kundendialogmanagement*, Rheinfelden.

Aufgabe 87: Entscheidung zwischen Automatisierung und persönlichem Dialog

Wissen, Verstehen
7 Minuten

1. Fragestellung

Skizzieren Sie ein Modell, mithilfe dessen Sie entscheiden können, welche Dialoge zwischen Kunden und Unternehmen in Zeiten der Digitalisierung automatisiert werden sollten.

2. Lösung

Ein besonderer Erfolg kommt im Kundenmanagement immer dann zustande, wenn es gelingt, **Kundeninteressen und Unternehmensinteressen** in Einklang zu bringen. Ein ausgesprochen gutes Beispiel dafür ist die maßgeblich bei Amazon von Bill Price (vgl. Price & Jaffe, 2008) entwickelte Value-Irritant-Matrix. Sie gibt einen Eindruck, wie ein Unternehmen seinen Kundenservice gezielt zwischen Automatisierung, Vereinfachung und persönlichem Kundendialog gestalten kann. Danach wird einerseits aus der Sicht der Unternehmung überlegt, ob diese an einem Kontakt mit dem Kunden unter Servicegesichtspunkten interessiert ist, weil sie etwas über ihre Produkte und Dienstleistungen lernen kann, sich dadurch Ideen für Einsparungen ergeben sowie sich durch den Kontakt eine Chance ergibt, weitere Produkte oder Leistungen zu verkaufen oder eben nicht. Andererseits wird systematisch die Perspektive des Kunden auf den Servicekontakt eingenommen. Ist der Kunde wirklich an einem persönlichen Dialog interessiert, weil er Antworten auf seine Fragen oder einen Rat bekommt und im Idealfall Geld sparen kann oder sieht er gar keine Notwendigkeit mit einem Unternehmen in Kontakt zu treten und empfindet den Dialog als ärgerlich.

Die Grundidee ist, dass ein Unternehmen analysieren sollte, wo **Kunde und Unternehmen gleichzeitig Interesse am persönlichen Kontakt** haben. Nur hier kommen wertstiftende Gespräche zustande. Besteht eine Interessendivergenz, hat also der

Kunde ein hohes Interesse, eine Problemlösung zu erhalten, das Unternehmen schätzt diesen Kontakt jedoch nur als zusätzliche Kosten ein, sollte der Kontakt automatisiert werden. Das ist vor allem da von Interesse, wo Kunden immer wieder die gleichen Fragen stellen. In diesem Zusammenhang geht es häufig um das Verständnis der Funktionsweise von Produkten und Dienstleistungen, auch Self-Service genannt. Ein wunderbares Beispiel dafür stellt der YouTube-Servicekanal der Royal Bank of Scotland (RBS) dar. RBS hat hier zu den häufigsten Servicevorfällen im Bereich des eBanking ausgesprochen unterhaltsame Erklärvideos produziert, die für den Kunden einen hohen Mehrwert im Self-Service darstellen.

Gleiches gilt für den umgekehrten Fall, dass das Unternehmen darauf angewiesen ist, dass der Kunde einen Kontakt mit dem Unternehmen hat und bestimmte Informationen preisgibt, wie beispielsweise bei einem Check-in oder einer E-Mail-Bestätigung. Derartige Kontakte empfinden Kunden häufig als lästig. Hier gilt es die Kontakte, wie beispielsweise einen Check-in oder Teilkontakte, wie eine notwendige Identifikation des Kunden möglichst zu vereinfachen.

3. Hinweise zur Lösung
Es bietet sich an, im Zusammenhang mit der Lösung der Aufgabe, die Value-Irritant-Matrix zu skizzieren.

4. Literaturempfehlung
Price, Bill/Jaffe, David (2008). *The Best Service is No Service: How to Liberate Your Customers from Customer Service, Keep Them Happy, and Control Costs*, Hoboken.

Aufgabe 88: Kundencommunitys

Wissen, Verstehen, Anwenden
10 Minuten

1. Fragestellung
Wie kann ein Unternehmen systematisch die Chancen und Risiken einer Kundencommunity abwägen?

2. Lösung
Das Betreiben einer eigenen Branded-Community ist seit einigen Jahren ein beliebtes Instrument für die Gestaltung von Kundendialogen. Vorreiter war hier die Firma Dell, die nach massiver Kritik an ihren Produkten und Dienstleistungen Mitte der 2000er-Jahre wieder mit ihren Kunden ins Gespräch kommen wollte. In diesem Zu-

sammenhang gestaltete Dell eine Internetplattform für den Kundendialog in Form einer Branded-Community und ließ die Kunden in Form eines Wettbewerbs Ideen für die Verbesserung bestehender oder für neue Produkte generieren. Diese wurden im Anschluss von anderen Kunden bewertet. Die am besten bewerteten Ideen wurden im Anschluss von Dell umgesetzt und der Community berichtet. Ein erster Ansatz des Nutzens einer Community zum Crowd Sourcing. Heute spielen Branded-Communitys vor allem im Self-Service-Bereich der Home-Entertainment- oder Telekommunikationsbranche eine Rolle.

Content – welche Inhalte sind für die Community relevant?

„Content ist King" wird häufig postuliert. Das stimmt in gewisser Weise, denn bei der Gestaltung einer Branded-Community ist die Grundlage der Kundendialoge das Interesse an den Produkten und Dienstleistungen, der Fachexpertise und der Diskussion der Inhalte des Unternehmens. Kunden haben sich häufig für einen Anbieter entschieden, weil ihnen dessen Produkt- und Dienstleistungssortiment besonders zusagen. Nun gilt es auszuwählen, welche Inhalte in Marketing und Service zu diesen Sortimenten passen. Es gilt hier, Geschichten zu erzählen. Für den Servicebereich bedeutet das beispielsweise zu erklären, wie Produkte und Dienstleistungen funktionieren. Also gute Beispiele in diesem Zusammenhang können Bosch Elektrowerkzeuge oder die Aktivitäten rund um die digitalen Services der Royal Bank of Scotland angesehen werden.

Context – wann und wie werden die Inhalte genutzt?

Neben dem Inhalt ist dem **Kontext** der Inhaltsnutzung größte Aufmerksamkeit zuzuwenden. Es geht hier darum, bei welchen Gelegenheiten der Inhalt konsumiert wird und wie die Präferenzen des Nutzers aussehen. So hat Bosch die Funktionsweise und die Bedienung sowie die Wartung seiner gängigsten Elektrowerkzeuge speziell für die Zielgruppe junger Handwerker als Videos produzieren lassen. Handwerker lesen nämlich für gewöhnlich nicht gern. Werden nun am Telefon, oder per E-Mail Fragen zur Funktionsweise einzelner Werkzeuge gestellt, kann Bosch auf die eigene Handwerker-Community BOB verweisen oder den Link zu einzelnen Videos auf Youtube als gut bekannte öffentliche Social-Media-Plattform versenden. Diese Art der Automation spart in den direkte Medien Zeit für die Erklärung der Funktionsweisen und sorgt dafür, dass Handwerker bei ähnlichen Fragestellungen umgehend auf den dafür extra gestalteten Touchpoints suchen, um sich so selbst zu helfen.

Continuity – wie rekreativ sind die Inhalte?

Eine Community ist dann besonders attraktiv, wenn deren Mitglieder immer wieder einen Anlass haben, die Communityplattform zu besuchen. Es kommt also darauf an, kontinuierlich neue, interessante Beiträge in der Community zu teilen. Hierbei ist natürlich wichtig, wie häufig es bei den vom Unternehmen geteilten Inhalten wirklich Neuigkeiten gibt. Hier bestehen natürlicherweise große Branchenunterschiede. Während im Telekommunikationsumfeld quasi ständig neue Geräte, Apps und Services erscheinen, gibt es beispielsweise im Krankenkassenbereich weniger Neuigkeiten, die mitteilenswert sind.

Connectivity – was führt zu Vernetzung der Kunden mit dem Unternehmen und untereinander?

In Bezug auf die Continuity ist festzuhalten, dass es darauf ankommt, die Community durch immer neue Inhalte am Leben zu erhalten. Hier ist natürlich von Interesse, wer diese neuen Inhalte generiert. Je mehr durch das Unternehmen generiert wird, desto teurer wird der Unterhalt der Communityplattform. Je mehr die Nutzer beitragen, um so günstiger und umso interessanter und rekreativer sind die Inhalte. Dabei ist zu beachten, dass nur 1 % der User gewöhnlich Inhalte beiträgt, 9 % der Kunden kommentiert oder bewertet Inhalte und über 90 % konsumieren gewöhnlich nur, ohne etwas beizutragen. Machen wir einmal eine simple Rechnung auf. Um eine Community für die User interessant zu halten, benötigen wir 50 Kunden, die Inhalte beitragen. Also benötigen wir 450 User, die bewerten oder kommentieren und 4500 konsumierende Personen in der Community. Alles in allem funktioniert eine Community also etwa ab 5000 Nutzer. Dies ist eine stolze Zahl und man sollte sich daher gut überlegen, ob ein Unternehmen diese Nutzerzahlen in einem Sprachraum erreichen kann.

Collaboration – die Möglichkeiten profitabler Communities

Schlussendlich interessiert, wie ein Unternehmen mit dem hier vorgestellten Communitymodell Geld verdienen kann. Im Vordergrund stehen hier drei Ansatzpunkte:
1. Dell und Lego gehen den klassischen Weg der Generierung von Ideen zur Produktverbesserung (Crowdsourcing). Ziel ist es, mit dem Kunden in den Dialog zu kommen und daraus neue oder verbesserte Produkte zu gewinnen. Die Kunden fühlen sich abgeholt und gewertschätzt. Ein klassischer Closed Loop.
2. Bosch will vor allem seine Produkte bewerben und setzt dabei auf die Weiterempfehlung als Ergebnis der Community. Dabei geht es vor allem darum, Inhalte so in den Kontext der Benutzung durch den Handwerker zu stellen, dass sie als ideal passend zur eigenen Vorstellung empfunden werden und dadurch weiterempfohlen werden.
3. Die Swisscom hat eine klassische Self-Service-Community aufgebaut. Hier geht es darum, zu verhindern, dass der Kunde aufgrund eines Servicefalls beim Unternehmen anruft oder diesem eine E-Mail schreibt. Auch gilt es, nicht jeden Servicevorfall selbst zu lösen, sondern gegebenenfalls abzuwarten, bis ein anderer Kunde hier eine Lösung für die Community entwickelt.

3. Hinweise zur Lösung

Bei der Lösung geht es vor allem darum, die Gestaltungselemente eines Community-Managements, die 5 C (Content, Context, Continuity, Connectivity und Collaboration) zu nennen und adäquate Beispiele für diese Elemente zu skizzieren.

4. Literaturempfehlung

Hafner, Nils/Elsten, Rémon (2016). *Kundendialogmanagement*, Rheinfelden.

Egle, Ulrich/Hafner, Nils (2014). Digitale Medien. Die Mobile-App; In Vera, Hermes (Hrsg.), *Innovatives Direktmarketing, Praxishandbuch für effektive Kundenansprache*, Freiburg.

Aufgabe 89: Predictive Maintenance

Wissen, Verstehen, Anwenden
12 Minuten

---

1. Fragestellung

Erklären Sie, wie es Unternehmen gelingt, mithilfe von Big Data und Machine Learning den idealen Zeitpunkt für die Wartung oder den Ersatz von Maschinen zu prognostizieren.

2. Lösung

Im Gegensatz zu einer Wartungslogik dieser Maschine, die nach festen zeitlichen oder Nutzungszyklen abläuft, bezieht das Predictive-Maintenance-Modell interne wie externe statische wie dynamische Daten ein, um zu prognostizieren, wie hoch die Wahrscheinlichkeit eines Ausfalls der Maschine ist. Nun kann man rein wirtschaftlich überlegen, was der Ausfall der Maschine pro Tag oder Stunde kostet. Zukünftig geht es um eine Optimierung der Wartungs- bzw. Gesamtservicekosten. Diesem Sachverhalt trägt auch das Service Excellence Cockpit in seiner neuesten Umfragewelle Rechnung. Nur wenn Gesamtservicekosten erfasst und verglichen werden können, gelingt dem Servicemanager eine geeignete Orientierung und damit Optimierung.

Im konkreten Fall bedeutet das: Erfolgt die Wartung zu früh, hätten die Verschleißteile der Anlage länger genutzt werden können. Es entstehen also unnötige Kosten. Steht die Maschine, entstehen dem Kundenunternehmen Ausfallkosten, die unter Umständen vertragsbedingt an das herstellende Unternehmen weitergereicht werden können. Auch hier kommt wieder Machine Learning ins Spiel. Der Algorithmus lernt mit jedem Ausfall einer Maschine hinzu. Auf der Basis aller laufenden Maschinen und deren Serviceintervallen und ungeplanten Ausfällen wird die Genauigkeit des Schätzmodells immer besser und kann so den optimalen Zeitpunkt für eine Wartung bzw. einen Austausch feststellen.

Diese Logik ist zunehmend auch in Business-to-Customer-Umgebungen nutzbringend anzuwenden. Nehmen wir als Beispiel den Fall eines Händlers, der Kaffee in Kapseln in hoher Qualität im Rahmen eines Clubmodells an seine Kunden zu hohen Margen verkauft. Dieses Unternehmen kennt durch sein Business Modell den Kunden mit Namen und Adresse. Es weiß also, wie viele Kapseln welcher Kaffeesorte der Kunde gekauft hat. Gleichzeitig kennt es die Marke und den Typ der verwendeten Maschine. Das Unternehmen kennt die durchschnittliche Lebensdauer dieser Maschinen im Bezug zum Wasserhärtegrad am Wohnort des Kunden. Dieser ist in entwickelten Märkten recht leicht herauszufinden. Auch weiß das Unternehmen, wie häufig der Kunde seine Maschine entkalkt hat. Das Entkalkungsset bezieht er ja in der Regel auch über den Club. All diese Faktoren ergeben ein Schätzmodell, das mit der Zeit wie oben beschrieben verfeinert wird. Nun ist lediglich noch zu klären, wie man den Ausfall dieser Maschine vermeidet. Das Handelsunternehmen weiß, dass ein Kunde, dessen Maschine ausfällt, im Durchschnitt einen Monat keinen Kaffee kauft, bis er eine neue Maschine angeschafft hat. Während dieser Zeit besteht natürlich ein erhöhtes Risiko des Anbieterwechsels, da ja eine Wechselbarriere (eine funktionierende Kaffeemaschine) weggefallen ist. Um die Ausfallkosten der entgangenen Umsatzmarge und das Risiko des Anbieterwechsels zu minimieren, macht der Händler dem Kunden nun ein (aus dessen Sicht) vorteilhaftes Angebot, sobald die Wahrscheinlichkeit eines Maschinenausfalls ein gewisses Ausmaß erreicht hat. Der Kunde kann (bei Bestellung einer gewissen Menge Kaffee) eine neue (aus seiner Sicht weitere) Kaffeemaschine zu einem für ihn attraktiven Angebotspreis erwerben. Geht der Kunde auf das Angebot ein, ist das Predictive Servicing hier für den Kaffeehändler erfolgreich gewesen.

Es ist anhand der vorgestellten Anwendungsbereiche festzustellen, dass der Umgang mit Big Data und Formen der künstlichen Intelligenz und damit des Machine Learning zunehmend nutzenstiftend auch in die Welt des Kundenservice vordringt.

3. Hinweise zur Lösung

Bei der Lösung ist es wichtig, die einzelnen Bestandteile eines Algorithmus zur Serviceprognose zu nennen und das Zusammenspiel dieser Elemente darstellen zu können. Dabei bietet es sich an, kosten- und nutzenorientiert zu argumentieren.

4. Literaturempfehlung

Hafner, Nils (2019). *Artificial Intelligence und Big Data im Kundenservice: Reality Check und Ausblick, in Gentsch Peter: Künstliche Intelligenz für Sales, Marketing und Service*, Wiesbaden.

10 Marketingcontrolling

Aufgabe 90: Zum Verständnis des Marketingcontrollings

Wissen, Verstehen
10 Minuten

1. Fragestellung

Die Belle AG produziert unter anderem die Shampoomarke Glanz. In den vergangenen zwei Monaten wurden Maßnahmen der Mediawerbung und der Verkaufsförderung für diese Marke durchgeführt. Als idealtypisch letzte Phase im Marketingmanagementprozess erfolgt im Rahmen des Marketingcontrollings die Kontrolle dieser beiden Marketingaktivitäten. Der Marketingleiter betont, dass das Marketingcontrolling der Belle AG dem heutigen Marketingverständnis folgend in seinen Funktionen über die klassische Marketingkontrolle hinausgeht. Gleichzeitig plant er, innerhalb der Belle AG zukünftig auch die Frage der Institutionalisierung des Marketingcontrollings zu diskutieren und möchte Ziele für das Marketingcontrolling festlegen.

a) Interpretieren Sie jeweils die Aussage des Marketingleiters zur Funktion des Marketingcontrollings.

b) Zeigen Sie am Beispiel von der Shampoomarke Glanz typische Ziele des Marketingcontrollings auf.

2. Lösung

a) Mögliche Funktionen des Marketingcontrollings bei der Belle AG sind z. B.:
   - Soll-Ist-Vergleich des Erfolgs der Mediawerbung und der Verkaufsförderung: Wird z. B. mit der durchgeführten Mediawerbung eine Steigerung des Bekanntheitsgrads von Glanz in der Zielgruppe um mindestens 10 % angestrebt, ist nach Durchführung der Maßnahmen die tatsächlich erreichte Steigerung des Bekanntheitsgrads von Glanz zu ermitteln.
   - Kritische Überprüfung des Einsatzes der Mediawerbung und der Verkaufsförderung für Glanz: Es lässt sich z. B. untersuchen, inwieweit sich die zeitliche Abstimmung des Einsatzes der beiden bei Glanz eingesetzten Marketinginstrumente bewährt hat, um Kenntnisse für die Planung zukünftiger Marketingmaßnahmen zu erhalten.

b) Mögliche Ziele des Marketingcontrollings bei Glanz sind z. B.:
   - Früherkennung von Chancen und Risiken für die Marke Glanz: Das heißt, das Marketingcontrolling gewährleistet, dass externe Einflussfaktoren bezüglich der Marketingsituation von Glanz regelmäßig identifiziert und analysiert werden. Hierzu zählen z. B. neue Patente im Bereich der Kosmetikindustrie

https://doi.org/10.1515/9783110516869-010

ebenso wie Veränderungen des Kaufverhaltens der Zielgruppe von Glanz (z. B. Trend zu Fruchtshampoos).

– Effizienter Einsatz der Mediawerbung und der Verkaufsförderung bei Glanz: Ein Beispiel hierfür ist die Suche nach Nutzungsmöglichkeiten von Synergieeffekten zwischen beiden Instrumenten beim Einsatz für Glanz. Ebenso wird in die Überlegungen einbezogen, welche Form der Verkaufsförderung bei Glanz besonders gut zur Realisierung der festgelegten Ziele geeignet ist, z. B. inwieweit die Abgabe einer Gratisproduktprobe von Glanz vorteilhafter ist als eine einwöchige Preisreduktion.

3. Hinweise zur Lösung

Die Kontrolle der Marketingaktivitäten stellt die letzte Phase im idealtypischen Marketingmanagementprozess dar. Kontrollen beinhalten nach heutigem Verständnis nicht mehr nur Kontrollen im Sinn eines Soll-Ist-Vergleichs, sondern auch die kritische Prüfung von Verfahrensweisen und Entscheidungsprozessen, ebenso wie die Beachtung von Interdependenzen zwischen Planung und Kontrolle. Aus der entsprechenden Aufgabe, planungs- und kontrollrelevante Informationen bereitzustellen, leitet sich der Begriff des Marketingcontrollings ab.

4. Literaturempfehlung

Oelsnitz, Dietrich von der (2009). *Management: Geschichte, Aufgaben, Beruf*, München, S. 50–52.

Aufgabe 91: Aufgaben des Marketingcontrollings

Wissen, Verstehen
10 Minuten

---

1. Fragestellung

Welche vier zentralen Funktionen werden dem Marketingcontrolling zugeordnet?

2. Lösung

1. Informationsfunktion
2. Planungsfunktion
3. Kontrollfunktion
4. Koordinationsfunktion

3. Hinweise zur Lösung

Bei der **Informationsfunktion** geht es darum, alle im Rahmen der Planung und Kontrolle notwendigen internen und externen Informationen in der erforderlichen Genauigkeit und Verdichtung am richtigen Ort und zum richtigen Zeitpunkt bereitzustellen.

Durch die Gewährleistung der **Planungsfunktion** trägt das Marketingcontrolling zur Sicherstellung eines kontinuierlichen und in sich konsistenten Planungsprozesses im Marketing bei. Diese Aufgabe bezieht sich auf unterschiedliche Phasen des Marketingplanungsprozesses. Sie setzt im Rahmen der Situationsanalyse eine systematische und permanente Beobachtung der Umwelt- und Unternehmensentwicklung im Sinn eines Frühwarnsystems um, das Bedrohungen rechtzeitig aufdeckt.

Im Rahmen der **Kontrollfunktion** liefert die Marketingkontrolle Informationen, inwieweit mit den verfolgten Strategien und Maßnahmen die Marketingziele erreicht wurden bzw. werden. Damit ist die Marketingkontrolle zugleich der Ausgangspunkt für notwendige Veränderungen (z. B. Ziel-, Strategie- oder Maßnahmenanpassungen).

Vor dem Hintergrund der Entscheidungsinterdependenzen kommt dem Marketingcontrolling schließlich im Rahmen der **Koordinationsfunktion** die Aufgabe der Koordination sämtlicher Funktionen im Marketingmanagement zu. Ein unkoordiniertes Vorgehen führt dazu, dass Partikularinteressen durchgesetzt werden, die nur suboptimale Lösungen ermöglichen. Im Interesse der Gesamtunternehmenszielsetzung ist demnach aufgrund der Entscheidungsautonomie einzelner Bereiche eine Koordination unumgänglich, um zu optimalen Entscheidungen zu kommen.

4. Literaturempfehlung

Homburg, Christian (2015). *Marketing-Management, Strategie – Instrumente – Umsetzung – Unternehmensführung*, Wiesbaden, S. 1197 ff.

Aufgabe 92: Ziele der Marketingimplementierung

Wissen, Verstehen
10 Minuten

---

1. Fragestellung

Im Rahmen der Implementierung eines Marketingcontrollings werden drei hierarchisch aufgebaute Zielkategorien unterschieden. Ordnen Sie die Zielkategorien grafisch ein und beschreiben Sie stichwortartig den Inhalt der jeweiligen Zielkategorien.

2. Lösung

| Oberziel | | Erfolgreiche Marketing-Implementierung |

| Systemziele | | **Durchsetzungsziele** | **Umsetzungsziele** |

Durchsetzungsziele
- „Kennen"
- „Verstehen"
- „Können"
- „Wollen"

der Betroffenen

Umsetzungsziele
- Spezifizierung des Marketingkonzeptes
- Anpassung der Unternehmenspotentiale
  - Struktur
  - Systeme
  - Kultur

| Durchführungsziele | | **Effiziente Durchführung der Marketingimplementierung** |

Effiziente Durchführung der Marketingimplementierung
- „Implementierungskostenziele
- Ablauf- und Terminziele

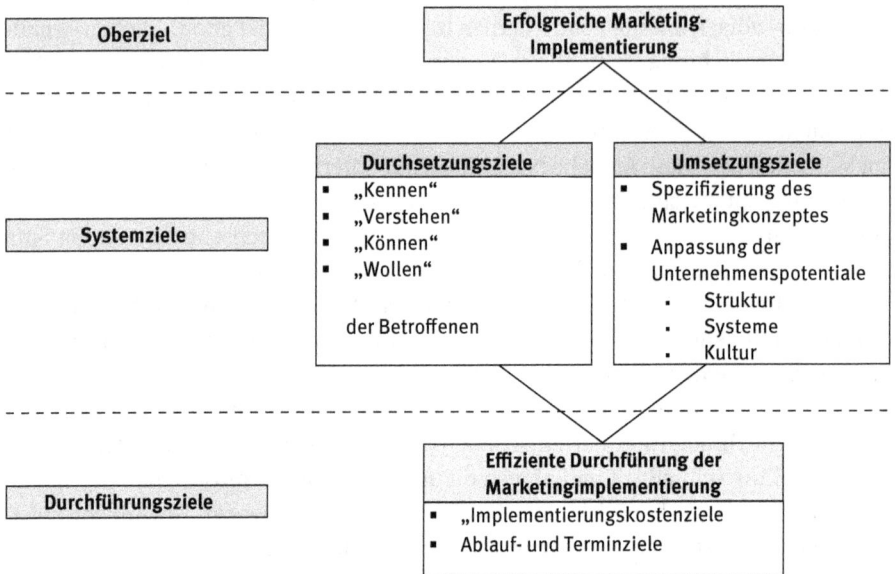

Abb. 11: Ziele der Marketingimplementierung (in Anlehung an Meffert, 2014, S. 1104)

3. Hinweise zur Lösung

Basierend auf einer Marketingstrategie werden die entsprechenden Marketingmixelemente abgeleitet und umgesetzt. Das Oberziel der Marketingimplementierung ist deren erfolgreiche Implementierung. Dies Systemziele lassen sich differenzieren in die beiden Phasen des Führungsprozesses Willensbildung und Willensdurchsetzung (vgl. Hahn, 1996, S. 41). Implementierung ist Teil der Willensdurchsetzung; in Anlehung an Kolks (1990, S. 78) sollen hierzu Durchsetzung (insbesondere Schaffung von Akzeptanz) und Umsetzung (Konkretisierung und strukturelle Verankerung) von Konzepten gerechnet werden. In Abb. 11 werden die relevanten Teilaufgaben veranschaulicht.

4. Literaturempfehlung

Meffert, Heribert (2014). *Marketing: Grundlagen marktorientierter Unternehmensführung Konzepte – Instrumente – Praxisbeispiele*, Wiesbaden, S. 1104.

Hahn, Dietger (1996). *PuK: Planung und Kontrolle, Planungs- und Kontrollsysteme, Planungs- und Kontrollrechnung*, Wiesbaden, S. 41.

Kolks, Uwe (1990). *Strategieimplementierung – Ein anwenderorientiertes Konzept*, Wiesbaden, S. 78.

Aufgabe 93: Marketingziele

Wissen, Verstehen, Anwenden
10 Minuten

1. Fragestellung

Ausgangspunkt des Marketingcontrollings sind Ziele. Die SpiritOfTheWheels GmbH stellt Bremssysteme für vier große Automobilhersteller her. Nach einigen schwierigen Jahren kann das Unternehmen vom allgemeinen Aufschwung der Automobilindustrie profitieren. Nachdem in den letzten Jahren die Anzahl der Mitarbeiter um etwa 10 % reduziert wurde, um dem Kostendruck zu begegnen, soll der Aufschwung zu Neueinstellungen führen. Die Stimmung unter den Mitarbeitern ist nach den mageren Jahren mit Gehaltsverzicht und Mehrarbeit aber noch als schlecht zu bezeichnen. Der Personalbedarf soll zunächst nur langsam mit Neueinstellungen bedient werden, um die Liquidität des Unternehmens noch etwas zu schonen. Das Top-Management des Unternehmens hat für das kommende Jahr Umsatzsteigerungen und weitere Kostenreduktionen als Oberziele des Unternehmens vorgegeben. Der Marketingbereich soll aber den Rückenwind des geschäftlichen Aufschwungs nutzen und kann mit einem 5 % höheren Budget rechnen.

Sie sind Marketingleiter des Unternehmens und möchten fünf mögliche Marketingziele benennen. Unterscheiden Sie dabei zwischen ökonomischen und vorökonomischen Zielen und operationalisieren Sie die Ziele, sodass sie im Rahmen eines Marketingcontrollings nutzbar sind.

2. Lösung

Mögliche vorökonomische (oder qualitative) Marketingziele sind z. B.:
- Verbesserung des Images des Unternehmens bei den Kunden im nächsten Geschäftsjahr um zehn Punkte (nach der jährlichen Imagebefragung)
- Senkung der Beschwerdehäufigkeit um 25 % im nächsten Geschäftsjahr
- Verbesserung der Zufriedenheit der Außendienstmitarbeiter im nächsten Geschäftsjahr um zehn Punkte (nach der jährlichen Mitarbeiterbefragung)

Mögliche ökonomische (oder quantitative) Marketingziele sind z. B.:
- Gewinnung von einem neuen Großkunden im nächsten Geschäftsjahr
- Steigerung des Gewinns in der Sparte Bremssysteme um 5 % im nächsten Geschäftsjahr

3. Hinweise zur Lösung

Zwischen vorökonomischen und ökonomischen Marketingziele besteht häufig eine Mittel-Zweck-Beziehung. Beispielsweise sind die Bekanntheit und das Image eines Unternehmens in der Zielgruppe entscheidend dafür, ob diese überhaupt in Erwägung ziehen, Produkte vom Unternehmen zu kaufen. Insofern können Bekanntheit und Image eines Unternehmens stark dessen Umsatz beeinflussen (als ökonomisches Marketingziel).

Ziele konkretisieren Strategien und machen Erfolg messbar. Sie müssen dazu selbst so konkret wie möglich formuliert sein. Dazu lässt sich z. B. der SMART-Ansatz verwenden. Demnach sollen Ziele wie folgt formuliert werden:

- S: Spezifisch bedeutet, das Ziele konkret und unmissverständlich zu benennen sind (z. B. „in der Sparte Bremssysteme").
- M: Messbar bedeutet, das Ziel so zu formulieren, dass später objektiv zu erkennen ist, ob das Ziel erreicht wurde oder nicht (z. B. „um 25 %"). Im Zweifelsfall sind Hilfsgrößen zu benennen, z. B. kann eine sinkende Anzahl der Beschwerden als Indikator für eine steigende Kundenzufriedenheit angesehen werden (siehe oben).
- A: Attraktiv/akzeptiert/aktiv bedeutet, den Endzustand positiv zu beschreiben, damit das Ziel von allen Beteiligten akzeptiert wird, und das Ziel außerdem aktiv zu formulieren, also aktive Verben zu verwenden (Gegenbeispiel: „Verminderung des dramatischen Gewinnverlusts").
- R: Realistisch bedeutet, nur solche Ziele zu formulieren, die durch das eigene Verhalten auch aktiv beeinflusst werden können. Ziele sollten dabei gleichzeitig machbar (also nicht von vornherein demotivierend) und herausfordernd sein (Gegenbeispiel: „Verdopplung des Gewinns").
- T: Terminierbar bedeutet, die Zielkontrolle zeitlich zu bestimmen, indem bei der Formulierung festgelegt wird, zu welchem exakten Zeitpunkt das Ziel erfüllt sein soll (z. B. „im nächsten Geschäftsjahr").

4. Literaturempfehlung

Becker, Jochen (2013). *Marketing-Konzeption. Grundlagen des ziel-strategischen und operativen Marketing-Managements*, München, S. 23–27.

Aufgabe 94: Marketingkennzahlen

Wissen, Verstehen, Anwenden
10 Minuten

---

1. Fragestellung

Die DoctorDoctor GmbH stellt Medizinbedarf zur Diagnostik her. Darunter fallen z. B. Blutdruck- und Blutzuckermessgeräte, Stethoskope usw. Das Unternehmen beliefert Kliniken, Ärzte und Apotheken und erzielte mit etwa 500 Mitarbeitern bisher einen Umsatz von 180 Millionen Euro. Der Vertrieb erfolgt über angestellte Außendienstmitarbeiter mit Niederlassungen in Nord- und Südamerika, Europa und Asien.

Im aktuellen Geschäftsjahr brach der Umsatz um 20 % ein, ohne dass bisher eine Erklärung dafür vorliegt. Als Marketingleiter fordern sie seit geraumer Zeit die Einführung eines Kennzahlensystems zur kontinuierlichen Überwachung des Absatzes. Benennen Sie mindestens vier geeignete Kennzahlen, die im Rahmen eines aussagefähigen Marketingcontrollings benötigt werden. Begründen Sie jeweils kurz die Notwendigkeit der Ermittlung.

2. Lösung

Es können z. B. die folgenden Kennzahlen genutzt werden:

- Umsätze pro Monat/Quartal/Jahr einzelner Produkte bzw. Produktgruppen: Zur Steuerung und Entwicklung der Vertriebsaktivitäten und zur Identifikation beunruhigender Markttrends
- Auftragseingänge pro Monat/Quartal/Jahr: Zur Messung der Wirksamkeit absatzpolitischer Instrumente, z. B. bei Preissenkungen, nach großen Messen oder bei Werbekampagnen
- Durchschnittliche Auftragssumme je Kunde/Kundenstruktur: Als Indiz für A-Kunden, B-Kunden, C-Kunden, um wichtige Kunden vorrangig bedienen zu können
- Umsätze/Deckungsbeitrag pro Vertriebsregion im Vertrieb: Zur Steuerung des Außendiensts und zur Identifikation beunruhigender Markttrends in bestimmten Regionen
- Umsätze/Deckungsbeitrag pro Mitarbeiter im Vertrieb: Zur Steuerung des Außendiensts
- Anzahl der Reklamationen: Zur Messung der Kundenzufriedenheit und zur Identifikation von Absatzrisiken
- Anzahl Neukunden: Als Indiz für Wirksamkeit der absatzpolitischen Instrumente, z. B. bei Werbemaßnahmen

3. Hinweise zur Lösung

Kennzahlen als quantitative Messgrößen für Marketingziele, -prozesse und -ergebnisse gewinnen im Marketingmanagement deutlich an Stellenwert. Die per Kennzahlen gewonnenen Erkenntnisse lassen sich (wie oben skizziert) zur Steigerung von Effektivität und Effizienz von Marketing und Vertrieb einsetzen.

Klassische formalökonomische Kennzahlen wie Gewinn, Umsatz oder Marktanteile werden unternehmensspezifisch und abhängig von der konkreten strategischen Situation des Unternehmens ergänzt. Im vorliegenden Beispiel werden vertriebspolitische und kommunikationspolitische Kennzahlen ausgewählt, um die Situation des Unternehmens in Zukunft besser analysieren zu können.

4. Literaturempfehlung

Walsh, Gianfranco/Deseniss, Alexander/Kilian, Thomas (2013). *Marketing: Eine Einführung auf der Grundlage von Case Studies*, Wiesbaden, S. 156–157.

Aufgabe 95: Deckungsbeitrag und Break-even-Menge

Wissen, Verstehen, Anwenden
15 Minuten

1. Fragestellung

Der Schuhproduzent SensibleShoes stellt in Deutschland hochwertige Laufschuhe für den europäischen Markt her. Die Geschäftsführung befürchtet Auswirkungen der aktuellen Wirtschaftskrise auf Absatz und Gewinn. Sie werden als Leiter des Marketings gebeten, schnell mögliche finanzielle Auswirkungen zu prognostizieren. Ihre Mitarbeiter können in der Kürze der Zeit leider nur die folgenden Daten für Sie zusammenstellen:

- Es wird befürchtet, dass die Absatzmenge um bis zu 25 % sinkt.
- Bei dieser Absatzmenge müsste die Produktion reduziert werden. Bei einem Auslastungsgrad der Produktion von 100 % werden 400.000 Paar Schuhe produziert, bei einem Auslastungsgrad von 75 % nur noch 300.000 Paar.
- Beim Auslastungsgrad von 100 % entstehen Gesamtkosten von 25 Millionen Euro, 40 % davon sind Fixkosten.
- Der Preis der Laufschuhe beträgt 80 Euro je Paar.

a) Stellen Sie eine Tabelle auf und ermitteln Sie bei beiden möglichen Beschäftigungsgraden Gesamtkosten, Fixkosten, variable Kosten, Stückdeckungsbeitrag, Gesamtdeckungsbeitrag und Gewinn.
b) Ermitteln Sie die Break-even-Menge.

2. Lösung

a) **Tab. 6:** Deckungsbeitragsrechnung

Auslastungsgrad	AG	75 %	100 %
Menge in Paar	x	300.000	400.000
Gesamtkosten	K	21.250.000	25.000.000
Fixkosten	K_f	10.000.000	10.000.000
Variable Kosten	K_v	11.250.000	15.000.000
Stückdeckungsbeitrag	db	37,5	37,5
Gesamter Deckungsbeitrag	DB	11.250.000	15.000.000
Gewinn	G	1.250.000	5.000.000

b) Break-even-Menge: $x^* = $ Fixkosten$/db = 10.000.000/37,5 = 266.667$ (aufgerundet)

3. Hinweise zur Lösung

a) – Die Fixkosten bleiben bei beiden Auslastungsgraden konstant.
  – Die variablen Kosten beim Auslastungsgrad von 100 % ergeben sich aus der Subtraktion von Gesamtkosten und Fixkosten.
  – Die variablen Kosten beim Auslastungsgrad von 75 % ergeben sich aus der Multiplikation mit 0,75 (bei konstanten variablen Stückkosten).
  – Die Gesamtkosten beim Auslastungsgrad von 75 % betragen dementsprechend 21,25 Millionen Euro.
  – Der Stückdeckungsbeitrag ergibt sich, indem vom Preis (80 Euro) die variablen Kosten pro Paar (z. B. 15.000.000/400.000 = 37,5) abgezogen werden.

Die Lösung berücksichtigt nicht, dass durch die verminderte Auslastung eventuell weitere Kosten entstehen, wenn z. B. Arbeitnehmer in der Produktion nicht mehr beschäftigt werden können (Tab. 6).

b) Die Break-even-Menge findet sich dort, wo der Stückdeckungsbeitrag gerade die Fixkosten abdeckt. Wird diese Menge unterschritten, befindet sich das Unternehmen in der Verlustzone.

4. Literaturempfehlung

Wöhe, Günter/Döring, Ulrich/Brösel, Gerrit (2016). *Einführung in die Allgemeine Betriebswirtschaftslehre*, München, S. 904 ff.

Aufgabe 96: Break-even-Menge und Preisuntergrenze

Wissen, Verstehen, Anwenden
15 Minuten

1. Fragestellung

Cust.Pie ist ein Produzent preiswerter Kekse und will für sein Kernprodukt Cherry-Pie eine Break-even-Analyse durchführen, um einige wichtige Planungszahlen für das kommende Geschäftsjahr zu ermitteln. Sie gehen dabei davon aus, dass sich Kosten und Erlöse nicht verändern.

– Die variablen Kosten am Break-even-Punkt betragen 52.500 Euro pro Woche.
– Die Fixkosten summieren sich auf 78.000 Euro pro Woche.
– Bei einer Produktion von 100.000 Stück pro Woche beträgt der Gesamtdeckungsbeitrag 52.000 Euro.

a) Berechnen Sie die Break-even-Menge.
b) Welcher Absatz muss erreicht werden, wenn pro Woche ein Gewinn von 20.800 Euro erzielt werden soll?

c) Bestimmen Sie bei einem Absatz von 130.000 Produkten pro Woche die kurzfristige und langfristige Preisuntergrenze (PUG).

2. Lösung

a)

$$db = \text{Gesamtdeckungsbeitrag/Stückzahl} = 52.000/100.000 = 0,52 \text{ Euro}$$

$$x^* = \text{Fixkosten}/db = 78.000/0,52 = 150.000 \text{ Stück}$$

b)

$$x = (K_f + G)/db = (78.000 + 20.800)/0,52 = 190.000$$

c) Variable Kosten bei x^* = kurzfristige PUG

$$x^* = K_v^*/x^* = 52.500/150.000 = 0,35$$

Langfristige PUG bei 130.000 Stück: $k_v + k_f = 0,35 + 78.000/130.000 = 0,95$ Euro

3. Hinweise zur Lösung

b) Gesucht wird hierbei die Produktionsmenge, die alle Kosten deckt und einen bestimmten Gewinn erzeugt.

c) Die kurzfristige PUG entspricht den variablen Stückkosten. Diese müssen aus den Angaben aus der Aufgabenstellung berechnet werden. Langfristig müssen mindestens die Gesamtkosten gedeckt werden. Bei Preissenkungen ist Vorsicht geboten, da spätere Preisanhebungen von den Kunden eventuell nicht mehr akzeptiert werden.

4. Literaturempfehlung

Becker, Jochen (2013). *Marketing-Konzeption. Grundlagen des Ziel-strategischen und operativen Marketing-Managements*, München, S. 793 ff.

Aufgabe 97: Nachfrageprognose: Gleitende Durchschnitte

Wissen, Verstehen, Anwenden
15 Minuten

1. Fragestellung

An einem Standort des kleinen Versicherungsunternehmen SaveMe wird anhand der Methode der gleitenden Durchschnitte monatlich eine Ein-Monat-Prognose darüber erstellt, wie viele Berufsunfähigkeitsversicherungen abgeschlossen werden. Am Ende des Jahres ergeben sich die in Tab. 7 angegebenen Werte.

Tab. 7: Tatsächliche Nachfrage nach Berufsunfähigkeitsversicherungen

Jan	Feb	Mrz	Apr	Mai	Jun	Jul	Aug	Sep	Okt	Nov	Dez
10	12	13	16	19	23	26	30	28	18	16	14

Sie sollen am Jahresende die Güte der Nachfrageprognose beurteilen. Berechnen Sie ab April den über drei Monate gleitenden Durchschnitt sowie die absolute Abweichung vom tatsächlichen Verkaufswert. Tragen Sie die tatsächliche Nachfrage sowie die Prognose in ein Diagramm ein (*x*-Achse: Zeit, *y*-Achse: Nachfrage).

2. Lösung

Tab. 8: Über drei Monate gleitender Durchschnitt, Lösung

Monat	Tatsächlich verkaufte Berufsunfähigkeits-versicherungen	Gleitender Durchschnitt	Absolute Abweichung
Januar	10		
Februar	12		
März	13		
April	16	(10 + 12 + 13)/3 = 11,67	4,33
Mai	19	13,67	5,33
Juni	23	16,00	7,00
Juli	26	19,33	6,67
August	30	22,67	7,33
September	28	26,33	1,67
Oktober	18	28,00	10,00
November	16	25,33	9,33
Dezember	14	20,67	6,67

3. Hinweise zur Lösung

Bei der Methode der gleitenden Durchschnitte wird der Prognosewert aus Vergangenheitswerten ermittelt. Dabei werden mehrere Daten (in diesem Fall drei) einbezogen, um Unregelmäßigkeiten zu glätten. Jeder neue Monatswert eliminiert den ältesten Wert.

Aus dem Diagramm (Abb. 12) lässt sich ablesen, dass die Prognose (weiße Kurve) der Nachfrage (schwarze Kurve) ständig hinterherhinkt und die Nachfrage eher unterschätzt.

Die Methode ist bei einigermaßen stabiler Nachfrage über die Zeit hin gut anwendbar, heftige Zufallsschwankungen können geglättet werden.

Plötzliche eintretende Niveauschwankungen der Nachfrage werden aber nicht antizipiert; somit ist das Verfahren nur bei großer Datenmenge sinnvoll nutzbar.

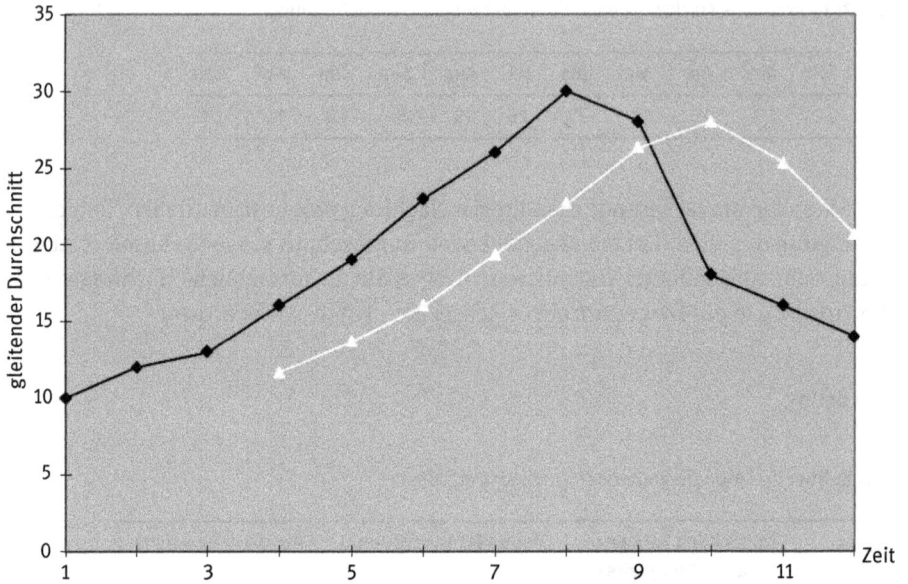

Abb. 12: Über drei Monate gleitender Durchschnitt, grafisch

4. Literaturempfehlung

Heizer, Jay/Render, Barry/Munson, Chuck (2016). *Operations Management. Sustainability and Supply Chain Management*, Essex, Kapitel 4.

Aufgabe 98: Nachfrageprognose: Exponentielle Glättung

Wissen, Verstehen, Anwenden
10 Minuten

1. Fragestellung

Nutzen Sie in Erweiterung von Aufgabe 97 die exponentielle Glättung zur Nachfrageprognose für die Monate Januar bis Juni und interpretieren Sie Ihr Ergebnis. Die entsprechende Formel lautet:

- Vorhersagewert$_{t+1}$ = Vorhersagewert$_t$ + α(Nachfragewert$_t$ + Vorhersagewert$_t$),
- wobei α einen Wert von 0,1 betragen soll.

Der erste Vorhersagewert t im Januar ist 11.

2. Lösung

Tab. 9: Exponentielle Glättung

Monat	Tatsächlich verkaufte Berufsunfähigkeits- versicherungen	Vorhersagewert$_t$	Vorhersagewert$_{t+1}$	Absolute Abweichung
Januar	10	11	$11 + 0,1 \cdot 21 = 13,1$	3,10
Februar	12	13,1	15,51	3,51
März	13	15,51	18,36	5,36
April	16	18,36	21,8	3,44
Mai	19	21,8	25,88	4,08
Juni	23	25,88	27,9	2,02

3. Hinweise zur Lösung

Fehleinschätzungen der Vergangenheit werden in der neuen Prognose berücksichtigt, allerdings in diesem Beispiel nur ein Wert.

Die Höhe der Glättungskonstante ist willkürlich gewählt. Abhängig von ihrer Wahl kann sich das Ergebnis stark verändern.

Die exponentielle Glättung wird vor allem verwendet, wenn die Zeitreihe keinerlei systematische Mustern wie einem linearen Anstieg folgt. Daher ist das Verfahren in diesem Anwendungsbeispiel nicht gut geeignet.

4. Literaturempfehlung

Heizer, Jay/Render, Barry/Munson, Chuck (2016). *Operations Management. Sustainability and Supply Chain Management*, Essex, Kapitel 4.

Aufgabe 99: Nachfrageprognose: Lineare Trendfunktion

Wissen, Verstehen, Anwenden
15 Minuten

1. Fragestellung

Erweiterung von Aufgabe 97 und 98: Sie haben den Verdacht, dass die Zahl der Berufsunfähigkeitsversicherungen einem Trend folgt. Sie aggregieren daher die Zahlen der letzten sechs Quartale und stellen eine lineare Trendfunktion auf.

– Die entsprechende Formel lautet: $y = a + b \cdot x$
– Die Werte für a und b ermitteln Sie mit den sogenannten statistischen Normalgleichungen.

– Berechnung der Geradensteigung:

$$b = \frac{\sum (x \cdot y) - n \cdot \overline{x} \cdot \overline{y}}{\sum (x^2) - n \cdot (\overline{x})^2}$$

– Berechnung des Achsenabschnitts:

$$a = \overline{y} - b \cdot \overline{x}$$

– n ist dabei die Anzahl der Perioden, $\overline{x}, \overline{y}$ jeweils der Mittelwert von x oder y.

Berechnen Sie die Trendfunktion und nutzen Sie dazu die Tab. 10. Ermitteln Sie den Prognosewert für das siebente Quartal.

Tab. 10: Lineare Trendfunktion

Periode (x)	Nachfrage (y)	$x \cdot y$	x^2
1	150	150	
2	160		
3	140		
4	170		
5	180		
6	200		
$\sum x =$	$\sum y =$	$\sum x \cdot y =$	$\sum x^2 =$

2. Lösung

Tab. 11: Lineare Trendfunktion, Lösung

Periode (x)	Nachfrage (y)	$x \cdot y$	x^2
1	150	150	1
2	160	320	4
3	140	420	9
4	170	680	16
5	180	900	25
6	200	1200	36
$\sum x = 21$	$\sum y = 1000$	$\sum x \cdot y = 3670$	$\sum x^2 = 91$

$$b = \frac{3670 - 6(3{,}5 \cdot 166{,}67)}{91 - 6 \cdot 3{,}5^2} = 9{,}71$$

$$a = 166{,}67 - 9{,}71 \cdot 3{,}5 = 132{,}67$$

$$y = 132{,}67 + 9{,}71x$$

$$y7 = 132{,}67 + 9{,}71 \cdot 7 = 200{,}64 \quad \text{(ungerundet)}$$

3. Hinweise zur Lösung

Die Nachfrage unterliegt einem steigenden Trend. Annahme des Verfahrens ist, dass sich dieser Trend in der Zukunft fortsetzt. Diese Annahme ist umso problematischer, je dynamischer die Marktentwicklung ist.

4. Literaturempfehlung

Heizer, Jay/Render, Barry/Munson, Chuck (2016). *Operations Management. Sustainability and Supply Chain Management*, Essex, Kapitel 4.

Aufgabe 100: Nachfrageprognose: Saisonale Einflüsse

Wissen, Verstehen, Anwenden
15 Minuten

1. Fragestellung

Sie sind Marketingleiter des Zoos TheZoo und sollen eine Prognose für die Besucherzahlen im nächsten Jahr aufstellen. Ihnen stehen die monatlichen Besucherzahlen der letzten drei Jahre (in 1000) zur Verfügung. Der saisonale Index berechnet sich wie folgt: Durchschnittliche Besucherzahl in den Gesamtjahren 1, 2, 3 geteilt durch die durchschnittliche Besucherzahl pro Monat.

Tab. 12: Saisonale Einflüsse

	1	2	3	Durchschnittliche Besucherzahl im Monat	Saisonaler Index	Prognose
Januar	70	75	80			
Februar	65	73	75			
März	80	85	90			
April	85	90	104			
Mai	110	115	120			
Juni	113	117	124			
Juli	100	105	113			
August	90	100	107			
September	80	85	93			
Oktober	76	79	82			
November	75	75	75			
Dezember	70	73	76			
Mittelwert						
Mittelwert Jahre 1 bis 3						

Berechnen Sie die durchschnittliche Besucherzahl und die anderen benötigten Mittelwerte, den saisonalen Index und schätzen Sie die Besucherzahl in den einzelnen Monaten im folgenden Jahr. Nutzen Sie als Hilfsmittel die Tab. 12.

2. Lösung

Tab. 13: Saisonale Einflüsse, Lösung

	1	2	3	Durchschnittliche Besucherzahl im Monat	Saisonaler Index	Prognose
Januar	70	75	80	75	0,84	75,00
Februar	65	73	75	71	0,79	71,00
März	80	85	90	85	0,95	85,00
April	85	90	104	93	1,04	93,00
Mai	110	115	120	115	1,28	115,00
Juni	113	117	124	118	1,32	118,00
Juli	100	105	113	106	1,18	106,00
August	90	100	107	99	1,11	99,00
September	80	85	93	86	0,96	86,00
Oktober	76	79	82	79	0,88	79,00
November	75	75	75	75	0,84	75,00
Dezember	70	73	76	73	0,81	73,00
Mittelwert	84,5	89,3	94,9			
Mittelwert Jahre 1 bis 3	89,58					

3. Hinweise zur Lösung
Der saisonale Einfluss ist am saisonalen Index klar ablesbar; in den warmen Monaten sind mehr Besucher im Zoo als in den Wintermonaten. Hierdurch kann das Management z. B. die Mitarbeiterkapazität in saisonaler Hinsicht besser planen.

Der steigende Trend der Besucherzahlen wird mit dem Verfahren aber nicht abgebildet. Daher sind die Prognosewerte für das Jahr 4 durchgehend unter den Vorjahrszahlen.

4. Literaturempfehlung
Heizer, Jay/Render, Barry/Munson, Chuck (2016). *Operations Management. Sustainability and Supply Chain Management*, Essex, Kapitel 4.

Aufgabe 101: Customer Lifetime Value

Wissen, Verstehen, Anwenden
15 Minuten

1. Fragestellung

Sie sind Marketingleiter des deutschen Kraftwerksunternehmens WelcomeToTheMachine. In den letzten zwei Monaten haben Sie mit einem potenziellen Kunden aus einem afrikanischen Entwicklungsland den Bau und Betrieb eines Kohlekraftwerks verhandelt. Sie wollen der Geschäftsführung die Annahme des Geschäfts schmackhaft machen und berechnen den Customer Lifetime Value (CLV). Folgende Angaben stehen Ihnen dabei zur Verfügung:

- Der Bau des Kraftwerks soll zum 1.1.2020 fertiggestellt sein. Sie rechnen mit Baukosten von 8,5 Millionen Euro, die in den Jahren 2018 und 2019 anfallen.
- Die Kosten der Planung (vor allem Gehaltskosten für Ingenieure) fallen in den Jahren 2018 (3,4 Millionen Euro) und 2019 (1,4 Millionen Euro) an.
- Die Planung wird im Jahr 2019 einmalig mit 4 Millionen Euro vergütet.
- Der Betrieb des Kraftwerks wird zunächst für sieben Jahre vereinbart.
- Das Kraftwerk wird durch ein Serviceteam betreut. Zunächst werden dabei auch deutsche Mitarbeiter eingesetzt, wodurch in den Jahren 2020 und 2021 Kosten von je 2 Millionen Euro entstehen. Diese sinken dann von Jahr zu Jahr um 15 %.
- Weitere laufende Kosten kalkulieren Sie mit 500.000 Euro pro Jahr.
- Die benötigte Kohle schlägt mit etwa 2,5 Millionen Euro pro Jahr zu Buche.
- Im Jahr 2025 fällt eine große Wartung an. Sie kalkulieren insgesamt mit Kosten von 3 Millionen Euro.
- Zur Beziehungspflege wird mit 350.000 Euro pro Jahr kalkuliert.
- Ab dem Jahr 2020 wird die Leistungsabgabe mit 8 Millionen Euro jährlich vergütet.
- Ab dem Jahr 2022 rechnen Sie mit zusätzlichen Einnahmen durch die Belieferung eines dann eingeweihten Industrieparks von 1 Million Euro jährlich.
- Ihr Unternehmen baut in Westeuropa keine Kohlekraftwerke mehr, wegen der schlechten Klimabilanz, politischer Vorbehalte und Protesten von Umweltverbänden. Ihr PR-Leiter warnt vor Imageschäden, wenn in Afrika ein neues Kohlekraftwerk gebaut wird und rechnet damit, dass von 2019 bis 2022 jährlich 1 Million Euro zusätzlich für Imagekampagnen und Lobbying aufgewendet werden muss.

Stellen Sie zunächst tabellarisch Ein- und Auszahlungen dar und berechnen Sie den *CLV*. Gehen Sie dabei von einem internen Kalkulationszinssatz von 7 % aus.

2. Lösung

Tab. 14: Ein- und Auszahlungen

	2018	2019	2020	2021	2022	2023	2024	2025	2026
Einnahmen		4	8	8	9	9	9	9	9
Baukosten	4,25	4,25							
Planungskosten	3,4	1,4							
Serviceteam			2	2	1,7	1,445	1,228	1,044	0,887
Laufende Kosten			0,5	0,5	0,5	0,5	0,5	0,5	0,5
Kohle			2,5	2,5	2,5	2,5	2,5	2,5	2,5
Wartung								3	
Beziehungspflege	0,35	0,35	0,35	0,35	0,35	0,35	0,35	0,35	0,35
Imagekampagne		1	1	1	1				
Gesamtkosten	8	7	6,35	6,35	6,05	4,795	4,578	7,394	4,237
Finanzüberschuss	−8	−3	1,65	1,65	2,95	4,205	4,422	2,606	5,763

Der *CLV* ergibt sich aus der Abdiskontierung der jährlichen Finanzüberschüsse mit dem angegebenen Kalkulationszinssatz von 7 %.

$$CLV = -8 + (-3/1{,}07) + (1{,}65/1{,}07^2) + (1{,}65/1{,}07^3) + (2{,}95/1{,}07^4)$$
$$+ (4{,}205/1{,}07^5) + (4{,}422/1{,}07^6) + 2{,}606/1{,}07^7) + (5{,}763/1{,}07^8)$$
$$= 4{,}831$$

3. Hinweise zur Lösung

Der *CLV* kann als der Kapitalwert einer Geschäftsbeziehung verstanden werden.

Mit einem positiven *CLV* von über 4 Millionen Euro ist das Geschäft von Vorteil für das Unternehmen. Allerdings ist zu berücksichtigen, dass diverse Risiken nicht abgebildet sind, z. B. Kostensteigerungen, mögliche Währungsrisiken, aber auch die Wahrscheinlichkeit, dass die Prognosen tatsächlich eintreffen, z. B. die Belieferung des Industrieparks.

4. Literaturempfehlung

Walsh, Gianfranco/Deseniss, Alexander/Kilian, Thomas (2013). *Marketing: Eine Einführung auf der Grundlage von Case Studies*, Wiesbaden, S. 162–165, S. 246–248.

Aufgabe 102: Produktelimination

Wissen, Verstehen, Anwenden
10 Minuten

1. Fragestellung:

Die BeerDrinkersAndHellraisers-Brauerei GmbH ist ein mittelständisches Unternehmen der Getränkeindustrie mit etwa 250 Mitarbeitern und einem Umsatz von 110 Millionen Euro im abgelaufenen Geschäftsjahr. Das Unternehmen stellt momentan 16 verschiedene, größtenteils alkoholische Getränke her, verpackt diese, vermarktet sie durch eine eigene Außendienstorganisation bundesweit und ist über eine eigene LKW-Flotte auch mit deren Vertrieb an Groß- und Einzelhandel befasst.

In den letzten Jahrzehnten ist das Unternehmen kontinuierlich gewachsen, allerdings stagnieren die Umsätze seit zwei Jahren. Marktstudien haben ergeben, dass der Markt für alkoholfreie Getränke und Biermischgetränke im Gegensatz zum Kernmarkt stark wächst. Diese Besonderheiten eines veränderten Konsumentenverhaltens hat das Unternehmen bisher nicht ausreichend berücksichtigt, da sich der Geschäftsführer und Eigentümer, der das Unternehmen recht autoritär führt, mit Veränderungen schwer tut.

Sie als Leiter der Abteilung Marketing möchten den Geschäftsführer von der Notwendigkeit einer teilweisen Produkterneuerung überzeugen. Um in allen Bereichen Kapazitäten für neue Produkte zu schaffen, müssen ihrer Meinung nach zunächst weniger erfolgreiche Produkte eliminiert werden.

a) Welche Analysetechniken können Sie generell wählen, um die zu eliminierenden Produkte zu identifizieren?

b) Welche konkreten Auswahlkriterien sollten Sie berücksichtigen, um den Geschäftsführer zu überzeugen?

2. Lösung

a) Als Analysetechniken kommen Produktlebenszyklusanalyse und Portfolioanalyse in Betracht, z. B. in Anlehnung an die Boston-Consulting-Group-Matrix.

b) Konkrete Auswahlkriterien für zu eliminierende Produkte können beispielsweise sein:
   - Höhe des Umsatzes des Produkts im Verhältnis zum Gesamtumsatz
   - Höhe des Marktanteils, also Markt- bzw. Konkurrenzanalyse
   - Höhe des Deckungsbeitrags
   - Höhe der Umschlagshäufigkeit des Lagerbestands
   - Etwaige Verbundbeziehungen mit anderen Produkten, also z. B. bei Rohstoffen, die für mehrere Produkte beschafft werden und bei denen bei Elimination von einzelnen Produkten eventuell Größenvorteile in der Beschaffung wegfallen.

3. Hinweise zur Lösung

a) – Produktlebenszyklusanalyse: Die zu eliminierenden Produkte sollten sich vorzugsweise in der Sättigungs- oder Degenerationsphase befinden. Umsätze und Gewinne haben bei diesen Produkten ihren Höhepunkt überschritten.

Marktwachstum ist nicht mehr gegeben. Eventuell können auch neue Produkte, die sich noch in der Einführungsphase befinden, zu eliminieren sein, wenn frühzeitig Wachstumshindernisse festzustellen sind.

– Portfolioanalyse: Die Produkte sollten sich vorzugsweise im Poor-Dogs-Feld befinden. Die Dogs sind am Ende ihres Produktlebenszyklus, sie verzeichnen in der Regel kein Marktwachstum mehr und haben einen geringen relativen Marktanteil. Eventuell können auch Produkte aus dem Feld der Question Marks zu eliminieren sein, wenn frühzeitig Wachstumshindernisse festzustellen sind.

– Die Abb. 13 zeigt, dass die Portfolioanalyse nicht nur den Wachstumsgedanken beinhaltet, sondern auch den Marktanteil und damit auch den Wettbewerb auf dem Markt.

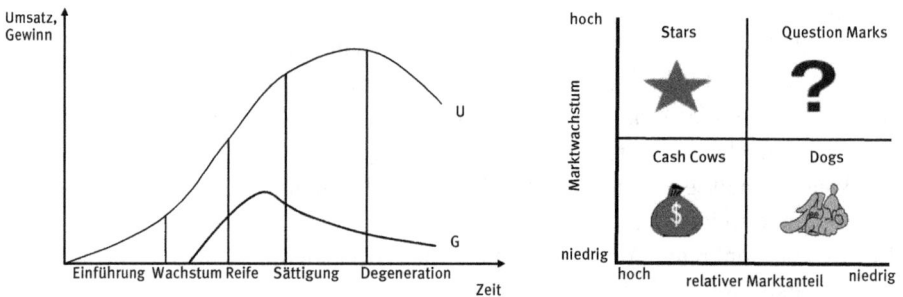

Abb. 13: Produktlebenszyklus und Portfolioanalyse

4. Literaturempfehlung

Walsh, Gianfranco/Deseniss, Alexander/Kilian, Thomas (2013). *Marketing: Eine Einführung auf der Grundlage von Case Studies*, Wiesbaden, S. 162–165, 272–274.

Aufgabe 103: Portfolioanalyse

Wissen, Verstehen, Anwenden
15 Minuten

---

1. Fragestellung

Sie sind Produktmanager beim Möbelproduzenten „RockingChair". In Ihren Aufgabenbereich fällt die Bürolinie für Schüler und Schülerinnen und Studierende; das Angebot umfasst Regale, Beistelltische, Bürostühle, Rollschränke und Schreibtische. Eine Marktanalyse hat ergeben, wie erfolgreich die Produkte am Markt sind:

– Regale: Marktwachstum 10 %, Relativer Marktanteil 20 %
– Beistelltische: Marktwachstum 6 %, Relativer Marktanteil 7 %

- Bürostühle: Marktwachstum 4 %, Relativer Marktanteil 12 %
- Rollschränke: Marktwachstum 1 %, Relativer Marktanteil 3 %
- Schreibtische: Marktwachstum 2 %, Relativer Marktanteil 2 %

Erstellen Sie auf Basis dieser Informationen eine Portfoliomatrix, benennen Sie die Felder und leiten Sie geeignete Strategien ab.

2. Lösung

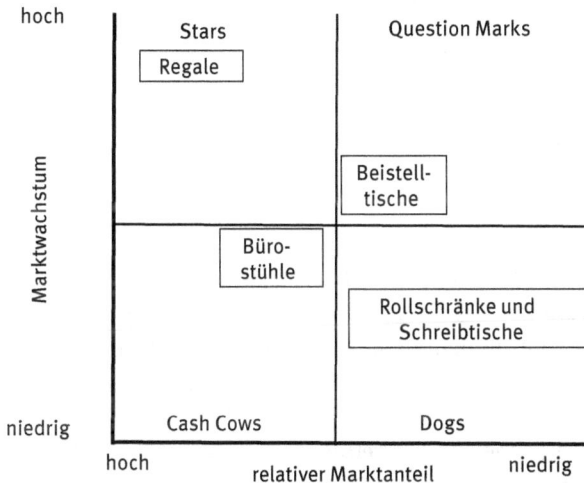

Abb. 14: Portfolioanalyse, Lösung

- Stars, Regale: Sortiment ausbauen, diversifizieren, aktiver Einsatz von Werbemitteln, Anstreben der Preisführerschaft
- Question Marks, Beistelltische: Marktanteil erhöhen oder Aufgabe, erfordert hohe finanzielle Investition
- Dogs, Rollschränke und Schreibtische: Rückzugsstrategie
- Cash Cows, Bürostühle: Position verteidigen, Konkurrenz abwehren, gezielte Produktwerbung.

3. Hinweise zur Lösung

Entscheidend ist, ab welchem Wert Marktwachstum und Marktanteil als hoch oder niedrig eingeschätzt werden. Da hier keine Marktdaten vorliegen, kann z. B. ein relativer Marktanteil von über 10 % und ein Marktwachstum von über 5 % als hoch angenommen werden.

Bei der Elimination von Dogs müssen auch andere Faktoren, z. B. der Bedarfsverbund, berücksichtigt werden: Eventuell hat es negative Auswirkungen, wenn Rollschränke und Schreibtische aus dem Sortiment entfernt werden, da das Unternehmen dann nicht mehr als vollwertiger Hersteller wahrgenommen wird, der ein vollständiges Arbeitszimmer ausstatten kann.

4. Literaturempfehlung

Walsh, Gianfranco/Deseniss, Alexander/Kilian, Thomas (2013). *Marketing: Eine Einführung auf der Grundlage von Case Studies*, Wiesbaden, S. 272–274.

Aufgabe 104: Produkterweiterung und Preispolitik im Monopol

Wissen, Verstehen, Anwenden
10 Minuten

1. Fragestellung

Die Straßenbahn- und Busgesellschaft SpeedKing kann in einer norddeutschen Metropole wie ein Monopolist agieren. Das Produkt soll durch flächendeckendes WLAN und eine eigene Smartphone-App wesentlich erweitert werden, gerade auch im Hinblick auf die Sicherheit bei der Fahrt in den Abend- und Nachtstunden mit Funktionen wie dem Notruf. Durch diese Verbesserung der Qualität steigen die Nachfrage, aber auch die Kosten (z. B. für Sicherheitspersonal). Sie sollen als Marketingleiter das neue Produkt beurteilen. Der Einfachheit halber betrachten Sie zunächst nur den Absatz von Wochenkarten. Vergleichen Sie dazu den Deckungsbeitrag vor und nach der Produkterweiterung. Ihnen stehen die folgenden Informationen zur Verfügung:

- Aktuelle Nachfragefunktion: $p_1(x) = 15 - 0{,}75x$
- Aktuelle Grenzkosten: $K_1'(x) = 2$
- Geschätzte Nachfragefunktion nach Produkterweiterung: $p_2(x) = 20 - 0{,}5x$
- Geschätzte Grenzkosten nach Produkterweiterung: $K_2'(x) = 5$
- x: Anzahl der Wochenkarten in Zehntausend pro Woche

2. Lösung

Bedingung im Gewinnmaximum: $U'(x) = K'(x)$

Gewinn vor Produkterweiterung

$$15 - 0{,}75x = 2$$
$$x_{1opt} = 17{,}333$$
$$p_{1opt} = 8{,}5$$
$$DB_1 = (\text{Preis} - \text{variable Kosten}) \cdot \text{Menge} = (8{,}5 - 0{,}75) \cdot 17 = 131{,}75$$

Gewinn nach Produkterweiterung

$$20 - 0,5x = 5$$
$$x_{2opt} = 30$$
$$p_{2opt} = 5$$
$$DB_2 = (5 - 0,5) \cdot 32 = 144$$

Die Absatzmenge steigt stark an, da die Präferenz nach Sicherheit offensichtlich ein hohes Gut darstellt. Aufgrund der höheren Menge, die abgesetzt wird, kann der Preis sinken. Der Deckungsbeitrag steigt.

3. Hinweise zur Lösung

Bei der Preisbildung im Monopol kann der Monopolist seinen Preis freisetzen, allerdings muss er dabei berücksichtigen, dass die Nachfrage reagiert. Würden die Preise z. B. verdoppelt, würden wahrscheinlich mehr Konsumenten (trotz Stau) mit dem eigenen PKW fahren oder häufiger das Fahrrad nutzen.

In der Volkswirtschaftslehre wird in einer solchen Situation der Cournotsche Punkt berechnet (benannt nach dem französischen Wirtschaftswissenschaftler Antoine Augustin Cournot, 1801–1877). Im Cournotschen Punkt sind die Grenzerlöse gleich den Grenzkosten und die damit einhergehende Preis-Mengen-Kombination ist für den Monopolisten gewinnmaximal.

4. Literaturempfehlung

Simon, Hermann/Fassnacht, Martin (2016). *Preismanagement. Strategie – Analyse – Entscheidung – Umsetzung*, Wiesbaden, S. 106 ff.

Aufgabe 105: Kannibalisierung

Wissen, Verstehen, Anwenden
10 Minuten

1. Fragestellung

Der Smartphonehersteller RestlessAndWild möchte eine neue Version des besonders sicheren Smartphone-Bestsellers Paradise auf den Markt bringen. Bisher werden 20.000 Stück des Vorgängermodells zu einem Preis von 480 Euro pro Jahr verkauft. Die Fixkosten betragen 2 Millionen Euro, die variablen Stückkosten 120 Euro. Der Preis der neuen Version beträgt 620 Euro, die Fixkosten sinken auf 1,5 Millionen Euro, die variablen Kosten betragen 150 Euro. Es wird erwartet, dass zunächst 5000 Stück bei besonders innovativen und wenig preissensiblen Kunden verkauft werden.

Zunächst werden beide Produkte weiterverkauft. Sie rechnen durch die Neueinführung zunächst mit einem Umsatzverlust von 15 % im nächsten Jahr beim Vorgängermodell. Sie möchten als Marketingleiter die Kannibalisierungsrate des Produkts im folgenden Jahr und die Gewinnauswirkungen für das alte und neue Produkt abschätzen.

2. Lösung

$$\text{Kannibalisierungsrate (\%)} = \frac{\text{Umsatzverlust des alten Produkts}}{\text{Umsatz des neuen Produkts}} \cdot 100$$

$$\text{Umsatz des alten Produkts} = 480 \cdot 20.000 = 9,6 \text{ Mio. Euro}$$

$$\text{Umsatzverlust des alten Produkts} = 9,6 \text{ Mio. Euro} \cdot 15\,\%$$

$$= 1,44 \text{ Mio. Euro}$$

$$\text{Umsatz des neuen Produkts} = 620 \cdot 5000 = 3,2 \text{ Mio. Euro}$$

$$\text{Kannibalisierungsrate} = \frac{1,44 \text{ Mio. Euro}}{3,2 \text{ Mio. Euro}} \cdot 100 = 43,75\,\%$$

$$\text{Gewinn des alten Produkts} = \text{Umsatz} - \text{variable Kosten} - \text{Fixkosten}$$

$$= 9,6 \text{ Mio. Euro} - 2.000.000 \text{ Mio. Euro}$$

$$- (120 \text{ Euro} \cdot 20.000)$$

$$= 5.200.000 \text{ Mio. Euro}$$

$$\text{Gewinn des alten und neuen Produkts} = (8.160.000 \text{ Mio. Euro}$$

$$- 2.000.000 \text{ Mio. Euro}$$

$$- 2.400.000 \text{ Mio. Euro})$$

$$+ (3,2 \text{ Mio. Euro} - 1.500.000 \text{ Mio. Euro})$$

$$- (150 \text{ Euro} \cdot 5000)$$

$$= 3.760.000 + 950.000$$

$$= 4,71 \text{ Mio. Euro}$$

3. Hinweise zur Lösung

Rein nach dem Gewinn sollte das Unternehmen das neue Produkt nicht einführen. Jedoch sind Produktauffrischungen (Relaunches) im betrachteten Markt aufgrund eines schnellen Technologiezyklus unumgänglich.

Es ist davon auszugehen, dass das neue Produkt sich im zweiten Jahr besser verkauft. Außerdem könnten Erfahrungskurveneffekte die variablen Kosten senken. Allerdings wird sich das alte Produkt im neuen Jahr wahrscheinlich noch schlechter verkaufen (und die Kannibalisierungsrate steigen) und es werden weitere Zugeständnisse beim Preis gemacht werden müssen.

Mit der Kannibalisierungsrate können Unternehmen unterschiedliche Absatz- und Kostenszenarien durchspielen. Nicht berücksichtigt werden allerdings Konkurrenzprodukte und das Preissetzungsverhalten der Konkurrenten.

4. Literaturempfehlung

Walsh, Gianfranco/Deseniss, Alexander/Kilian, Thomas (2013). *Marketing: Eine Einführung auf der Grundlage von Case Studies*, Wiesbaden, S. 286–287.

Aufgabe 106: Lineare Preisabsatzfunktion

Wissen, Verstehen, Anwenden
10 Minuten

1. Fragestellung

Die BeautifulGirls GmbH hat auf einem Testmarkt die Preispolitik für die neue T-Shirt-Kollektion erprobt. Im ersten Monat wurden bei einem Preis von 32 Euro 420 T-Shirts verkauft, im zweiten Monat bei einem Preis von 30 Euro 600 T-Shirts, bei sonst gleichen Bedingungen. Sie sollen als Mitarbeiter der Marketingabteilung die (lineare) Preisabsatzfunktion ermitteln, grafisch darstellen und interpretieren.

2. Lösung

Die Geradengleichung lautet:

I. $\quad x(p) = a - b \cdot p$

Aus den beiden Preis-Absatz-Kombinationen (Messdaten) lassen sich Achsenabschnitt a und Steigung b ermitteln.

II: $\quad 420 = a - 32b$

III: $\quad 600 = a - 30b \quad \Rightarrow \quad b = -20 + a/30$

III in II: $420 = a - 32 \cdot (-20 + a/30)$

$\quad\quad\quad \Rightarrow \quad 420 = a + 640 - 16/15a \quad \Rightarrow \quad 1/15a = 240 \quad \Rightarrow \quad a = 3600$

in II: $\quad 420 = 3600 - 32b \quad \Rightarrow \quad b = 3180/32 = 99{,}375$

Die Preisabsatzfunktion lässt sich jetzt problemlos zeichnen, indem man den Achsenabschnitt $a = 3600$ auf der x-Achse und den Prohibitivpreis (bei dem kein T-Shirt verkauft wird) durch $a/b = 36{,}23$ ermittelt und auf der p-Achse einzeichnet (Abb. 15).

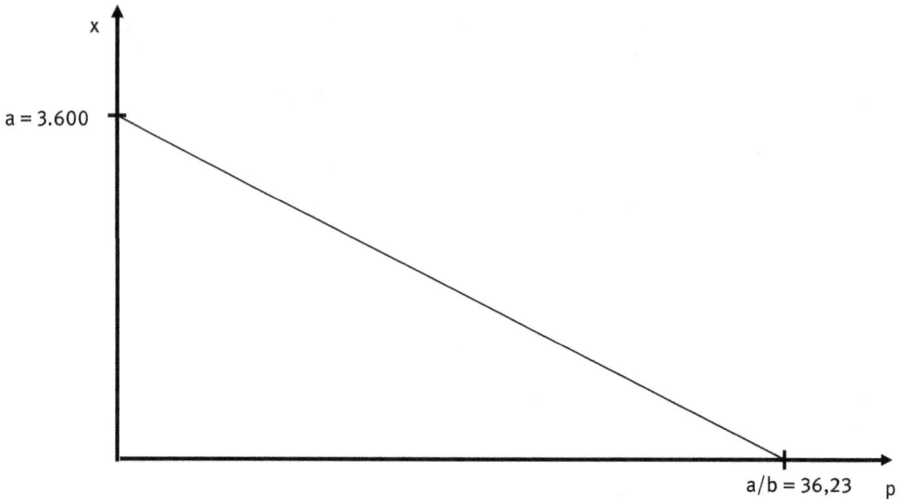

Abb. 15: Lineare Preisabsatzfunktion, Lösung

3. Hinweise zur Lösung

Die Änderung des Preises bringt fast immer auch eine Änderung des Absatzes mit sich. Im vorliegenden Beispiel steigt der Absatz, wenn der Preis sinkt. Einen systematischen Zusammenhang von Preis und Absatz zu ermitteln, ist Ziel der Ermittlung der Preisabsatzfunktion.

Die Sättigungsmenge a = 3600 stellt den maximalen Absatz dar. Durch die konstante Steigung sinkt der Absatz bei einer Preiserhöhung um eine Einheit immer um b (99,375) Einheiten. Im vorliegenden Beispiel reagiert die Nachfrage damit recht stark auf den Preisnachlass.

Weitere Faktoren wie die Preise der Konkurrenz oder die Kosten des Unternehmens bleiben dabei unberücksichtigt.

Die Preisabsatzfunktion wird umso genauer, je mehr Messdaten aus Testmärkten vorliegen.

4. Literaturempfehlung

Simon, Hermann/Fassnacht, Martin (2016). *Preismanagement. Strategie – Analyse – Entscheidung – Umsetzung*, Wiesbaden, S. 106 ff.

Aufgabe 107: Preiselastizität

Wissen, Verstehen, Anwenden
10 Minuten

1. Fragestellung

Der Süßigkeitenhersteller SweetEmotion hat bei der Pralinenmischung SweetDreams im letzten Monat einen Absatzrückgang zu verkraften gehabt. Bei einem Verkaufspreis von 5,50 Euro wurden dabei 120.000 Pralinenmischungen verkauft. Der Marketingleiter will den Absatz direkt wieder ankurbeln und erwägt eine Preissenkung auf 5 Euro. Die folgenden weiteren Informationen sind relevant:

- Aus einer aktuellen Marktforschungsstudie ist bekannt, dass die Preiselastizität bei sonst gleichen Bedingungen bei −2 liegt.
- Die variablen Stückkosten betragen 1,10 Euro, die gesamten Fixkosten 85.000 Euro.
- Das Unternehmen möchte eine Umsatzrentabilität von 20 % erreichen.
- Gehen Sie davon aus, dass die Konkurrenz kurzfristig keine Gegenmaßnahmen ergreift.

Würden Sie die Preissenkung empfehlen?

2. Lösung

I: Elastizität der Nachfrage = Nachfrageänderung/Preisänderung

Zunächst muss die neue Absatzmenge bei reduziertem Preis berechnet werden. Aus I ergibt sich

II: $\epsilon = \dfrac{(Q1 - Q2)/Q1}{(P1 - P2)/p1} \quad \Rightarrow \quad -2 = \dfrac{(120.000 - Q2)/120.000}{(5,50 - 5)/5,50}$

$\qquad\qquad\qquad\qquad \Rightarrow \quad -2 = \dfrac{(120.000 - Q2)/120.000}{1/11}$

mit
Q1 Menge vor der Preisänderung und
Q2 Menge nach der Preisänderung.

Durch Multiplikation mit 1/11 und mit 120.000 ergibt sich: Q2 = 141.818

Situation vor der Preissenkung:

$$\text{Umsatz} = \text{Preis} \cdot \text{Absatzmenge} = 5,50 \cdot 120.000 = 660.000 \text{ Euro}$$

$$K = K_f + k_v \cdot x = 220.000 + 2,50 \cdot 120.000 = 520.000 \text{ Euro}$$

$$\text{Gewinn} = 140.00$$

$$\text{Umsatzrentabilität} = \text{Gewinn/Umsatz} \cdot 100 = 140.000/660.000 \cdot 100 = 21,21 \%$$

Das heißt: Auf 100 Euro Umsatz werden 21,21 Euro Gewinn erwirtschaftet.

Situation nach der Preissenkung:

$$\text{Umsatz} = \text{Preis} \cdot \text{Absatzmenge} = 5,00 \cdot 141.818 = 709.090 \text{ Euro}$$

$$K = K_f + k_v \cdot x = 220.000 + 2,50 \cdot 141.818 = 574.545 \text{ Euro}$$

$$\text{Gewinn} = 134.545 \text{ Euro} \quad (\text{entspricht } 18,97\,\% \text{ vom Umsatz})$$

3. Hinweise zur Lösung

Die Preiselastizität drückt aus, wie stark die Nachfrage ausgehend von einer konkreten Preis-Mengen-Kombination (120.000 Pralinenschachteln zu einem Preis von 5,50 Euro) auf eine Preisänderung (von 0,50 Euro) reagiert. In der Regel ist das Vorzeichen beim Elastizitätskoeffizienten negativ, da eine Preiserhöhung meist einen Nachfragerückgang nach sich zieht.

Unterschieden werden elastische und unelastische Nachfrage. Bei einer unelastischen Nachfrage führt eine Preiserhöhung nur zu einem unterproportionalen Nachfragerückgang. Bei einer elastischen Nachfrage hingegen führt dieselbe Preisänderung zu einem stärkeren Nachfragerückgang. Im vorliegenden Beispiel ist die Nachfrage elastisch, da die Nachfrage überproportional reagiert, eine Preissenkung um 5 % führt zu einer Nachfrageerhöhung von etwa 18 %.

Im Ergebnis erhöht sich der Umsatz, der Gewinn reduziert sich leicht, allerdings kann die geforderte Umsatzrentabilität nicht mehr gehalten werden. Grundsätzlich sollten Entscheider gerade bei hochwertigen Produkten vorsichtig mit Preissenkungen sein. Zum einen ist es unter Umständen schwierig, die Kunden später wieder an Preiserhöhungen zu gewöhnen, zum anderen kann eine preiswertere Positionierung eventuell das Qualitätsimage des Produkts gefährden, da der Preis ein Qualitätsindikator für die Kunden darstellt.

4. Literaturempfehlung
Simon, Hermann/Fassnacht, Martin (2016). *Preismanagement. Strategie – Analyse – Entscheidung – Umsetzung*, Wiesbaden, S. 106 ff.

Aufgabe 108: Competitive Bidding

Wissen, Verstehen, Anwenden
15 Minuten

1. Fragestellung
Sie sind Marketingleiter bei der SteamyWindows GmbH, einem Reinigungsdienstleister. Von dem Verwalter eines sehr großen Bürokomplexes werden Sie gebeten, sich

an der Ausschreibung der Reinigungsdienstleistungen im gesamten Gebäude für das kommende Jahr zu beteiligen.

Dem Unternehmen ist die Anzahl der Konkurrenten, die einen so großen Auftrag annehmen können und deren Preisniveau ungefähr bekannt. Aus der Gegenüberstellung von möglichen eigenen Angebotspreisen und möglichen Preisen der Konkurrenz lassen sich unter Einbezug des bisherigen Preis- und Angebotsverhaltens der Konkurrenten Wahrscheinlichkeiten von bestimmten Preisstrategien ableiten, die als Eintrittswahrscheinlichkeiten in der Tab. 15 dargestellt sind. Diese zeigt auf, mit welcher geschätzten Wahrscheinlichkeit man bei einer bestimmten Preiskonstellation den Zuschlag erhält.

Tab. 15: Preissetzung in Abhängigkeit von Wettbewerbsverhalten, Vorlage

Eigene Preise (in Millionen Euro)	Konkurrenzpreise					
	3	3,25	3,5	4	4,5	Wahrscheinlichkeit
2,5	1,00	1,00	1,00	1,00	1,00	
3	0,50	1,00	1,00	1,00	1,00	
3,25	0,25	0,50	1,00	1,00	1,00	
3,5	0,125	0,25	0,50	1,00	1,00	
3,75	0,06	0,125	0,25	1,00	1,00	
4	0,03	0,06	0,125	0,5	1,00	
	0,10	0,30	0,20	0,25	0,15	
	Wahrscheinlichkeit der Konkurrenzpreise					

Bei einem eigenen Preis von 2,5 Millionen Euro ist die Wahrscheinlichkeit, den Zuschlag zu bekommen, bei jeder möglichen Preissetzung durch die Konkurrenz 100 %. Diese Wahrscheinlichkeit sinkt, je höher das Unternehmen den eigenen Preis setzt. Die Wahrscheinlichkeiten, dass die Wettbewerber zu einem bestimmten Preis anbieten, sind in der untersten Zeile von Tab. 15 aufgetragen.

a) Ermitteln Sie zunächst die Wahrscheinlichkeit für jeden eigenen Angebotspreis, dass der Zuschlag an SteamyWindows geht und tragen Sie diese in die rechte Spalte ein.

b) Je nach Preissetzung ergeben sich Unterschiede im erzielbaren Deckungsbeitrag:
    – Preis 2,5 Millionen Euro, Deckungsbeitrag –600.000 Euro
    – Preis 3 Millionen Euro, Deckungsbeitrag –250.000 Euro
    – Preis 3,25 Millionen Euro, Deckungsbeitrag –10.000 Euro
    – Preis 3,5 Millionen Euro, Deckungsbeitrag 200.000 Euro
    – Preis 3,75 Millionen Euro, Deckungsbeitrag 500.000 Euro
    – Preis 4 Millionen Euro, Deckungsbeitrag 700.000 Euro
    Ermitteln Sie den erwarteten Deckungsbeitrag und entscheiden Sie sich für einen Angebotspreis.

2. Lösung

a) Beispiel für die Berechnung:

Wahrscheinlichkeit für den Zuschlag bei einem eigenen Preis von 3,75 Millionen Euro: Multiplikation des jeweiligen Konkurrenzpreises mit seiner Wahrscheinlichkeit und Summierung dieser Werte (Summenprodukt):

$$0,06 \cdot 0,1 + 0,125 \cdot 0,3 + 0,25 \cdot 0,2 + 1,00 \cdot 0,25 + 1,00 \cdot 0,15 = 0,4925$$

Tab. 16: Preissetzung in Abhängigkeit von Wettbewerbsverhalten, Lösung

Eigene Preise (in Millionen Euro)	Konkurrenzpreise					Wahrscheinlichkeit
	3	3,25	3,5	4	4,5	
2,5	1,00	1,00	1,00	1,00	1,00	1,00
3	0,50	1,00	1,00	1,00	1,00	0,95
3,25	0,25	0,50	1,00	1,00	1,00	0,775
3,5	0,125	0,25	0,50	1,00	1,00	0,5825
3,75	0,06	0,125	0,25	1,00	1,00	0,4935
4	0,03	0,06	0,125	0,5	1,00	0,321
	0,10	0,30	0,20	0,25	0,15	
	Wahrscheinlichkeit der Konkurrenzpreise					

b) **Tab. 17:** Erwarteter Deckungsbeitrag

Eigene Preise (in Millionen Euro)	Deckungs-beitrag	Auftrags-wahrscheinlichkeit	Erwarteter Deckungsbeitrag
2,5	−600.000	1,00	−600.000
3	−250.000	0,95	−237.500
3,25	−10.000	0,775	−7.500
3,5	200.000	0,5825	116.500
3,75	500.000	0,4935	246.750
4	700.000	0,321	224.710

3. Hinweise zur Lösung

a) Auf Basis der verschiedenen Eintrittswahrscheinlichkeiten lässt sich noch keine Angebotsalternative als dominant ermitteln, da der finanzielle Nutzen der Alternativen noch unklar ist.

b) Die Deckungsbeiträge ab einem Preis von 3,5 Millionen Euro sind positiv und kommen damit in Betracht. Sein Maximum hat der erwartete Deckungsbeitrag bei einem Gebot von 3,75 Millionen Euro, demnach wäre dieser Angebotspreis zu wählen.

Je nach Risikoaffinität der Entscheider oder nach Wichtigkeit des Auftrags (z. B. zur Kapazitätsauslastung) könnte aber auch ein Gebot von 3,5 Millionen Euro abgegeben werden, um die eigenen Chancen zu erhöhen.

4. Literaturempfehlung

Backhaus, Klaus/Voeth, Markus (2014). *Industriegütermarketing. Grundlagen des Business-to-Business-Marketings*, München, S. 393 ff.

Aufgabe 109: Außendienstcontrolling

Wissen, Verstehen, Anwenden
10 Minuten

1. Fragestellung

Die BeerDrinkersAndHellraisers-Brauerei GmbH (siehe Aufgabe 102) möchte neben der Entwicklung neuer Produkte auch damit beginnen, neue Märkte zu erschließen. Eine Marktstudie hat ergeben, dass der polnische Markt gute Aussichten für deutsche Getränkehersteller bietet. Zunächst soll eine überschaubare Außendienstorganisation geschaffen werden, die die eigenen Produkte in den polnischen Handel bringt. Als Marketingleiter sollen Sie dazu einen Vorschlag unterbreiten. Sie erwägen die Einstellung eines Reisenden mit entsprechenden Sprachkenntnissen oder die Zusammenarbeit mit einem polnischen Handelsvertreter. Der Reisende bekäme ein Gehalt von 2600 Euro monatlich und 2 % Umsatzprovision. Der Handelsvertreter erhielte ein Fixum von 800 Euro und 4,5 % Umsatzprovision. Da bereits eine größere Handelskette Interesse hat, die Produkte des Unternehmens zu listen, rechnen Sie optimistisch für das erste Jahr mit einem monatlichen Umsatz von 150.000 Euro netto.

a) Berechnen Sie die Kosten beider Alternativen beim geschätzten Umsatz.
b) Berechnen Sie den Umsatz, bei dem die Kosten von Reisendem und Handelsvertreter gleich sind.
c) Welche weiteren Kriterien sollten bei der Entscheidung eine Rolle spielen?

2. Lösung

a)

$$\text{Kosten Reisender} = 2600 \text{ Euro} + (0{,}02 \cdot 150.000 \text{ Euro}) = 5600 \text{ Euro}$$

$$\text{Kosten Handelsvertreter} = 800 \text{ Euro} + (0{,}045 \cdot 150.000 \text{ Euro}) = 7550 \text{ Euro}$$

b) Aufstellen der Kostenfunktion und gleichsetzen zur Berechnung des Schnittpunkts, bei dem die Kosten gleich sind.

$$2600 \text{ Euro} + 0{,}02x = 800 + 0{,}045x$$

$$\Rightarrow \quad 0{,}025x = 1800 \text{ Euro} \quad \Rightarrow \quad x = 72.000 \text{ Euro}$$

$$1800 \text{ Euro} = 2{,}5 \% \cdot x$$

$$x = 72.000 \text{ Euro}$$

c) Weitere Kriterien, die für die Entscheidung eine Rolle spielen können:
- – Der Handelsvertreter hat wahrscheinlich bessere Sprachkenntnisse und länderspezifische Kenntnisse. Er hat geschäftliche Verbindungen; möglicherweise ist ein Kundenstamm im polnischen Handel bereits vorhanden.
- – Eine Vertragsauflösung kann beim Handelsvertreter einfacher sein.
- – Die Kosten für Fahrten mit dem PKW und Übernachtungen sind beim Reisenden wahrscheinlich höher.
- – Der Handelsvertreter ist weniger intensiv in das Unternehmen eingebunden als der Reisende. Dies kann sich negativ auf seine Loyalität zum Unternehmen auswirken und dazu führen, dass er im Vergleich zum Reisenden schlechter informiert ist.

3. Hinweise zur Lösung
a) Trotz des geringeren Fixums ist der Handelsvertreter wegen des höheren prozentualen Umsatzanteils teurer.
b) Ab einem Umsatz von 72.001 Euro ist der Reisende kostengünstiger.
   Bis zu einem Umsatz von 69.999 Euro ist der Handelsvertreter kostengünstiger.
   Betrachtet werden hierbei aber nur die Kosten und nicht die möglichen Anreizwirkungen der Umsatzprovision auf Umsatz oder Gewinn.

4. Literaturempfehlung
Winkelmann, Peter (2012). *Vertriebskonzeption und Vertriebssteuerung. Die Instrumente des integrierten Kundenmanagements*, München, S. 80 ff. und 96 ff.

Aufgabe 110: Distributionsalternativen

Wissen, Verstehen, Anwenden
10 Minuten

---

1. Fragestellung
Der Müslihersteller TasteThePain hat einen großen Einzelhändler in Frankreich als Kunden gewonnen. Sie sollen als Mitarbeiter der Marketingabteilung Alternativen für die zukünftigen Lieferungen untersuchen. Die folgenden Informationen stehen Ihnen zur Verfügung:
- – Die Müslis werden auf Europaletten gestapelt; je Europalette können 125 Müslis verpackt werden.
- – Die Lieferung erfolgt in ein französisches Zentrallager. Von hier aus beliefert der Einzelhändler selbstständig seine Filialen.

– Alternative 1 ist die Lieferung mit einem eigenen LKW. Hierfür werden zwar Fixkosten verrechnet, diese entstehen im Unternehmen aber auch unabhängig von der Lieferung nach Frankreich und sind daher nicht entscheidungsrelevant. Die variablen Kosten betragen 6 Euro je Palette.
– Alternative 2 ist die Lieferung mit einer Spedition. Die Spedition berechnet eine Pauschale von 350 Euro und 4 Euro je Palette.
– Alternative 3 ist die Lieferung per Bahn. Die Bahn berechnet eine Pauschale von 800 Euro und 3 Euro pro Palette. Ab 200 Paletten reduziert sich der Preis pro Palette auf 2,50 Euro, die Pauschale bleibt gleich.

Es soll pro Monat eine Lieferung stattfinden, die Bestellmengen können dabei variieren. Ermitteln Sie die kostenoptimale Alternative bei alternativen Bestellmengen. Stellen Sie Ihre Lösung auch grafisch dar. Welche wichtigen Faktoren vernachlässigen Sie bei dieser rein quantitativen Betrachtungsweise?

2. Lösung

Zunächst müssen die Kostenfunktionen aufgestellt werden.

Kostenfunktion eigener LKW: $K(x)_L = 6x$

Kostenfunktion Spedition: $K(x)_S = 350 + 4x$

Kostenfunktion Bahn:

$$K(x)_{B1} = 800 + 3x, \quad \text{bei } x \leq 200$$
$$K(x)_{B2} = 800 + 2{,}5x, \quad \text{bei } x > 200$$

Nun werden die Alternativen paarweise verglichen, indem sie gleichgesetzt werden. Dadurch wird die Menge berechnet, bei denen die Alternativen die gleichen Kosten erzeugen.

Vergleich von eigenem LKW und Spedition:

$$6x = 350 + 4x \quad \Rightarrow \quad x = 175$$

Wegen der Pauschale ist die Spedition erst ab 175 Paletten günstiger.

Vergleich von Spedition und Bahn 1:

$$350 + 4x = 800 + 3x \quad \Rightarrow \quad x = 450$$

Aufgrund der höheren Pauschale ist bis zur Anzahl von 200 Paletten die Spedition günstiger.

Vergleich von Spedition und Bahn 2:

$$350 + 4x = 800 + 2x \quad \Rightarrow \quad x = 300$$

Ab 300 Paletten ist die Bahn am günstigsten.

Grafisch ergibt sich der folgende Verlauf der Kostenfunktionen. Anmerkung: Die geknickte Kurve ergibt sich aus den beiden verschiedenen Bereichen der Kostenfunktion der Bahn.

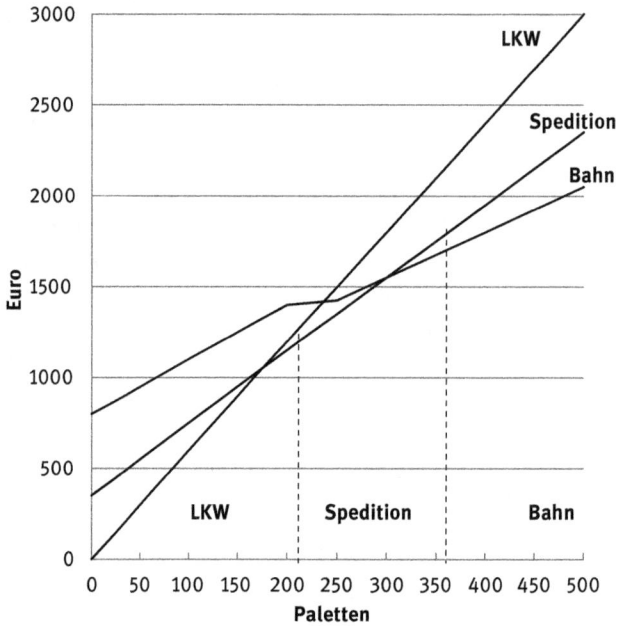

Abb. 16: Vergleich der Kostenfunktionen

Bis zu einem Bestellvolumen vom 175 Paletten ist die Bahn am günstigsten, im Intervall von 176 bis 299 Paletten die Spedition und ab 300 Paletten die Bahn.

3. Hinweise zur Lösung
Siehe oben.

4. Literaturempfehlung
Winkelmann, Peter (2012). *Vertriebskonzeption und Vertriebssteuerung. Die Instrumente des integrierten Kundenmanagements*, München, S. 697 ff.

Aufgabe 111: Intramediaselektion

Wissen, Verstehen, Anwenden
15 Minuten

1. Fragestellung

Ein großer Automobilhersteller will sein neues Modell in den nächsten drei Monaten breit in der Automobilpresse bewerben. Folgenden Alternativen stehen dabei zur Verfügung:

- Zeitschrift A hat 3.200.000 Leser und erscheint sechs Mal in den nächsten drei Monaten. Die Kosten für eine einseitige Anzeige betragen 43.000 Euro.
- Zeitschrift B hat 460.000 Leser und erscheint drei Mal in den nächsten drei Monaten. Die Kosten für eine einseitige Anzeige betragen 13.000 Euro.
- Zeitschrift C hat 3.600.000 Leser und erscheint vier Mal in den nächsten drei Monaten. Die Kosten für eine einseitige Anzeige betragen 65.000 Euro.
- Zeitschrift D hat 2.200.000 Leser und erscheint vier Mal in den nächsten drei Monaten. Die Kosten für eine einseitige Anzeige betragen 35.000 Euro.

Das Budget beträgt 670.000 Euro.

a) Berechnen Sie den Tausenderkontaktpreis (*TKP*) der Alternativen.
b) Nehmen Sie dann eine Streuplanung nach Kostengesichtspunkten vor und ermitteln Sie die Bruttoreichweite.
c) Wodurch unterscheiden sich Brutto- und Nettoreichweite?

2. Lösung

a)
$$TKP = \text{Kosten/Zahl erreichter Leser} \cdot 1000$$
$$TKP_A = 43.000/3.200.000 \cdot 1000 = 13,44 \text{ Euro}$$
$$TKP_B = 13.000/460.000 \cdot 1000 = 28,26 \text{ Euro}$$
$$TKP_C = 65.000/3.600.000 \cdot 1000 = 18,06 \text{ Euro}$$
$$TKP_D = 35.000/2.200.000 \cdot 1000 = 15,91 \text{ Euro}$$

b) Zunächst wird jeweils eine Anzeige in der kostengünstigsten Zeitschrift geschaltet, dann in der zweitgünstigsten usw.
- Zeitschrift A: 670.000 Euro – (6 · 43.000 Euro) = 412.000 Euro
- Zeitschrift D: 412.000 Euro – (4 · 35.000 Euro) = 272.000 Euro
- Zeitschrift C: 272.000 Euro – (4 · 65.000 Euro) = 12.000 Euro
- Zeitschrift B: 12.000 Euro < 13.000 Euro

Restbudget: 12.000 Euro

$$\text{Bruttoreichweite} = (6 \cdot 3.200.000) + (4 \cdot 2.200.000) + (4 \cdot 3.600.000)$$
$$= 19,2 \text{ Millionen} + 8,8 \text{ Millionen} + 14,4 \text{ Millionen}$$
$$= 42,4 \text{ Millionen}$$

c) Die Bruttoreichweite gibt an, wie viele Kontakte es durch die Werbebotschaft gab. Es wird die Reichweite mehrerer Ausgaben eines Mediums oder über eine Kombination unterschiedlicher Medien dargestellt, ohne Nutzerüberschneidungen zu berücksichtigen. Bei der Nettoreichweite werden Mehrfachkontakte von Personen nicht mit einbezogen, sodass es sich um die reale Zahl der Personen handelt, die mit der Werbebotschaft konfrontiert wurden. Die Nettoreichweite gibt somit an, wie viele Leser mindestens einmal erreicht wurden. Ohne Marktforschungswerte über Wiederholungsleser bzw. Wiederholungskontakte (bei einer Zeitschrift) oder Mehrfachleser (und Mehrfachkontakte in mehreren Zeitschriften) ist die Nettoreichweite nicht messbar.

Jedoch kann mit Wiederholungs- oder Mehrfachkontakten eine höhere individuelle Werbewirkung erzielt werden. Wird bei mehrfachem Kontakt einer Person mit der Werbebotschaft die Nettoreichweite zugrunde gelegt, so spricht man je nach Medium von einem Tausend-Leser-Preis, Tausend-Nutzer-Preis oder Tausend-Hörer-Preis.

3. Hinweise zur Lösung

a) Der *TKP* misst, wie hoch die Kosten für 1000 Werbemittelkontakte sind. Dies sagt aber nichts darüber aus, ob und welche Leser die Anzeige wahrgenommen und/oder gelesen haben. Auch kann keine Aussage darüber gemacht werden, in welcher Zeitschrift eine bessere Abdeckung der Zielgruppe (bzw. umgekehrt weniger Streuverluste) realisiert wird.

4. Literaturempfehlung
Walsh, Gianfranco/Deseniss, Alexander/Kilian, Thomas (2013). *Marketing: Eine Einführung auf der Grundlage von Case Studies*, Wiesbaden, S. 398–399.

Aufgabe 112: Online Marketing

Wissen, Verstehen, Anwenden
10 Minuten

1. Fragestellung
Der kleine Geschenkeladen GiveToLive will seinen Online-Shop besser vermarkten. Hierzu soll Suchmaschinenwerbung oder Bannerwerbung genutzt werden. Der Inha-

ber bittet Sie, ihm die Funktionsweise zu erläutern, weil er gehört hat, dass man mit Onlinewerbung fast immer Gewinn macht. Sie recherchieren die folgenden Informationen.

– Bei Bannerwerbung fallen 20 Euro pro tausend Seitenabrufe („page impressions") an, bei grob definierter Zielgruppe. Die durchschnittliche Klickrate auf ein Banner schätzen Sie auf 1 %. Jeder 20. Besucher gibt eine Bestellung auf. Mit einer Bestellung macht der Onlineshop im Durchschnitt 20 Euro Gewinn.

– Bei Suchmaschinenwerbung werden für verschiedene Produkte kleine Textanzeigen auf Suchmaschinen geschaltet. Hierbei wird im Durchschnitt pro Klick ein Euro fällig. Kosten entstehen also nur dann, wenn auf die Textanzeige geklickt wird. Klickt ein User auf die Textanzeige, wird er in den Shop geleitet, zu dem Produkt, dessen Anzeige ihn interessiert. Jeder zehnte Besucher gibt eine Bestellung auf. Mit dieser Bestellung generiert der Onlineshop im Durchschnitt aber nur 20 Euro Gewinn.

Erklären Sie dem Inhaber des Onlineshops, welche Werbeform für ihn interessanter ist.

2. Lösung

Ein großer Vorteil von Onlinemarketing ist, dass man es streng performanceorientiert einsetzen kann, da die wichtigsten Interaktionen des Nutzers mit dem Werbeträger gemessen werden können. Bei Lesern von Zeitschriften ist nicht messbar, wie viele von ihnen eine Anzeige gleich überblättern oder wie viele sich intensiv damit beschäftigt haben. Dagegen kann jeder Shopbetreiber messen, wie viele Nutzer die Anzeige gesehen haben und wie viele damit interagiert, also daraufgeklickt haben.

– Bannerwerbung mit einem Tausenderkontaktpreis (TKP) von 20 Euro klingt zunächst interessant. Mit Blick auf den Erfolg der Werbung relativiert sich dieser Eindruck aber.

– Bei 1000 Werbekontakten werden bei Bannerwerbung Kosten in Höhe von 20 Euro fällig.

– Durch die (schon recht optimistische) Klickrate von 1 % ist bekannt, dass zehn Nutzer den Shop durch die Bannerwerbung betreten. Von diesen Besuchern gibt aber nur einer eine Bestellung auf: Kosten von 20 Euro stehen dann 20 Euro Gewinn gegenüber. Fällt aber die Klickrate oder die Konversion von Besucher in Käufer niedriger aus, wird mit der Bannerwerbung ein Verlust gemacht. Die Kosten für Einrichtung der Werbung und Gestaltung des Banners sind dabei noch nicht berücksichtigt.

Der wohl größte Vorteil von Suchmaschinenwerbung wie Werbesystem AdWords vom Marktführer Google ist ihre verhaltensbasierte Einblendung. Anzeigen werden dort auf Basis der jeweiligen Suchwörter der Nutzer geschaltet und passen damit zu dem, was der Nutzer gerade sucht.

- Wenn beispielsweise jemand „Valentinstaggeschenk für meine Freundin" sucht, blendet ihm Google neben den natürlichen Suchergebnissen Anzeigen von spezialisierten Geschenkeshops an, die für diese Suchwortkombination eine Anzeige geschaltet haben. Die Wahrscheinlichkeit, dass diese Anzeigen den Bedarf des Suchenden treffen, ist relativ hoch. Hierdurch entsteht in der Aufgabe eine (zugegebenermaßen recht hohe) Konversionsrate von Besuchern des Shops in Käufer von 10 %.
- Dabei kann Suchmaschinenwerbung auch sehr günstig geschaltet werden, je spezieller sie auf die Suchwortkombinationen zugeschnitten ist. Eine Anzeige zum Suchwort „Geschenke" ist sehr teuer, da hier viel Konkurrenz besteht. Die oben genannte Suchwortkombination ist viel preiswerter; wird allerdings immer teurer, je näher der Valentinstag heranrückt.
- Kosten pro Klick von einem Euro und einer Konversionsrate von 10 % steht im Beispiel ein Gewinn von 20 Euro gegenüber. Nicht berücksichtigt dabei sind Kosten von Einrichtung und Pflege der Suchmaschinenkampagne.

Tendenziell ist die Suchmaschinenwerbung damit für den Shopbetreiber interessanter.

3. Hinweise zur Lösung

Der Erfolg einer Bannerwerbekampagne hängt unter anderem ab von

- den *TKP* unterschiedlicher Webseiten,
- die Klickrate, die sich von Webseite zu Webseite unterscheidet und
- den Besucher, die in den Shop geleitet werden und die mal mehr oder mal weniger Interesse an den Produkten haben können (was sich in unterschiedlichen Konversionsraten widerspiegelt).

Es muss daher genau abgewogen werden, ob in Bannerwerbung auf Basis von Seitenabrufen investiert werden soll. Für kleine oder junge Unternehmen ist diese Werbeform meist uninteressant, da es effektivere Methoden, wie die Suchmaschinenwerbung, gibt, um den eigenen Shop zu bewerben.

Suchmaschinenwerbung ist also für kleine Shops ökonomisch sinnvoller. Allerdings bieten Suchmaschinenbetreiber in der Regel nur die Möglichkeit, kurze Textanzeigen zu veröffentlichen. Die Möglichkeiten eines emotionalen Brandings über Bild und Ton fallen also weg.

4. Literaturempfehlung

Kilian, Thomas/Langner, Sascha (2010). *Online-Kommunikation. Kunden zielsicher verführen und beeinflussen*, Wiesbaden, S. 16–18.

Aufgabe 113: Festlegung des Marketingbudgets

Wissen, Verstehen
10 Minuten

1. Fragestellung

Die Lighter GmbH ist ein Hersteller von exklusiven Feuerzeugen und Feuerwerkskörpern. Das Marktvolumen für exklusive Feuerzeuge wird für das kommende Jahr auf 6 Millionen Stück geschätzt, der Marktanteil der Lighter GmbH auf 6 %. Als Marketingleiter gehen Sie davon aus, dass sich für die exklusiven Feuerzeuge im kommenden Jahr ein durchschnittlicher Abgabepreis von 200 GE bei variablen Kosten von 150 GE realisieren lässt. Sie erwarten darüber hinaus für die Sparte Feuerzeuge Fixkosten für die Kostenstelle „Gebäude und Fuhrpark" in Höhe von 2,8 Millionen GE und für die Kostenstelle „Löhne und Gehälter" weitere 7 Millionen GE. Auf der letzten Geschäftsleitungssitzung wurde Ihnen mitgeteilt, dass man Ihnen – trotz aller Überzeugungsversuche – lediglich 10 % des Gewinns als Marketingbudget für das kommende Jahr bereitstellt.

a) Über welchen Betrag als Marketingbudget werden Sie als Marketingleiter der Lighter GmbH voraussichtlich im kommenden Jahr verfügen?

b) Wie beurteilen Sie die Vorgehensweise der Geschäftsführung bei der Festlegung der Höhe des Marketingbudgets? Welche alternativen Konzepte kennen Sie und wie sind diese zu bewerten?

2. Lösung

a) Im folgenden Jahr steht Ihnen als Marketingleiter ein Marketingbudget in Höhe von 820.000 GE zur Verfügung. Folgendes Vorgehen liegt der Berechnung zugrunde: Entsprechend dem geschätzten Marktvolumen von 6 Millionen verkauften Feuerzeugen im nächsten Jahr und einem prognostizierten Marktanteil von 6 % wird davon ausgegangen, dass die Lighter GmbH im kommenden Jahr 360.000 exklusive Feuerzeuge verkaufen wird (Absatzvolumen). Bei einem Verkaufspreis von 200 GE ergibt sich hieraus ein Umsatzvolumen von 72 Millionen GE. Die Kosten für die Produktion von 360.000 Feuerzeugen betragen bei variablen Kosten von 150 GE pro Stück zunächst 54 Millionen GE. Es verbleibt somit ein Deckungsbeitrag von 18 Millionen GE. Werden in einem nächsten Schritt auch die fixen Kosten in Höhe von 2,8 Millionen GE für „Gebäude und Fuhrpark" sowie weitere 7 Millionen GE für „Löhne und Gehälter" berücksichtigt, errechnet sich ein Gewinn in Höhe von 8,2 Millionen GE. Entsprechend der Angabe, dass Ihnen als Marketingleiter 10 % des Gewinns als Marketingbudget zugesprochen werden, stehen Ihnen im nächsten Jahr 820.000 GE zur Verfügung.

b) Die unter Teilaufgabe a beschriebene Vorgehensweise entspricht nicht dem Verständnis der marktorientierten Unternehmensführung des Marketings. Das Verfahren ist zum einen aufgrund der zahlreichen Schätzungen subjektiv (und damit auch manipulierbar), zum anderen ermittelt sich das Marketingbudget – rein verfahrenstechnisch – als Residualgröße. Damit wird der Ursache-Wirkung-Zusammenhang zwischen Marketingaufwendungen und Markterfolg nicht berücksichtigt. Dieses Ermittlungsverfahren ist folglich ineffizient und mit erheblichen Risiken für die Lighter GmbH verbunden: Erzielt die Lighter GmbH hohe Gewinne, wird möglicherweise ein zu hoher, d. h. ineffizienter Betrag für Marketingmaßnahmen ausgegeben. Realisiert die Lighter GmbH hingegen Verluste, sind gerade im Marketing Investitionen notwendig, um wieder Gewinne zu erwirtschaften. Bei der Ermittlung des Marketingbudgets ist folgendes Grundprinzip des Marketing zu beachten: Der Einsatz des Marketings zielt auf die Stimulierung des Umsatzes ab und resultiert nicht aus diesem. Der Lighter GmbH stehen weitere alternative Ermittlungsverfahren für die Höhe des Marketingbudgets zur Verfügung:
- Budgetberechnung als Prozentwert einer Bezugsgröße (z. B. Umsatz des Unternehmens mittels Orientierung an Vorjahreswerten)
- Budgetberechnung durch Ausrichtung an der Konkurrenz
- Ziel-Maßnahmen-Kalkulation

3. Hinweise zur Lösung

a) Zur Berechnung des Marketingbudgets ist zunächst der prognostizierte Umsatz für das kommende Jahr zu berechnen. Basierend auf dem Marktvolumen und dem Marktanteil, ist der prognostizierte Absatz in Stück zu ermitteln. Anschließend gilt es, die Gewinnformel anzuwenden:

$$\text{Gewinn} = (\text{Preis} - \text{variable Kosten}) \cdot \text{Volumen} - \text{Fixkosten}$$

Das Marketingbudget entspricht 10 % des Gewinns.

b) Die beschriebene Vorgehensweise gilt es nach den Grundsätzen der markorientierten Unternehmensführung zu betrachten. Das heißt, der Kunde und sein Verhalten stehen im Mittelpunkt der Betrachtung – auch bei der Marketingbudgetplanung – und nicht prognostizierte Gewinne. Zudem ist der Einbezug von Fixkosten kritisch zu beurteilen, da diese kurzfristig nicht veränderbar sind und somit nicht als Entscheidungsvariable miteinbezogen werden sollten.

4. Literaturempfehlung
Oelsnitz, Dietrich von der (2009). *Management. Geschichte, Aufgaben, Beruf*, München, S. 50–52.

Weiterführende Literatur

Alter, Roland (2013). *Strategisches Controlling. Unterstützung des strategischen Managements*, München.

Ansoff, Igor H. (1965). *Corporate Strategy*, New York.

Bauer, Joachim (2014). *Prinzip Menschlichkeit. Warum wir von Natur aus kooperieren*, Hamburg.

Barney, Jay (1991). Firm Resources and Sustained Competitive Advantage; *Journal of Management.*, Vol. 17, Nr. 1, S. 99–120.

Barney, Jay/Hesterly, William (2012). *Strategic Management an Competitive Advantage: Concepts an Cases*, Upper Saddle River.

Bea, Franz X./Haas, Jürgen (2015). *Strategisches Management*, Konstanz.

Becker, Jochen (2009). *Marketing-Konzeption: Grundlagen des Ziel-strategischen und operativen Marketing-Managements*, München.

Bergmann, Rainer/Bungert, Michael (2011). *Strategische Unternehmensführung – Perspektiven, Konzepte, Strategien*, Heidelberg.

Boston Consulting Group (1975). *Strategy Alternatives for the British Motorcycle Industry*, London.

Bresser, Rudi K. F. (2012). *Strategische Managementtheorie*, Stuttgart.

Camphausen, Bernd (2013). *Strategisches Management: Planung, Entscheidung, Controlling*, Oldenburg.

Corsten, Hans/Corsten, Martina (2012). *Einführung in das strategische Management*, Konstanz.

Deal, T. E./Kennedy, A. A. (1987). *Unternehmenserfolg durch Unternehmenskultur*, Bern.

Dess, Gregory/Lumpkin, Tom G. T./Eisner, Alan/McNamara, Gerry (2013). *Strategic Management: Text and Cases*, New York, S. 816.

Doppler, Klaus/Lauterburg, Christoph (1995). *Change Management. Den Unternehmenswandel gestalten*, Frankfurt am Main.

Drews, Hanno (2008). Abschied vom Marktwachstums-Marktanteils-Portfolio nach über 35 Jahren Einsatz? Eine kritische Überprüfung der BCG-Matrix; *Zeitschrift für Planung und Unternehmenssteuerung*, 19. doi:10.1007/s00187–008–0041–8.

Dunst, Klaus H. (1982). *Portfolio Management: Konzeption für die strategische Unternehmensplanung*, Berlin, S. 94 ff.

Farmer, Richard/Richman, Barry (1965). *Comparative Management and Economic Progress*, Homewood.

GfK AG (2007). *Lifestyle Research*. Datenbasis: Roper Reports Worldwide in Anlehnung an: Berndt, Ralph/Fantapié Altobelli, Claudia/Sander, Matthias (2010). Internationales Marketing-Management. Vol. 4, Berlin Heidelberg: Springer Verlag, S. 127 ff.

Götze, Uwe (2014). *Investitionsrechnung. Modelle und Analysen zur Beurteilung von Investitionsvorhaben*, Berlin.

Grant, Robert/Nippa, Michael (2006). *Strategisches Management – Analyse, Entwicklung und Implementierung von Unternehmensstrategien*, München.

Hamel, Garry/Prahalad, Coimbatore K. (1993). Strategy as Stretch and Leverage; *Harvard Business Review*, 2.

Harvard Business Review and Michael E. Porter (2011). *HBR's 10 Must Reads on Strategy*, Boston.

Hellwig, Hans-Jürgen (1989). *Joint Venture Verträge, internationale. Handwörterbuch Export und internationale Unternehmung*, Stuttgart, S. 1063–1072.

Herrmann, Andreas/Homburg, Christian/Klarmann, Martin (2008). *Handbuch Marktforschung. Methoden, Anwendungen, Praxisbeispiele*, 3. Auflage, Wiesbaden.

Hinterhuber, Hans H. (2015). *Strategische Unternehmensführung: Das Gesamtmodell für nachhaltige Wertsteigerung*, Berlin.

https://doi.org/10.1515/9783110516869-011

Hirt, Michael (2015). *Die wichtigsten Strategietools für Manager – Mehr Orientierung für den Unternehmenserfolg*, München.

Hungenberg, Harald (2014). *Strategisches Management in Unternehmen. Ziele – Prozesse – Verfahren*, Wiesbaden.

Hungenberg, Harald/Wulf, Torsten (2015). *Grundlagen der Unternehmensführung. Einführung für Bachelorstudierende*, Berlin.

Jarmai, Heinz (1997). Die Rolle externer Berater im Change Management; In Michael Reiß and Lutz von Rosenstiel and Annette Lanz (Hrsg.), *Change Management. Programme, Projekte und Prozesse*, Stuttgart, S. 171–188.

Johnson, Gerry/Scholes, Kevan/Whittington, Richard (2011). *Strategisches Management – Eine Einführung: Analyse, Entscheidung und Umsetzung*, München.

Jones, Gareth R./Bouncken, Ricarda B. (2008). *Organisation: Theorie, Design und Wandel*, London.

Kaltenbrunner, Katharina A./Urnik, Sabine (2012). *Unternehmensführung – Stage of the art und Entwicklungsperspektiven*, München.

Kaplan, Robert S./Norton, David P. (1997). *Balanced Scorecard – Strategien erfolgreich umsetzen*, Stuttgart.

Kaplan, Robert S./Norton, David P. (2008). Management mit System; *Harvard Business Manager (Online-Edition)*.

Kerth, Klaus/Asum, Heiko/Stich, Volker (2011). *Die besten Strategietools in der Praxis. Welche Werkzeuge brauche ich? Wie wende ich sie an? Wo liegen die Grenzen?*, München.

Kotter, John P. (2015). *Accelerate – Strategische Herausforderungen schnell, agil und kreativ begegnen*, München.

Kotter, John P./Seidenschwarz, Werner (2011). *Leading Change: Wie Sie Ihr Unternehmen in acht Schritten erfolgreich verändern*, München.

Kreikebaum, Hartmut Gilbert/Dirk, Ulrich/Behnam, Michael (2011). *Strategisches Management*, Stuttgart.

Thomas, Lauer (2014). *Change Management. Grundlagen und Erfolgsfaktoren*, Berlin.

Lewin, Kurt/Gold, Martin (1999). Group decision and social change; In Gold, Martin (Hrsg.), *The complete social scientist: A Kurt Lewin reader*, American Psychological Association, S. 265–284.

Lewin, Kurt (1947). Frontiers in group dynamics; *Human Relations*, 1, S. 5–41. deutsche Übersetzung unter dem Titel „Gleichgewichte und Veränderungen in der Gruppendynamik" in Lewin, Feldtheorie in den Sozialwissenschaften, Hans Huber. Bern 1963.

Lombriser, Roman/Abplanalp, Perter A. (2015). *Strategisches Management – Visionen entwickeln, Erfolgspotenziale aufbauen, Strategien umsetzen*, Zürich.

Macharzina, Klaus/Wolf, Joachim (2015). *Unternehmensführung. Das internationale Managementwissen Konzepte – Methoden – Praxis*, Wiesbaden.

Maklan, Stan/Buttle, Francis (2015). *Customer Relationship Management: Concepts and Technologies*, New York.

Malhotra, Naresh K. (2010). *Marketing Research: An Applied Orientation*, 6. Auflage, Pearson Education, Upper Sadler River.

Malik, Fredmund (2007). *Management – Das A und O des Handwerks*, Frankfurt am Main.

Malik, Fredmund (2008). *Unternehmenspolitik und Corporate Governance. Wie Organisationen sich selbst organisieren*, Frankfurt.

Malik, Fredmund (2011). *Strategie – Navigieren in der Komplexität der neuen Welt*, Frankfurt am Main.

Malik, Fredmund (2015). *Navigieren in Zeiten des Umbruchs. Die Welt neu denken und gestalten*, Frankfurt.

Micklethwait, John/Wooldridge, Adrian (1998). *Die Gesundbeter*, Hamburg.

Mintzberg, Henry (1995). *Die Strategiche Planung – Aufstieg, Niedergang und Neubestimmung*, London.

Mintzberg, Henry (1978). Patterns in Strategy Formation; *Management Science*, Vol. 24, Nr. 9, S. 11–32.

Mintzberg, Henry/Ahlstrand, Bruce/Lampel, Joseph (2012). *Strategy Safari – Der Wegweiser durch den Dschungel des strategischen Managements*, München.

Mieg, Harald A./Brunner, Beat (2001). Experteninterviews: Eine Einführung und Anleitung; *Working Paper/MUB, Professur für Mensch-Umwelt-Beziehungen. Zürich.*, 6, S. 9.

Müller, Hans-Erich (2010). *Unternehmensführung – Strategien, Konzepte, Praxisbeispiele*, München.

Müller-Stewens, Günter/Lechner, Christoph (2011). *Strategisches Management. Wie strategische Initiativen zum Wandel führen*, Stuttgart.

Olfert, Klaus/Pischulti, Helmut (2013). *Unternehmensführung*, Herne.

Paul, Herbert/Wollny, Volrad (2014). *Instrumente des strategischen Managements – Grundlagen und Anwendung*, München.

Porter, Michael (1980). *Competitive strategie. Techniques for analyzing industries and competitors*, New York.

Porter, Michael E. (1989). Der Wettbewerb auf globalen Märkten: Ein Rahmenkonzept; In *Globaler Wettbewerb*, Wiesbaden.

Prahalad, Hamel (1990). The Core Competence of the Corporation; *Harvard Business Review*, 3, S. 79–91.

Probst, Gilbert/Wiedemann, Christian (2013). *Strategie-Leitfaden für die Praxis*, Wiesbaden.

Reiß, Michael/von Rosenstiel, Lutz/Lanz, Anette (1997). *Change Management – Programme, Projekte und Prozesse*, Stuttgart.

Reisinger, Sabine/Gattringer, Regina/Strehl, Franz (2013). *Strategisches Management. Grundlagen für Studium und Praxis*, München.

Robbins, Stephen P./Coulter, Mary/Fischer, Ingo (2014). *Management – Grundlagen der Unternehmensführung*, Hallbergmoos.

Scholz, Christian (1987). *Strategisches Management – Ein integrativer Ansatz*, Berlin.

Schreyögg, Georg (2002). *Organisation. Grundlagen moderner Organisationsgestaltung*, Wiesbaden.

Simon, Hermann/von der Gathen, Andreas (2002). *Das große Handbuch der Strategie-Instrumente – Werkzeuge für eine erfolgreiche Unternehmensführung*, Bielefeld.

Staehle, Wolfgang H. (1999). *Management*, München.

Steinmann, Horst/Schreyögg, Georg/Koch, Jochen (2013). *Management. Grundlagen der Unternehmensführung; Konzepte – Funktionen – Fallstudien*, Wiesbaden.

Stelzer-Rothe, Thomas/Thierau-Brunner, Heike (2015). Ein Werkzeug zur achtsamen Projektsteuerung; *Personalwirtschaft*, 2, S. 22–24.

Welge, Martin K./Al-Laham, Andreas (2012). *Strategisches Management – Grundlagen, Prozess, Implementierung*, Wiesbaden.

Tesco Annual Report (2018). *Serving shoppers a little better every day: Annual Report and Financial Statements.*

Transparency International e. V. (2017). *Research – CPI – Overview.*

Vahs, Dietmar (2009). *Organisation. Ein Lehr- und Managementbuch*, Stuttgart.

Wild, Jürgen (1974). *Grundlagen der Unternehmungsplanung*, Reinbek.

Welge, Martin K./Al-Laham, Andreas (2012). *Strategisches Management – Grundlagen, Prozess, Implementierung*, Wiesbaden.

Stichwortverzeichnis

4-P 35

ABC-Analyse 32, 59
Above-the-line 10
AIDA-Prinzip 50

Bedürfnispyramide nach Maslow 122
Below-the-line 10
Boston-Consulting-Group-Matrix 23, 29
Brainstorming 15
Branchenstrukturanalyse 19

Cluster 107
Corporate Identity 73, 103
Customer Experience Management 136
Customer Journey 137, 148
Customer Relationship Management 133

Dachmarke 40
Das strategische Dreieck 1

Economies of Scale 90
Economies of Scope 90
Erfahrungskurveneffekt 182
Erfolgsfaktor 10, 37, 133, 134
Eventmarketing 74
Experiment 12, 62, 124
Eye-Tracking 67

Faktorenanalyse 110
Fokusgruppe 63, 65
Fünf-Kräfte-Modell 18

habitualisiert 129

Image 42, 54, 82, 101, 105, 163

Kaufentscheidungen 6
Key Account Management 58
klassische Konditionierung 124
Kommunikationspolitik 2, 36, 50, 66, 74, 77, 80, 81, 85
Kreativitätstechnik 15
Kundencommunity 153

Marke 39
Marketingmix 5, 37, 45, 79, 83, 134, 162
Markt 2, 3, 12, 17, 23, 27, 28, 35, 43, 46, 79, 91, 95, 96, 105, 109, 113, 178, 181, 189
Marktsegmentierung 17, 105
McKinsey-Matrix 29
morphologischer Kasten 15

Panel 62
Pareto-Prinzip 151
Placement 78, 83, 84
Portfolioanalyse 22, 30, 177
Preiselastizität 185
Preispolitik 35, 45, 77, 80, 84, 183
Produkt-/Marktmatrix nach Ansoff 30
Produktlebenszyklus 23, 25, 113, 177
Promotion 35, 74, 83, 84, 144
Prospect-Theorem 126
Public Relation 77, 81, 85
Push- und Pull-Strategie 52

Regionalmarketing 71, 75
Reichweite 9, 14, 15, 57, 194
Rollentheorie 127

Scoring-Modell 95
Sender-Empfänger-Modell 49
SMART-Ziele 4
S-O-R-Schema 128
Sozialisierung 127
Sponsoring 53, 54, 74, 78
Supply Chain Management 59
SWOT-Analyse 19, 30

Testmarkt 38, 183
Timing-Strategie 111, 113
Touchpoints 137, 146, 154

Unternehmensstrategie 1
USP 2, 106

Werbemittel 141, 179, 194
Wettbewerbsvorteil 2, 29, 36, 104

https://doi.org/10.1515/9783110516869-012

Tabellenverzeichnis

Tab. 1   Grundtypen von Kaufentscheidungen —— 7
Tab. 2   Morphologischer Kasten für verkaufsfördernde Maßnahmen —— 15

Tab. 3   Ansoff-Matrix —— 30

Tab. 4   Die Skizze des Scorring-Modells für den Vereinigte-Arabische-Emirate-Markt und den indischen Markt —— 95
Tab. 5   Internationale Segmentierungskriterien —— 108

Tab. 6   Deckungsbeitragsrechnung —— 166
Tab. 7   Tatsächliche Nachfrage nach Berufsunfähigkeitsversicherungen —— 169
Tab. 8   Über drei Monate gleitender Durchschnitt, Lösung —— 169
Tab. 9   Exponentielle Glättung —— 171
Tab. 10   Lineare Trendfunktion —— 172
Tab. 11   Lineare Trendfunktion, Lösung —— 172
Tab. 12   Saisonale Einflüsse —— 173
Tab. 13   Saisonale Einflüsse, Lösung —— 174
Tab. 14   Ein- und Auszahlungen —— 176
Tab. 15   Preissetzung in Abhängigkeit von Wettbewerbsverhalten, Vorlage —— 187
Tab. 16   Preissetzung in Abhängigkeit von Wettbewerbsverhalten, Lösung —— 188
Tab. 17   Erwarteter Deckungsbeitrag —— 188

Alle Tabellen im Buch sind, sofern nicht anders gekennzeichnet, eigene Darstellungen.

https://doi.org/10.1515/9783110516869-013

Abbildungsverzeichnis

Abb. 1   Above-the-line- und Below-the-line-Kommunikationsinstrumente —— **10**

Abb. 2   Produktlebenszyklus im Tourismus, leer —— **25**
Abb. 3   Produktlebenszyklus im Tourismus, Lösung —— **26**

Abb. 4   Analysemöglichkeiten des Eye-Tracking-Instruments —— **68**

Abb. 5   Wettbewerbsmarketing versus regulierendes Marketing —— **76**

Abb. 6   Internationale Markteintrittsformen —— **102**
Abb. 7   Skizze eines Perceptual Mapping für BMW ConnectedDrive
                       in den Vereinigten Arabischen Emiraten —— **109**
Abb. 8   Wasserfallstrategie —— **111**
Abb. 9   Sprinklerstrategie —— **112**
Abb. 10   Kombinierte Wasserfall-Sprinkler-Strategie —— **114**

Abb. 11   Ziele der Marketingimplementierung —— **162**
Abb. 12   Über drei Monate gleitender Durchschnitt, grafisch —— **170**
Abb. 13   Produktlebenszyklus und Portfolioanalyse —— **178**
Abb. 14   Portfolioanalyse, Lösung —— **179**
Abb. 15   Lineare Preisabsatzfunktion, Lösung —— **184**
Abb. 16   Vergleich der Kostenfunktionen —— **192**

Alle Abbildungen im Buch sind, sofern nicht anders gekennzeichnet, eigene Darstellungen.

https://doi.org/10.1515/9783110516869-014

Über die Autoren

Nils Hafner ist Professor für Kundenbeziehungsmanagement an der Hochschule Luzern. Er ist internationaler Experte für den Aufbau langfristig profitabler Kundenbeziehungen und leitet zwei Studienprogramme zum Digital Banking und zum Sales und Marketing im Banking. Arbeits- und Forschungsgebiete: Customer-Relationship-Management (CRM); Management von Kundenerlebnissen bei Dienstleistungsunternehmen. Neben seiner Dozenten- und Autorentätigkeit ist er internationaler Key-Note Speaker und berät Geschäftsführungen und Vorstände mittlerer und großer Unternehmen in Deutschland, der Schweiz und ganz Europa zum Aufbau von Unternehmenskompetenzen im Kundenmanagement.

Werner André Halver ist Professor für Volkswirtschaftslehre (insbesondere Wirtschaftspolitik) sowie Weltwirtschaftsgeografie an der Hochschule Ruhr West. Er ist Gründungsdekan des Fachbereichs Wirtschaft. Arbeits- und Forschungsschwerpunkte: Strukturwandel und Geopolitik; Konzeption von Länder- und Branchenanalysen; Tourismus- und Regionalmarketing; Klimawandel und Ökonomie

Axel Lippold ist Professor für Medienwirtschaft mit betriebswirtschaftlichem Schwerpunkt an der Ostfalia Hochschule für angewandte Wissenschaften. Er ist Studiengangskoordinator und Institutsleiter für den Bereich Medienmanagement an der Fakultät Verkehr-Sport-Tourismus-Medien. Arbeits- und Forschungsschwerpunkte: Unternehmensführung, Internationales Management, Strategisches Marketing, Operatives Marketing, Projektmanagement.

Elina Petersone ist Master in Science in Marketing mit den Schwerpunkten Marktforschung, Marketingstrategie und internationales Marketing und an verschiedenen Hochschulen tätig. Arbeits- und Forschungsgebiete: Die Akzeptanz der Elektromobilität; Organisational Adoption of integrated Solutions; Search Engine Optimization.

André von Zobeltitz ist Professor für Marketing und Methodenkompetenz und Dekan des Fachbereichs Wirtschaft an der Hochschule Weserbergland. Arbeits- und Forschungsgebiete: Marketing, insbesondere Stadt- und Regionalmarketing, Methodenkompetenz, Didaktik sowie E-Learning.

https://doi.org/10.1515/9783110516869-015

Lehr- und Klausurenbücher der angewandten Ökonomik

Zuletzt in dieser Reihe erschienen:

Band 8
Timm Eichenberg/Martin Hahmann/Olga Hördt/Maren Luther/Thomas Stelzer-Rothe
Projektmanagement. Fallstudien, Klausuren, Übungen und Lösungen, 2021
ISBN 978-3-11-048082-5, e-ISBN (PDF) 978-3-11-048183-9, e-ISBN (EPUB) 978-3-11-048204-1

Band 7
Timm Eichenberg/Martin Hahmann/Olga Hördt/Maren Luther/Thomas Stelzer-Rothe
Personalmanagement, Führung und Change-Management. Fallstudien, Klausuren, Übungen und
Lösungen, 2019
ISBN 978-3-11-048080-1, e-ISBN (PDF) 978-3-11-048186-0, e-ISBN (EPUB) 978-3-11-048203-4

Band 6
Martin Hahmann/Werner A. Halver/Jörg-Rafael Heim/Jutta Lommatzsch/Manuel Teschke/Michael
Vorfeld
Klausurtraining für allgemeine Betriebswirtschaftslehre. Originalaufgaben mit
Musterlösungen, 2018
ISBN 978-3-11-048181-5, e-ISBN (PDF) 978-3-11-043960-1, e-ISBN (EPUB) 978-3-11-043963-2

Band 5
Timm Eichenberg/Martin Hahmann/Olga Hördt/Maren Luther/Thomas Stelzer-Rothe
Unternehmensführung. Fallstudien, Klausuren, Übungen und Lösungen, 2017
ISBN 978-3-11-043834-5, e-ISBN (PDF) 978-3-11-043833-8, e-ISBN (EPUB) 978-3-11-042931-2

Band 4
Robert Nothhelfer/Stefan Foschiani/Katja Rade/Volker Trauzettel
Klausurtraining für allgemeine Betriebswirtschaftslehre. Originalaufgaben mit
Musterlösungen, 2017
ISBN 978-3-11-048181-5, e-ISBN (PDF) 978-3-11-048182-2, e-ISBN (EPUB) 978-3-11-048202-7

Band 3
Meik Friedrich/Bettina-Sophie Huck/Andreas Schlegel/Thomas Skill/Michael Vorfeld
Mathematik und Statistik für Wirtschaftswissenschaftler. Klausuren, Übungen und Lösungen, 2016
ISBN 978-3-11-041059-4, e-ISBN (PDF) 978-3-11-041400-4, e-ISBN (EPUB) 978-3-11-042371-6

Band 2
Torsten Bleich/Meik Friedrich/Werner A. Halver/Christof Römer/Michael Vorfeld
Volkswirtschaftslehre. Klausuren, Übungen und Lösungen, 2016
ISBN 978-3-11-041058-7, e-ISBN (PDF) 978-3-11-041449-3, e-ISBN (EPUB) 978-3-11-042372-3

Band 1
Robert Nothhelfer/Urban Bacher/Katja Rade/Marcus Scholz
Klausurtraining für Bilanzierung und Finanzwirtschaft. Originalaufgaben mit Musterlösungen, 2015
ISBN 978-3-11-044136-9, e-ISBN (PDF) 978-3-11-044137-6, e-ISBN (EPUB) 978-3-11-043322-7